教科教育学研究の
可能性を求めて

編著
原田智仁
關　浩和
二井正浩

風間書房

はじめに

　本書は，平成29年3月に兵庫教育大学を定年退職される原田智仁先生のこれまでのご研究の業績とご功績を讃えるとともに，これまで賜りました多くのご恩に感謝の念を表すために出版を企画した書籍です。

　原田智仁先生は，昭和51年に広島大学大学院教育学研究科修士課程修了後，愛知県立蒲郡高等学校教諭，岡崎東高等学校教諭を経て，平成2年に兵庫教育大学講師として着任されました。平成4年に助教授，平成12年に教授と昇任され，長きに渡って，ご専門の歴史教育学を通じて，教育と研究に心血を注がれ，多くの後進をご指導されるとともに，小学校教員養成特別コース長や学校教育研究センター長，連合大学院研究科長を務められました。その間，社会系教科教育学会会長，全国社会科教育学会会長を歴任された他，平成9年から平成20年まで，文部省（現文部科学省）初等中等教育局の教科調査官を併任され，日本の歴史教育のみならず，社会系教科教育をリードされ，日本の教育界を支える数多くの人材を育成されました。

　本書は，新学習指導要領の改訂を受けて，今後の学校教育を展望する目的で，『教科教育学研究の可能性を求めて』を書名として，「教科教育」，「授業研究」，「教師教育」，「カリキュラム・マネジメント」，「資質・能力（コンピテンシー）」，「アクティブ・ラーニング」などの鍵概念を示し，教科教育学研究のあり方を提言しています。この研究成果を参考に，教科教育学研究が，大学教育を始め，各地域の学校現場に浸透していくことを期待しています。末筆になりましたが，本書出版を快くお引き受けいただいた風間書房社長風間敬子氏に心からお礼を申し述べたいと思います。

平成28（2016）年11月20日

關　　浩和

目　　次

はじめに ……………………………………………………………………… 關　浩和 i

第Ⅰ章　教科教育において育成すべき資質・能力 ……………………… 1

第1節　説明的文章の批判的読みの授業づくりの
　　　　初期段階における要点 ………………………………… 吉川　芳則 3

　　1　説明的文章の批判的読みの授業づくりの課題 ………………………… 3

　　2　筆者に対する自己の考えを主張・表現する授業づくりの観点……… 3

　　3　批判的読みの授業デザイン ……………………………………………… 5

　　4　叙述の内容・形式に関する自己の読みを優先した批判的読みの
　　　　実際と考察 ………………………………………………………………… 6

　　5　説明的文章の批判的読みの授業づくりの道筋 ………………………11

第2節　歴史系教科において育成すべき資質・能力の設定に向けて
　　　　………………………………………………………… 宇都宮　明子 13

　　1　高等学校歴史系教科で育成がめざされる資質・能力の現状 ………13

　　2　高等学校歴史系教科で育成がめざされる資質・能力の課題 ………16

　　3　歴史系教科における資質・能力の課題を克服するための展望 ……17

第3節　社会科のコンピテンシーと歴史教育
　　　　―英国の歴史教科書 SHP の分析から― ……………… 岩野　清美 23

　　1　発信する資質・能力を育成する歴史授業 ……………………………23

　　2　SHP の概要 ………………………………………………………………23

　　3　発信する資質・能力を育成する歴史授業を可能にするために ……32

iv　目 次

第4節　高等学校における歴史リテラシー育成の試み
　　　　　—授業実践「原爆はなぜ投下されたか」を中心に— … 虫本　隆一 33

　　1　市民的資質の育成と史料読解学習の意義　……………………33
　　2　市民的資質と歴史リテラシー　………………………………34
　　3　授業開発「原爆はなぜ投下されたか」…………………………36
　　4　授業実践を通じて　……………………………………………39

第5節　資質・能力を直接育成する公民授業実践の在り方
　　　　　………………………………………………… 橋本　康弘 43

　　1　次期学習指導要領で育成が求められる資質・能力　…………43
　　2　授業実践としての「死刑制度の存続か廃止か」………………44
　　3　資質・能力を成長させるための前提作業：「立論メモ」の作成 ……48
　　4　資質・能力を成長させるための工夫1：根拠事実の吟味　………49
　　5　資質・能力を成長させるための工夫2：
　　　　理由・理由の裏づけの吟味　………………………………50
　　6　公民授業において資質・能力を直接育成・成長させる戦略　………52

第6節　科学的リテラシーとしての
　　　　　アーギュメント構成能力の育成　………………… 山本　智一 53

　　1　科学的リテラシー　……………………………………………53
　　2　アーギュメントの導入　………………………………………54
　　3　児童生徒のアーギュメント構成能力の実態　………………55
　　4　理科教育におけるアーギュメント構成能力育成の指導　………56
　　5　アーギュメント構成能力の可能性　…………………………60

第7節　非言語コミュニケーションの教育としての
　　　　　学校体育の意義………………………………… 筒井　茂喜 63

　　1　コミュニケーションについての検討　………………………65
　　2　非言語コミュニケーションと体育授業の関係　………………68
　　3　体育授業で生起する非言語コミュニケーションの意義　…………70

第Ⅱ章　教科教育学研究のストラテジー 　73

第1節　社会科授業研究の理論　………………………… 米田　豊 75

　　1　学校教育現場における社会科授業研究の現状と課題　……… 75

　　2　目標記述と授業仮説の理論　……………………………… 77

　　3　探究Ⅰ・探究Ⅱの授業構成理論　………………………… 79

　　4　社会科授業研究の理念型　………………………………… 81

第2節　社会的な見方・考え方の一つとしてのスケール

　　　　………………………………………………… 吉水　裕也 85

　　1　スケールとは　……………………………………………… 85

　　2　スケールを枠組みとした多面的・多角的考察　…………… 88

　　3　批判的思考及びプラスサム解決策生成の枠組みとしての

　　　　リスケーリング　…………………………………………… 90

　　4　社会的な見方・考え方としてのスケール概念の可能性　…… 92

第3節　歴史教育と重層的アイデンティティの育成

　　　　―「国民国家相対化型歴史教育」の展開とグローバルヒストリー

　　　　教育―　………………………………………… 二井　正浩 95

　　1　歴史教育におけるアイデンティティ形成の課題　………… 95

　　2　国民国家と歴史学　………………………………………… 96

　　3　グローバルヒストリー教育の展開　……………………… 100

　　4　国民国家相対化型歴史教育とアイデンティティ形成　…… 102

第4節　社会科教育による社会的レリバンスの構築

　　　　―コミュニケーション理論を用いた授業開発方略―　…… 田中　伸 105

　　1　社会的レリバンスと社会科教育　………………………… 105

　　2　コミュニケーション理論を用いた教育実践開発方略　…… 107

　　3　子どもの文化的文脈を活用した授業開発　……………… 109

vi　　目　次

第5節　「デス・エデュケーション」としての美術教育研究序説
……………………………………………………初田　隆 115

1　はじめに　…………………………………………………… 115

2　日本における「デス・エデュケーション」の歴史と現状　……… 116

3　美術における死　…………………………………………… 118

4　デス・エデュケーションとしての美術教育の構想　…………… 120

5　おわりに　…………………………………………………… 122

第6節　質的評価の力量としての鑑識眼の意義と新たな可能性
……………………………………………………勝見　健史 125

1　活動論と評価論を乖離させない　………………………… 125

2　「鑑識眼」とは何か　………………………………………… 126

3　質的評価力「鑑識眼」の諸相
　　―熟達教師と若手教師の差異に着目して―　……………… 127

4　鑑識眼の新たな可能性―動的な鑑識眼評価―…………… 130

5　学習のための評価における「客観性」の問い直しを　…………… 133

第7節　社会科教育におけるソーシャル・キャピタル
（社会関係資本）の価値観育成　………ナスティオン（Nasution）135

1　なぜソーシャル・キャピタルなのか　………………………… 135

2　ソーシャル・キャピタルとは何か　………………………… 136

3　社会正義と平等社会の創造に必要な
　　ソーシャル・キャピタルと規範の創出　…………………… 139

4　社会科教育においてのソーシャル・キャピタルの価値の育成　… 140

5　民主主義はソーシャル・キャピタルと社会科教育の基本を
　　成長させる最適な手段　…………………………………… 143

目 次　vii

第Ⅲ章　教科教育の本質に迫る授業研究 ……………………… 145

第1節　理論批判学習の射程
—アクティブ・ラーニングを越えて—　………………中本　和彦 147
　1　今日的要請としてのアクティブ・ラーニング ………………… 147
　2　理論批判学習の授業構成論とそのモデル
　　　—単元「カースト制度の歴史構造」を事例にして—………………… 148
　3　「主体的な学び」を保証する理論批判学習 …………………… 151
　4　「対話的な学び」を保証する理論批判学習 …………………… 152
　5　「深い学び」を保証する理論批判学習 ………………………… 153
　6　アクティブ・ラーニングを越えて ……………………………… 153

第2節　小学校中学年社会科における多文化的歴史教育の授業開発
—単元「南京町の年中行事とその歴史」を通して— …… 太田　満 157
　1　問題意識 ………………………………………………………… 157
　2　変換アプローチに基づく授業構成 …………………………… 158
　3　中学年歴史単元「南京町の年中行事とその歴史」の授業開発 … 160
　4　授業計画 ………………………………………………………… 163

第3節　ヒストリー・リテラシーを意識した高校世界史授業
………………………………………………… 安達　一紀 167
　1　暗記教育，詰込み教育 ………………………………………… 167
　2　世界史教育の現状 ……………………………………………… 168
　3　実用レベルの思考 ……………………………………………… 169
　4　物語り・物語り語—世界史学習という浅瀬の思わぬ深み ………… 170
　5　考察されてこなかった暗記教育—「詰め込み」「知識の羅列」……… 171
　6　「物語り語」を暗記するとは …………………………………… 173
　7　「満州か満洲か」—私の問い …………………………………… 174
　8　物語り語による誘導 …………………………………………… 175
　9　なぜ自分の誕生曜日を知らないのか ………………………… 175

viii　目　次

10　世界史教科書の読み方 …………………………………………………… 176

第4節　社会科におけるアクティブ・ラーニングの可能性

………………………………………………………… 森　才三 177

1　ＡＬの由来とその問題状況 ……………………………………… 177

2　「ＡＬの視点」をふまえた授業改善の実践課題と手がかり ……… 179

3　社会科が育成を目指す資質・能力と「ＡＬの視点」…………… 180

4　中等社会科における「ＡＬの視点」をふまえた授業改善の可能性 … 182

第5節　数学的表現とメタ認知を育てる算数科の授業づくり

………………………………………………………… 加藤　久恵 187

1　算数科の授業づくりにおける数学的表現 ……………………… 187

2　数学的表現の特徴 ………………………………………………… 188

3　数学的表現の翻訳とメタ認知 …………………………………… 190

4　算数科授業における数学的表現の翻訳とメタ認知 …………… 191

第6節　音楽的感覚の育成を基盤とした音楽表現活動の指導

………………………………………………………… 河邊　昭子 197

1　音楽科で育成すべき能力と〔共通事項〕との関係 …………… 197

2　教科書にみる〈リズム〉の指導の系統性 ……………………… 199

3　音楽的感覚の育成

―〈拍〉から〈拍子〉，〈拍子〉から〈リズム〉へ― ……………… 202

4　音高・音価に着目し，曲の特徴をとらえて音楽表現に生かす

学習指導 …………………………………………………………… 204

第7節　小学校英語教育における音声指導の課題と展望

………………………………………………………… 和田　あずさ 207

1　問題の所在と目的 ………………………………………………… 207

2　英語音声の特徴 …………………………………………………… 208

3　つまずきの事例の検討 …………………………………………… 211

4　音声指導の方向性 ………………………………………………… 212

5　結　び ……………………………………………………………… 214

目 次　ix

第Ⅳ章　教科教育におけるカリキュラム・マネジメント ………… 217

第1節　社会科の本質に迫るカリキュラム・マネジメント

……………………………………………… 關　浩和 219

1　求められるカリキュラム・マネジメント ………………………… 219

2　R-PDCA サイクルによるカリキュラム・マネジメント ………… 220

3　情報ネットワーク時代に適用できる授業に ……………………… 222

4　アクティブに学ぶ社会科授業デザイン …………………………… 224

第2節　社会科カリキュラムマネジメントを支える

研究方法論の諸相……………………………… 溝口　和宏 229

1　社会科におけるカリキュラムマネジメント ……………………… 229

2　方法主導的カリキュラムマネジメント …………………………… 230

3　内容主導的カリキュラムマネジメント …………………………… 231

4　目標主導的カリキュラムマネジメント …………………………… 232

5　結語 …………………………………………………………………… 237

第3節　世界史教育における内容編成の展望

―学習指導要領「世界史」の現状と課題から― ……… 祐岡　武志 239

1　世界史教育の特質と意義 …………………………………………… 239

2　世界史教育の現状 …………………………………………………… 243

3　世界史教育の課題 …………………………………………………… 245

4　世界史教育内容編成の展望 ………………………………………… 247

第4節　若者の政治参加と主権者教育としての社会科の役割

……………………………………………… 桑原　敏典 249

1　投票率と主権者教育 ………………………………………………… 249

2　主権者教育の課題と今後の展開 …………………………………… 251

3　地域社会と連携をしたワークショップ型主権者教育 …………… 255

第Ⅴ章　教科教育学研究のための教師教育 259

第1節　小学校教師を自立と創造へと導く社会科現職研修の進め方

　　　　―社会科の根源的要件を見据えて―　　　　　　　木村　博一 261

　1　小学校社会科現職研修（現職教育）の現状と課題 261

　2　社会科授業の根源的要件は何か―社会科の本質を見据えて― 261

　3　よりよい社会科授業を創る小学校現職研修の具体的展開 264

　4　社会科教育学の新たな可能性を拓く現職研修の進め方の研究 269

第2節　教員養成教育における社会科授業力形成

　　　　―協働による授業力形成の省察を原理とする学修―　梅津　正美 271

　1　「協働による授業力形成の省察」を原理とする学修の方法 271

　2　教科の授業力評価スタンダードの構成 271

　3　教育実践コア科目「初等中等教科教育実践Ⅱ（社会）」

　　（2014年度学部2年次）の実践 272

　4　「主免教育実習」（2015年度学部3年次）の事後指導における

　　授業力ポートフォリオの実践 277

　5　「教職実践演習」（2016年度学部4年次）における

　　授業力ポートフォリオの実践 277

　6　教員養成教育と関わる社会科教師教育研究の課題 279

第3節　社会科教師を育てる教師教育者の専門性開発

　　　　―欧州委員会の報告書を手がかりにして―　　　　草原　和博 281

　1　なぜ教師教育者なのか 281

　2　報告書の論点整理 283

　3　報告書の示唆―社会科教師を育てる教師教育者の専門性開発― 289

第4節　美術と人間形成

　　　　―教員並びに教員養成系大学に向けた教科内容学的考察―

　　　　　　　　　　　　　　　　　　　　　　　　　前芝　武史 291

　はじめに 291

		目　次　xi

1　創造の原点—人類の知性・文明・文化・生活・経済— …………………… 291

2　創造と人類の感性　………………………………………………………… 292

3　美術—その世界の領域的構造— ………………………………………… 292

4　美術—その内容と学際性— ……………………………………………… 293

5　美とは何か　………………………………………………………………… 293

6　感じ方の違いと共通性について　………………………………………… 294

7　感性とは何か—その発生と発達に関する仮説— ……………………… 294

8　人間形成とは何か　………………………………………………………… 296

9　基礎・基本と授業構想について　………………………………………… 296

10　教育先進国と図工／美術科　……………………………………………… 298

まとめにかえて—筆者の研究と大学教育について— ……………………… 299

終　章　教科教育学研究の課題と展望
—社会科教育実践学を事例にして— ……………… 原田　智仁 301

第1節　現状をどう受け止めるか　………………………………………… 303

第2節　混沌を生む背景・要因は何か　…………………………………… 304

第3節　有効なパラダイムとは　…………………………………………… 306

第4節　社会科教育開発研究に向けて　…………………………………… 307

1　中本和彦の研究—「学習材」の開発による研究と実践の結合— ……… 308

2　二井正浩の研究—実践者との共同研究による理論と実践の結合— …… 309

第5節　社会科教育開発研究の要件—教科教育学の可能性— ………… 311

おわりに ……………………………………………………… 二井　正浩 315

第Ⅰ章
教科教育において育成すべき資質・能力

第1節　説明的文章の批判的読みの授業づくりの初期段階における要点

1　説明的文章の批判的読みの授業づくりの課題

　説明的文章を批判的に読むこと（以下，批判的読み）については，小松（1981），森田（1989），阿部（1996），河野（1996），長崎（1997）らがその有効性を主張，提案してきた。しかし，テクストの，また学習の何を，どのように順次指導すれば批判的読みの授業が成立するのか，具体的な道筋は明確ではない。そして，このことが説明的文章の批判的読みの実践が推進されにくい要因の一つになっていると考えられる。

　本稿では，指導者が説明的文章の批判的読みの授業づくりに習熟していく初期段階（批判的読みの授業を1〜3回程度経験）において，授業をどのように構想し，展開することができるのか，その手がかりを一人の教諭（N教諭）の事例をもとに見いだすことにする。

2　筆者に対する自己の考えを主張・表現する授業づくりの観点

　批判的読みの授業づくりの初期段階では，叙述内容に対してよくわかる（わからない），納得できる（できない）等，一人の読み手として主体的な反応が活発になされることが目指され，その実現度合いが高まっていけばよしとすることもできる。しかしここでは，そうした読み，授業レベルの次の批判的読みの段階に習熟してくことを想定する。すなわち，筆者に対する自己の考えを主張・表現することを批判的読みとして設定し，そうした読みに習熟していく初期段階の授業のあり方を問題とする。

結論部にある筆者の主張に対して自分なりの意見を言う，考えを主張することは実践の中でなされている。これはテクストの形式に対してというより内容に関しての主張であり，筆者の発想・意図に対してと言うより筆者の考えに対する主張である。しかし，本論部を中心とする読みにおいては，筆者に対する自己の考えの主張は，テクストの形式面，筆者の発想・意図に対してなされなければ，読みそのものも国語科の授業としても活性化しない。

この点について，井上（1983）の読みの授業における発問の分類では，評価，批判，鑑賞に関する発問の観点として「ある問題——内容，作者（意図，主題，構想，表現），人物などについて——に対しての自分の感想や意見を自分自身のことばで述べることを求める発問」（例・このことについて君はどう考えますか）「ある考えや作品の価値判断を求める発問」（例・これらのうちでどれが一番良い（好き）ですか）等，4点を示した。これらは，内容，形式，筆者（作者）の考え，発想・意図に対する自己の考えを主張することを要求するものである。

こうした整理に基づき，井上は文学作品の場合にはと断った上で，「作中人物の考え」「作者の意図」「読み手自身の受け取り」を区別することの重要性を指摘し，「この部分でこの人物はどう考えたのでしょうか」（登場人物）→「そう表現したときの作者の意図はどうだったのでしょうか」（作者）→「それについて君はどう思いますか」（読み手）という問いの順序性を提示した。これは説明的文章でも同様に「どのような内容・形式であるか」（テクスト）→「そのような内容・形式を取った筆者の意図は何か」（筆者）→「それについてどう思うか」（読み手）と置き換えられる。

しかし，批判的読みに習熟していく初期段階では，学習者が筆者の立場に容易に立てない場合も考えられる。よって，このような単線的な読みの段階を経ることは妥当か検討の余地がある。

以下では，授業者も学習者も批判的読みに習熟していく初期段階では，筆者の発想や意図を推論する活動の前に，一人の読み手としてテクストの内容・形式に関する自己の読みをもつ活動を位置づけることが実態にふさわしいと考えて取り組んだ授業について検討する。

3 批判的読みの授業デザイン

　2012年度に11月と2月の2回，実践協力者に研究授業（5年生）を行ってもらい，批判的読みの授業づくりの初期段階における要点（学習者と教師の考え方や行い方）を見いだした。各実践の教材，単元構成は以下のとおりである。

<u>11月実践</u>

教材　「森林のおくりもの」（東京書籍5年下）

単元の構成（全11時間）

　　第1次　学習計画を立てよう。（2時間）

　　第2次　筆者の述べ方の工夫や題名に込められた意味について考えながら要
　　　　　旨を読み取ろう。（5時間）

　　第3次　森林ガイドブックを作ろう。

<u>2月実践</u>

教材　「テレビとの付き合い方」（東京書籍5年下）

単元の構成（全9時間）

　　第1次　学習計画を立てよう。（1時間）

　　第2次　書き方の工夫に着目しながら筆者の考えを読み取ろう。（4時間）

　　第3次　「自分のテレビとの付き合い方」について考えたことを，書き方の
　　　　　工夫を使って分かりやすく書こう。（4時間）

　対象学級は，兵庫県K市立Y小学校5年1組（当該校は田園部にある学年2学級の学校）24名（男子16名，女子8名）。授業者は，N教諭（女性，経験年数23年，当該校の国語科担当者）。学習者は説明的文章を批判的に読むことに関する経験はない。指導者は，この度の実践の前々年度末の校内研修において，稿者が行ったワークショップで批判的読みのあり方に触れ，前年度の2学期に1年生で1回目の批判的読みの実践（研究発表会時の授業），当該年度において2回目（11月），及び3回目（2月）の実践という指導歴を有したことになる。いずれの授業も，事前に教材研究や授業方針を，授業当日の放課後に振り返りを，稿者と

6　第Ⅰ章　教科教育において育成すべき資質・能力

同校の教論 1 名を加えた計 3 名で 1 時間半程度協議した。授業の構想に関しては，授業者の考えや思いを尊重した。

4　叙述の内容・形式に関する自己の読みを優先した批判的読みの実際と考察

(1) 11 月実践「森林のおくりもの」（第 2 次 4 時：本論 2 の授業）

　本教材の本論部は，森林からのおくりものである木材，紙，火に関する前半部分と，別のおくりものとして述べた水を蓄えるはたらき，山崩れや水害から平野を守るはたらき等に関する後半部分の二つに大別できる。前半部分に 3 時間，後半部分に 1 時間を充てており本時は後半部分の 1 時間に当たる。

　本時の授業は「筆者と自分の考えを比べながら，森林の『別のおくりもの』について読み取ろう」という学習課題のもと，以下の内容・手順で行われた。

ア　書かれている森林の「別のおくりもの」の数と内容について考える。

イ　書かれている森林の別のおくりものの三つの中で，自分が一番すばらしいと思うものはどれか考える。

ウ　筆者はどのはたらき（おくりもの）を一番すばらしいと思っているか，自分と同じか考える。

エ　筆者が一番すばらしいと思っているおくりものと，筆者が伝えたかったことを予想して自分の考えとしてまとめる。

　授業者は，本論前半部分の「おくりもの」については事例ごとに扱ったが，本時は後半部分の三つの事例（計 12 の小段落分）を一括して大きく捉えて読ませた。その上で，批判的読みのあり方として，筆者の考えを推論することに先立ち，一人の読み手として，森林の「別のおくりもの」の三つの中で，自分が一番すばらしいと思うものはどれか考えさせた（イ）。次に筆者に着目させ，同様に筆者はどのはたらき（おくりもの）を一番すばらしいと思っているか考えさせる流れを取った（ウ）。筆者はどれを一番すごいと思っているかを推論することは「なぜ筆者は…」のように直接的に発想や意図を問うことにはなら

第1節　説明的文章の批判的読みの授業づくりの初期段階における要点　　7

ないが，事例（内容）の順序性への意識を喚起し，間接的にはそうした形式（順序）を取った筆者の意図を推論することに通じる。

　また，こうした流れの背景には稿者との事前協議における授業者の不安（「どうも意見が出てくると，ここでは想像がつかないんです。筆者を聞いちゃうと」）がある。Ｎ教諭は，批判的読みの経験がない学習者に直接的に筆者について問うことが難しいと判断し「まずこれ，自分ならって考えた上で，じゃあ筆者は？ってすると，段階を踏んでると思うんです，子どもたちの思考の」と述べている。批判的読みの授業は実質２回目の授業者，１回目の学習者にとっては，筆者の発想・意図を推論することは難しいと感じていることがうかがえる。こうして，一人の読み手としてまず事例の質的違いを意識させ，その上で筆者の事例の配し方（意図）へ目を向けさせようとした。

　学習者は「森林は，雨を懐深く受け入れたら地下水に送り込んで，300年，500年もかけて，水がなくならないようにしたりするところがすごい」「日本にこの大森林があるおかげで，そういう災害から守られていると思ったら，その森林の働きにすごい感謝をする気持ちが現れました」など，「自分としては」という意識で個性的な理由を発表した。

　この後，Ｎ教諭は，筆者はどれを一番すばらしいと考えているか問うた。
（括弧内はつぶやき。以下同じ。○○は聞き取り不能部分。）

C1　私は，土と養分を補う働きがすごいと思うけど，筆者は，水を保つ働きがすごいと思ったと思います。理由は，水を保つ働きのところだけ段落が多いから。

C2　（おお。）（一緒。）（一緒やけど，でも…）

T1　長いのかしら。

C3　長いけど。ええと，300とか，500，300年から500年て数字が書いてあるから，そこを強く言いたいから，数字をつけたんだと思います。

T2　具体例○○。○○方の工夫で出てきたけど，長いほうが大事やと思うって，本論１で出たでしょう。この具体例，数字の具体例。

C4　（わからへん。）

8　第Ⅰ章　教科教育において育成すべき資質・能力

T3　全部だと思うっていう子も出てきたんだけど，どう？

C5　（そうそう。）（全部。）

　つぶやき発言に見られる読みの不安定さはあるが，C1は先に考えた一人の読み手としての判断と比べて述べており，筆者の考えを推論することに生かされている。形式面での叙述量（段落数）に着目して理由を挙げており，あわせて批判的読みへの意識が芽生えてきていることがうかがえる。

(2) 2月実践「テレビとの付き合い方」（第2次3時：本論2の授業）

　本時は本論部に当たる第④〜⑥段落を学習対象とした。筆者は④段落でテレビが届ける情報は実際の膨大な情報のほんの一部であることを知らせている。⑤段落ではそのことを図示し，全体（図の白い部分）を忘れ一部のみ（図の小さな黒塗り部分）をすべてであるとする錯覚に陥りがちなことを，⑥段落では⑤段落で図示したことを今度は休み時間に広いグラウンドで遊んでいるいろんなグループをテレビが映すことを例に挙げて説明している。

　授業は「書き方の工夫について考えながら筆者の意図を読み取ろう」という学習課題で，以下の内容・順序で行われた。

ａ．④段落からはテレビの問題点が書かれていることを確かめる。

ｂ．図の「黒い部分」や「白い部分」が本文のどのことばに該当するのか確かめる。

ｃ．図（⑤段落）と具体例（⑥段落）の二つとも書かないといけないのか。どちらか一つだけを選ぶとしたら，自分ならどちらを選ぶか考える。

ｄ．筆者は，なぜ図（⑤段落）と具体例（⑥段落）の両方を使ったのか考える。

ｅ．筆者の書き方についての自分の考えを書いてまとめる。

　はじめに内容を確かめ（a, b），次に形式面（書き方）の効果について自己の考えをはっきりさせること（c）を経てから，形式面での効果について筆者の発想・意図を推論する（d），推論した筆者の発想・意図について自己の主張を表出する（e）という流れを取っている。テクストの特徴について読み手としての率直な考えをもつことを，筆者の発想・意図を推論する作業に先んじて行っていることは，11月実践と同様である。ただ，11月実践の際には「どれ（ど

第1節　説明的文章の批判的読みの授業づくりの初期段階における要点　　9

の事例）がすばらしいと思うか」というふうに間接的に意図を問うていたのが，授業者も，学習者も習熟してきたことを受けて，「筆者はなぜ」と直接的に意図を推論する形に発展している。

　cの学習では，授業者は「自分なら，④段落のことを説明するのに図か具体例か，どっちかだけ使うとしたら，どっちを使うか」問うた。出された理由は，次のようである。

〈⑤段落「具体例」を選んだ理由の例〉

・⑤だと，ほとんど錯覚のことしか書いてない。

・⑥段落は，みんながよく遊んでいるスポーツなど，遊びを取り入れているので想像しやすい。

〈⑥段落「図」を選んだ理由の例〉

・初めに読んだときに，⑤段落は図があったから，すぐ見て，ああこのへんが白い部分で，黒い部分だなってわかったけど，⑥段落ではあまりよくわからなかった。

・テレビと同じで，見る方が想像するよりはるかにわかりやすい。

　このように双方を支持する理由が出されたところで，授業者は「筆者は，なぜ図と具体例の両方を使ったか？」と，今度は筆者の発想・意図を問うた。以下は，授業の様子である。

C1　<u>筆者がなぜ両方使ったかというと</u>，白い部分に，その白と黒の⑥段，⑤段落で白と黒の，白と黒はどういうのかというのを<u>ちょっと説明しといて</u>，そっから，<u>もうちょっと具体例で，それを深めたんだと思います</u>。

T1　説明して，深めて，なんでそんなに丁寧にする必要があるかな？

C2　僕はC1さんと違って，⑤は白の説明をしていて，⑥は黒の説明をしていると思います。理由は，⑥は，グループの一つ一つとか，一人一人とか書いてあるから黒で，白は，その存在を忘れてしまうって書いてあるから，白のことを説明していると思います。

T2　これを忘れてしまうって，特に言ってる？

C3　（あ，そうか。）

10　第Ⅰ章　教科教育において育成すべき資質・能力

T3　黒のことも言ってるんだろうけど。はい。

C4　筆者がなぜ両方とも使ったかというと，さっきもそうだけど，図がわかりやすいという人がいれば，具体例がわかりやすい人もいるので，それを予測して。

C5　（なるほどなあ。）（なるほど。）

C6　僕は，図で少し考えて，具体例で想像しやすくするために，図や具体例を出したんだと思います。

C7　私は，今までの意見と違って，⑦段落で筆者の意見が述べられていて，「白い部分のあることを忘れないようにしながら，テレビと付き合う必要があるのではないでしょうか」と書かれていて，一番伝えたかったことだから，みんなに伝わってほしかったから，⑤段落も，④段落も⑤段落も⑥段落も，そのことを書いたんだと思いました。

　筆者の発想・意図の推論が具体的になされつつある。この後，筆者は何を伝えようとしているのか考えさせ，まとめとして「私は，筆者のこういう書き方に賛成です。そのわけは…。または，私は筆者の書き方に反対です。」と書き出しを与えて書かせた。その中には次のような例があった。

・賛成で，さっき図か具体例，どっちかで書くとき迷って，結局具体例にしたけど，一つで書くより二つでわかりやすく書いた方が，読みやすいから。

・筆者の書き方に反対。図だけでいい。理由は④段落と⑤段落だけでもしっかりわかったし，そこまで強調しなくても，白い部分を忘れないようにということだけ言ったらいい。

　まだ概念的な理由付けの感もあるが，11月実践よりも筆者の発想・意図を推論し，自己の主張・意見を力強く表現できるようになっている。テクストや読みの対象とする事柄の違いはあるものの，読み手としての自己の率直な読みをもつことと，筆者の発想・意図を推論することとが機能し，批判的読みの初期段階の取り組み方としての可能性が見いだせたと思われる。

5 説明的文章の批判的読みの授業づくりの道筋

　得られた成果をまとめると，下図のようになる。これは学習者の批判的読みのありようを示したものでもあり，同時にそうした読みが行われるような実践を行うための指導者側の授業づくりの観点，道筋でもある。

　読みの種類としては，上段に三つの枠を置いている。左端にある「叙述の内容・形式を確認する読み」（A）は，テクストにある情報を取り出し，正しく理解する読みであり，説明的文章の読み方としての基本である。吉川（2012）で示した第1段階の読みである。その右に位置する「内容・形式に関する筆者の発想・意図を推論する読み」（B）は，いわゆる「筆者を読む」読み方であり，吉川（2012）における第2段階の読みである。

　これら2種類の読み方は相互に作用し合いながらテクストの読みが深まることになる。よってこの相互作用の読みを四角枠で一括りとした。この「筆者を読む」ことで批判的読みの一つは成立しているが，本稿で対象としている批判的読みは，この一括りの読みを経て右端にある「内容・形式に関する筆者の発想・意図，考えに対する批判・評価及び自己の考えの構築」（C）に向かう読みである。筆者が産出したテクストについて，一人の読み手として向き合い，自

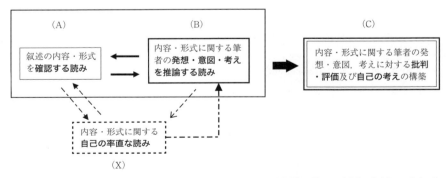

図1-1-1　説明的文章の批判的読みに習熟していく初期段階の読み・授業づくりのあり方

己の考えを産出することが批判的読みとしては重要である。したがって，上段にあるこの三つの読みが左から順になされていくことが批判的読みの基本型だと考えられる。

しかし本稿で考察したように，「内容・形式に関する筆者の発想・意図・考えを推論する読み」(B) に困難さが予想される場合には，それに先立って「内容・形式に関する自己の率直な読み」(X) を促し表出させることを積極的に位置づけてもよいことを，図では一点鎖線の矢印で示している。

先にも述べたように，説明的文章の批判的読みは，本来的には実線矢印型で進展していくことを基本としたいが，初期段階では一点鎖線型のように，内容・形式に関する自己の率直な読みをもとに，筆者の発想・意図・考えの推論に導くことも意図してみたい。どちらの路線を選択するかは，授業者，学習者の実態によって決定される。

（吉川　芳則）

［付記］本研究は，平成 24 ～ 26 年度独立行政法人日本学術振興会科学研究費助成事業助成金（基盤研究（C）（一般）課題番号 24531126）「説明的文章を批判的に読むことを段階的，系統的に指導するための実践プログラム開発」の助成を受けている。

参考文献

阿部昇『授業づくりのための「説明的文章教材」の徹底批判』明治図書，1996

井上尚美『国語の授業方法論』一光社，1983，pp.70-74

河野順子『対話による説明的文章のセット教材の学習指導』明治図書，1996

吉川芳則編著『クリティカルな読解力が身につく！説明文の論理活用ワーク』明治図書，2012，p.11

小松善之助『楽しく力のつく説明文の指導』明治図書，1981

長崎伸仁『新しく拓く説明的文章の授業』明治図書，1997

森田信義『筆者の工夫を評価する説明的文章の指導』明治図書，1989

第2節　歴史系教科において育成すべき
資質・能力の設定に向けて

　現在，日本の学校教育現場における社会科は再編期にある。とりわけ，高等学校の地理歴史科では新必履修科目として「地理総合（仮称）」，「歴史総合（仮称）」，新選択科目として「地理探究（仮称）」，「日本史探究（仮称）」，「世界史探究（仮称）」が，公民科では共通必履修科目として「公共（仮称）」，選択履修科目として「倫理（仮称）」，「政治・経済（仮称）」が設定され，科目編成にまで及ぶ転換を迎えている。この再編期において社会系各教科ではどのような資質・能力を育成することがめざされるのであろうか。再編期にふさわしい新たな資質・能力の規定が求められているはずである。

　そこで，高等学校地理歴史科における歴史系教科に着目し，これら新教科において育成がめざされる資質・能力の現状と課題を明らかにした上で，ドイツ歴史科で設定されている資質・能力を分析することで，歴史系教科で育成がめざされる資質・能力の課題の克服と，その課題を克服した資質・能力の設定に向けた教科教育学研究の可能性を考察する。

1　高等学校歴史系教科で育成がめざされる資質・能力の現状

　まず，「歴史総合（仮称）」は，「世界とその中における日本を広く相互的な視野から捉えて，近現代の歴史を理解する」，「歴史の推移や変化を踏まえ，課題の解決を視野に入れて，現代的な諸課題の形成に関わる近現代の歴史を考察する」，「歴史の大きな転換に着目し，単元の基軸となる問いを設け，資料を活用しながら，歴史の学び方を習得する」[1] 科目として設定される。本科目では「歴史の扉」で歴史を学ぶ意義や歴史の学び方の考察といった歴史を学習するための前提や歴史へのアプローチの仕方を導入段階として学習した後に，

14 第Ⅰ章 教科教育において育成すべき資質・能力

「近代化と私たち」，「大衆化と私たち」，「グローバル化と私たち」といった項目で生徒と密接に関わる現代的な諸課題を近現代の歴史的状況を通して考察する構成を採る(2)。本科目は，歴史を学ぶ意義の中でも歴史の現在関連という意義に特化し，現在との関連が深い近現代史に限定した内容編成となっている。本科目を基盤とした発展的な科目に「日本史探究（仮称）」，「世界史探究（仮称）」が位置づく。「日本史探究（仮称）」は「我が国の歴史の展開について，地理的条件や世界の歴史，歴史を構成する様々な要素に着目して，総合的に広く深く探究する」(3) 科目とされる。「歴史総合（仮称）」で学習した歴史の概念や歴史の学び方といった学習内容や学習方法を基に，歴史を更に深く総合的に探究する科目である。「世界史探究（仮称）」は「世界の歴史の大きな枠組と展開について，地理的条件や日本の歴史と関連付けて広く深く探究する」(4) 科目とされる。「日本史探究（仮称）」と同様に，「歴史総合（仮称）」での学習を基に歴史を深く総合的に探究する科目であり，日本史と世界史の関連や，時間軸と空間軸の変化を通して諸地域世界の文化の多様性や複合性を明確化することが，「日本史探究（仮称）」と異なる本科目の独自性と考えられる。

　以上から，高等学校における歴史系教科は，歴史の現在関連に重点化した「歴史総合（仮称）」を基盤に「日本史探究（仮称）」ないしは「世界史探究（仮称）」の履修を通して獲得した歴史的な見方・考え方を用いて，歴史を広く深く探究する科目構成を採っていることが窺える。

　それでは，これらの科目を通してどのような資質・能力を育成しようとしているのか。これらの科目で育成が図られる資質・能力をまとめたものが表1-2-1である。表1-2-1からいずれの科目も3つの資質・能力の育成を図っており，横軸において並列する資質・能力がほぼ類似していることが分かる。それは，「社会的な見方・考え方を働かせ，課題を追究したり，解決したりする活動を通して，広い視野に立ち，グローバル化する国際社会に主体的に生きる平和で民主的な国家及び社会の有意な形成者に必要な公民としての資質・能力」(5) を養うために，高等学校地理歴史科において育成すべき資質・能力として，第1に「日本及び世界の歴史の展開と生活・文化の地域的特色に関して

第2節　歴史系教科において育成すべき資質・能力の設定に向けて　15

表 1-2-1　高等学校歴史系教科で育成がめざされる資質・能力

「歴史総合（仮称）」	「日本史探究（仮称）」	「世界史探究（仮称）」
世界とその中における日本を広く相互的な視野から捉え，現代的な諸課題の形成に関わる近現代の歴史についての理解とともに，諸資料から歴史に関する情報を効果的に収集する・読み取る・まとめる技能を身に付けさせること。	我が国の歴史の展開について地理的条件や世界の歴史，歴史を構成する諸要素・諸領域に着目して総合的に理解させるとともに，多様な資料から情報を効果的に収集する・読み取る・まとめる技能を身に付けさせること。	世界の歴史の大きな枠組みと展開について，地理的条件や日本の歴史と関連付けて理解させるとともに，諸資料から世界の歴史に関する情報を収集する・読み取る・まとめる技能を身に付けさせること。
現代的な諸課題の形成に関わる近現代の歴史についての諸事象等の意味や意義，特色や相互の関連について，概念等を活用して多面的・多角的に考察したり，歴史に見られる諸課題を把握し，その解決に向けて構想したりする力や，考察・構想したことを適切な資料・内容や表現方法を選び効果的に説明したり，それらを基に議論したりする力を育成すること。	我が国の歴史に関わる諸事象の意味や意義，特色や相互の関連について，各時代の展開に関わる概念等を活用して多面的・多角的に考察したり，歴史に見られる課題を把握し，その解決に向けて構想したりする力や，考察・構想したことを適切な資料・内容や表現方法を選び効果的に説明したり，それらを基に議論したりする力を育成すること。	諸地域世界の歴史に関わる諸事象の意味や意義，特色や相互の関連について，歴史の大きな枠組みに関する概念等を活用して多面的・多角的に考察したり，歴史に見られる課題を把握し，その解決に向けて構想したりする力や，考察・構想したことを適切な資料・内容や表現方法を選び効果的に説明したり，それらを基に議論したりする力を育成すること。
現代的な諸課題の形成に関わる近現代の歴史について主体的に調べ分かろうとして課題を意欲的に追究する態度を育成すること，よりよい社会の実現を視野に世界とその中における日本の在り方について歴史的な観点から意欲的に追究しようとする態度を育成すること，多面的・多角的な考察や深い理解を通して涵養される日本国民としての自覚や我が国の歴史に対する愛情，他国や他国の文化を尊重することの大切さについての自覚などを育成すること。	我が国の歴史の展開について，主体的に調べたり分かろうとして課題を意欲的に追究する態度を育成すること。また，よりよい社会の実現を視野に，歴史の展開について，総合的な理解を踏まえて，地域や日本，世界の在り方を意欲的に探究しようとする態度を育成すること。その上で，多面的・多角的な考察や深い理解を通して涵養される日本国民としての自覚や我が国の歴史に対する愛情，他国や他国の文化を尊重することの大切さについての自覚などを育成すること。	諸地域世界の歴史の大きな枠組みと展開について，主体的に調べ分かろうとして課題を意欲的に追究する態度を育成すること，よりよい社会の実現を視野に入れて，歴史の大きな枠組みと展開についての理解を踏まえ，世界や日本の在り方を意欲的に探究しようとする態度を育成すること，多面的・多角的な考察や深い理解を通して涵養される日本国民としての自覚や我が国の歴史に対する愛情，他国や他国の文化を尊重することの大切さについての自覚などを育成すること。

（社会・地理歴史科・公民ワーキンググループ取りまとめ（案）pp.11-13 より筆者作成）

理解するとともに，調査や諸資料から様々な情報を効果的に調べまとめる技能を身に付ける」，第2に「地理や歴史に関わる諸事象について，概念等を活用して多面的・多角的に考察したり，課題の解決に向けて構想したりする力，考察・構想したことを効果的に説明したり，それらを基に議論したりする力を養う」，第3に「地理や歴史に関わる事象について，よりよい社会の実現を視野に課題を主体的に解決しようとする態度を養うとともに，多面的・多角的な考察や深い理解を通して涵養される日本国民としての自覚，我が国の国土や歴史に対する愛情，他国や他国の文化を尊重することの大切さについての自覚を深める」[6]という3点が設定されていることに起因する。この高等学校地理歴史科全体を通して育成すべき3つの資質・能力から各科目の資質・能力が導かれている。

　そのため，高等学校歴史系教科で育成がめざされる資質・能力は地理系教科における資質・能力とほぼ同様であり，地理歴史科全体としての資質・能力を各系教科の科目内容に即して一部改変して設定していることは一目瞭然である。さらに，公民系教科で育成がめざされる資質・能力をみても，「社会的な見方・考え方を働かせ，課題を追究したり，解決したりする活動を通して，広い視野に立ち，グローバル化する国際社会に主体的に生きる平和で民主的な国家及び社会の有意な形成者に必要な公民としての資質・能力」という地理歴史科と全く同様の資質・能力を育成するために，公民系教科で育成すべき資質・能力が同様に3点で設定されている。以上から，歴史系教科で育成がめざされる資質・能力は公民としての資質・能力の育成という社会科全般の目標を歴史系教科の観点から実現するための資質・能力となっているのが現状であるということが明らかとなった。

2　高等学校歴史系教科で育成がめざされる資質・能力の課題

　前項では，歴史系教科における資質・能力は社会科全般の教科目標から導かれていることをみてきた。本項では，こうして導かれた歴史系教科における資

質・能力にはどのような課題があるのかを考察する。

　これまでの考察から，歴史系教科における資質・能力の3点の課題が想定される。第1は，これらの公民を育成するための資質・能力の設定根拠が明確でないことである。公民を育成するために，なぜ社会的事象に関する様々な情報を効果的に調べまとめる技能，諸事象の意義や特色や概念を考察・構想し，それらを説明・議論する力，社会的事象を主体的・意欲的に探究する態度や日本国民としての自覚や国土や歴史への愛情の自覚といった資質・能力が不可欠なのであろうか。公民としての資質・能力は多様に想定されるはずであるが，その中でこれら資質・能力が選択されている理由が不明である。これは設定された資質・能力の内容（質）に関する課題である。

　第2は，設定された資質・能力が3つに限定される理由が明確でないことである。第1の課題で見た通り，本来公民としての資質・能力は多様に想定されるが，なぜ資質・能力が3つとなっているのであろうか。これは設定された資質・能力の数（量）に関する課題である。

　第3は，設定された資質・能力の段階性が想定されていないことである。確かに，「歴史総合（仮称）」を基盤に「日本史探究（仮称）」や「世界史探究（仮称）」といった科目が設定され，科目間の発展性は想定されてはいるものの，表1-2-1をみると分かる通り，各科目間の資質・能力にはさほど段階性は窺えない。さらに，科目間での資質・能力の段階性だけでなく，学年間での資質・能力の段階性も考えられるはずであるが，そうした段階性もみられない。これは設定された資質・能力のレベルに関する課題である。

　以上から，歴史系教科における資質・能力は質・量，レベルにまで及ぶ課題を抱えていることが分かる。なぜこれらの資質・能力は多くの課題を持っているのであろうか。次項において，この問いを検討する。

3　歴史系教科における資質・能力の課題を克服するための展望

　前項で，歴史系教科における資質・能力の課題を考察した。本項ではドイツ

18 第Ⅰ章 教科教育において育成すべき資質・能力

歴史科で設定される資質・能力の分析を通して歴史系教科における資質・能力
が課題を抱えている理由を解明し，その課題を克服するための方策を検討する。

(1) ドイツ歴史科における資質・能力の分析

　ドイツ歴史科では資質・能力はコンピテンスモデルの形式で提示される。
H-J. パンデルは，歴史教師連盟，W. シュライヴァーらの FUER グループ，ノ
ルトライン・ヴェストファーレン州，H.G- アルントのコンピテンスモデル[7]
を，W. ハイルは歴史教師連盟，FUER グループ，パンデル，P. ガウチのコン
ピテンスモデル[8] を代表的事例として列挙する。さらに，パンデルは代表的
事例とした 4 つのコンピテンスモデルから，事象コンピテンス，解釈と熟考コ
ンピテンス，メディア / 方法コンピテンス，行為コンピテンス，判断コンピテ
ンス，方向性コンピテンス，問いコンピテンス，歴史的解釈コンピテンス，コ
ミュニケーションコンピテンス，表現コンピテンスという 10 のコンピテンス
を抽出する。これより，ドイツ歴史科におけるコンピテンスモデルは各歴史教
授学者や各州で独自に設定されており，歴史科ではどのようなコンピテンスを
設定するのかに関して，共通理解が形成されているわけではないことが分かる。
それでは，多くのコンピテンスが想定される中で，歴史教授学者や各州はどの
ようにしてコンピテンスを選択し，コンピテンスモデルを構想しているのであ
ろうか。近年，ドイツ歴史教授学，歴史科教科書等に多大な影響を及ぼしてい
るスイスの歴史教授学者であるガウチのコンピテンスモデルを事例にこの問い
を考察する。ガウチがコンピテンスモデルを構想するまでの経緯を示したのが
表 1-2-2 である。

　表 1-2-2 は横軸に歴史授業の課題，コンピテンスという項目を設定し，ガウ
チが歴史授業の課題からコンピテンスモデルを構想したことを明示化すること
を意図している。

　ガウチは歴史授業の中心的な学習目標として語りコンピテンスを設定する。
語りコンピテンスとは，「自身の行為を時間軸上に位置づけるために、時間経
験についての意味を形成する能力」[9] とされる。ガウチは，この語りコンピ
テンスを中心的な学習目標とすると，歴史授業は子どもが歴史を語るものとな

第2節　歴史系教科において育成すべき資質・能力の設定に向けて　　19

表1-2-2　ガウチのコンピテンスモデル

歴史授業の課題	コンピテンス	
①私は過去について報告することのできる歴史的な証言や人物をどのように見出し，認識するのか？ 私は歴史の多様な可能性に導く問いや推測にどのようにたどりつくのか？	①時間における変動の認知や，歴史の多様な可能性からの証言や歴史文化からの提示の取り扱いに関するコンピテンス領域。このコンピテンス領域は，史資料や描写に関する独自の問いや推測を導く。＝「時間における変動の認知コンピテンス」	語りコンピテンス
②私は歴史の多様な可能性について語る史資料や描写をどのように解明するのか？私は事実分析にどのようにたどり着き，それをどのように検証できるのか？	②史資料や描写に基づいた歴史的な事実分析の説明や検証や描写，複数のジャンルの正確で高度な扱いに関するコンピテンス領域。＝「歴史的史資料や描写の解明コンピテンス」	
③個々の事実分析は他の事実分析とのような関連にあるのか，それは歴史の多様な可能性においてどこを言及するのか，原因と影響は何であるのか？私はどのように事実判断にたどり着き，どのように検証できるのか？	③歴史の多様な可能性における歴史的事実判断の分析と考察，解釈，導出，構築，描写に関するコンピテンス領域。＝「歴史の解釈コンピテンス」	
④私が歴史の多様な可能性の取り組みを行う意味は何であるのか？私は歴史にどのように取り組むべきであるのか？過去は現在とどのように関連し，私や未来にとって何を意味するのか？	④時間経験についての意味形成，時間経験の価値判断の検証，歴史学習の熟考，考えや態度の構築，現在の生活実践における独自の方向性に関するコンピテンス領域。＝「時間経験の方向性コンピテンス」	

（"Guter Geschichtsunterricht" S.50-52 より筆者作成）

り，その結果，子どもは表1-2-2に示した4つの課題に直面することになると考える。①は，歴史のどのような場面や人物を選択し，どのような問いを設定して，それらの場面や人物を考察するのかという課題である。②はその考察に際し，どのような史資料や描写を読解し，歴史的場面をどのように分析するのかという課題である。③は歴史的場面に関する自己の分析と他者の分析はどのように関連し，その分析の妥当性をどのように検証するのかという課題である。④は自身で語る歴史を通して歴史にどのように取り組み，歴史と現在や未来との関連性をどのように考えるのかという課題である。

　子どもが語る歴史は教師が教授する歴史とは異なって，子ども自身が形成す

るために，多様な可能性に拓かれた歴史である。ガウチは，自身の歴史的な問いに基づいて歴史を多様な史資料や描写から分析し，他者の分析も考慮しながら歴史的問いに応え，現在や未来とも関連づけながら歴史に取り組むことで，独自に歴史を語ることを子どもに求めているのである。ガウチは子どもが歴史を語るためには，これら4つの歴史授業の課題に対応するための語りコンピテンスの4つの下位コンピテンスが必須であるとする。①の課題に対応するのが，「時間における変動の認知コンピテンス」である。このコンピテンスは時間軸上での変動の認知や，歴史の多様な可能性や歴史文化との関わり合いから歴史に対する独自の問いや推測を導くための資質・能力である。②の課題に対応するのが「歴史的史資料や描写の解明コンピテンス」である。このコンピテンスは歴史的場面を分析するために史資料や描写をジャンルの特性を考慮しながら適切に効果的に解明するための資質・能力である。③の課題に対応するのが「歴史の解釈コンピテンス」である。各自で多様に異なる歴史の語りを他者の解釈と比較しながら，構築・再構築することでより検証可能で妥当性の高い歴史を語るための資質・能力である。④の課題に対応するのが「時間経験の方向性コンピテンス」である。歴史は単に語られるだけではなく，その語られた歴史は各自の価値判断に即した意味形成であり，その歴史における価値判断を現在や未来の方向づけに機能させるための資質・能力である。

　以上から，ガウチのコンピテンスモデルは，歴史授業の中心的な学習目標（語りコンピテンス）の設定→学習目標を実現する上での課題の抽出→課題を克服するための学習目標の下位目標の設定という過程を経て，「時間における変動の認知コンピテンス」，「歴史的史資料や描写の解明コンピテンス」，「歴史の解釈コンピテンス」，「時間経験の方向性コンピテンス」という4つの下位コンピテンスからなる語りコンピテンスとして構想されていることが分かる。ガウチが設定した下位コンピテンスは一見するとガウチ特有で独自性が高く，パンデルが列挙した10のコンピテンスとは異なっているように思われるが，ガウチは自身が設定した下位コンピテンスとパンデルやFUERグループのコンピテンスとの類似性を論じ[10]，独自性を主張するよりも，その類似性から自身

のコンピテンスモデルの妥当性を高めることを試みている。

　ガウチのコンピテンスモデルに限らず，歴史教授学者や各州学習指導要領のコンピテンスモデルでは語りコンピテンスや歴史意識等の育成が中心的な目標となっており，これらの目標達成に向けて下位コンピテンスを設定するというガウチと同様の手順が採られている。以上から，ドイツ歴史科におけるコンピテンスモデルは歴史科の教科目標からその実現に向けて必須条件であると考えられるコンピテンスを配列することで構想されていることが分かる。

(2) 歴史系教科における資質・能力の課題を克服するための方策

　ドイツ歴史科におけるコンピテンスモデルの分析から，日本の歴史系教科における資質・能力の課題を克服するための方策が明らかとなる。日本の歴史系教科における資質・能力の3つの課題が生じているのは，各系教科レベルの目標が設定されていないことに起因すると考えられる。

　日本では，公民的資質の育成という社会科全般，もっと言えば，学校教育全般に亘る教育目標は設定されているが，各系教科の教科目標は設定されていない。そのため，公民的資質の育成という社会科全般の教科目標から地理系・歴史系・公民系教科にほぼ同様の資質・能力を割り当てるという資質・能力の設定原理が働いている。しかし，公民的資質は公民をどのように捉えるのか，さらに，社会科教育学研究では市民的資質という用語が使用され，そこでも市民をどのように捉えるのかが論者によって多様に異なるため，公民的資質や市民的資質は各系教科の資質・能力を設定する際に，ドイツ歴史科の語りコンピテンスという教科目標のように効果的に機能することはない。各系教科における教科目標があってこそ，どのような資質・能力を設定するのか，その数はどのくらいか，どのような段階性を経て発展するのか，といった資質・能力の設定根拠が明らかとなるのである。日本においても各系教科における教科目標を設定し，その教科目標から資質・能力を構造化，さらには可視化することが，資質・能力の妥当性を保証するために不可欠であり，日本の歴史系教科における資質・能力の課題を克服するための方策である。

　各系教科における教科目標をどのようなものとして設定するのかが，歴史系

教科における資質・能力を構想するための重要な鍵であり，この教科目標の設定は各系教科の論理に基づいているため，教科教育学研究でしか論じることができない独自の研究領域である。現時点まで教科目標に関する共通理解は成立してはいない。各系教科における教科目標の設定は教科教育学研究の新たな挑戦となりえるものであり，今後の研究の可能性を拓くのではないであろうか。

（宇都宮　明子）

註

（1）http://www.mext.go.jp/b_menu/shingi/chukyo/chukyo3/071/siryo/__icsFiles/afieldfile/2016/07/25/1372399_08.pdf（資料 8-1　高等学校学習指導要領における「歴史総合（仮称）」の改訂の方向性①（案），2016 年 9 月 10 日閲覧）

（2）同上

（3）http://www.mext.go.jp/b_menu/shingi/chukyo/chukyo3/071/siryo/__icsFiles/afieldfile/2016/07/25/1372399_09.pdf（資料 9　高等学校学習指導要領における歴史科目の改訂の方向性（案），2016 年 9 月 10 日閲覧）

（4）同上。

（5）http://www.mext.go.jp/b_menu/shingi/chukyo/chukyo3/071/siryo/attach/1372443.htm（資料 7　社会・地理歴史・公民ワーキンググループ取りまとめ（案），2016 年 9 月 10 日閲覧）

（6）同上。

（7）Pandel, Hans-Jürgen: *Geschichtsdidaktik.Eine Theorie für die Praxis*. Wochenschau Verlag 2013, S.212.

（8）Heil, Werner: *Kompetenzorientierter Geschichtsunterricht*, 2. vollständig neu überarbeitete und erweiterte Auflage.Kohlhammer 2012, S.18-48.

（9）Rüsen, Jörn: Geschichtsdidaktische Konsequenzen aus einer erzähltheoretischen Historik, in: Quandt, Siegfried/ Süssmuth, Hans (Hrsg.) *Historisches Erzählen. Formen und Funktionen*. Vandenhoeck & Ruprecht in Göttingen 1982, S. 153.

（10）Gautschi, Peter: *Guter Geschichtsunterricht. Grundlagen, Erkenntnisse, Hinweise*, 2.Aufl. Wochenschau Verlag 2011, S.58-60.

第 3 節　社会科のコンピテンシーと歴史教育
―英国の歴史教科書 SHP の分析から―

1　発信する資質・能力を育成する歴史授業

　社会科で育てるべきコンピテンシーのひとつとして，「社会参画」を挙げる
ことに異論はあるまい。これからの未来社会を創っていくための資質・能力と
して，社会について客観的に分析できるのみならず，合理的に意思決定し，自
分の意見を他者に伝えるための資質・能力の育成が重要であろう。ところが，
これまでの社会科教育では，自分の意見を他者に伝える，発信について，十分
に検討されてこなかったのではないだろうか。本稿では，英国の中等歴史教科
書 SHP シリーズ（The Schools History Project，SHP HISTORY YEAR7-9）[1] の分析を
通して，発信する資質・能力を育成する歴史授業について考えてみたい。

2　SHP の概要

　SHP シリーズは，英国で 2008-2009 年にかけて刊行された中等歴史教科書
である。7-9 学年の 3 分冊からなり，それぞれ，古代と中世，近代，現代を取
り扱っている。その大きな特徴は，日常生活，帝国，移動と定住，紛争，権力，
考えと信仰の 6 つのテーマによるテーマ別構成が取られていることである。
SHP の全体構成については，田口による詳細な紹介[2] があるので，それを参
照されたい。ここでは紙幅の関係から，YEAR9 に絞って検討する。

（1）SHP YEAR9 の構成

　次ページ以降の表 1-3-1 に SHP YEAR9 の構成を示している。一見してわか
るように，学習課題はどれも論争問題を扱っており，資料に基づいて，学習者

24 第Ⅰ章 教科教育において育成すべき資質・能力

表 1-3-1 SHP YEAR9 の構成

セクション	テーマ	単元をつらぬく問い	おもな学習課題
1	帝国	なぜ，大英帝国はそれほど論争的なのか？	○ 大英帝国のインド統治について，それがインドにとってよいものであったかどうかについて，自分の意見を書く。 ・ドゥリープ・シング（北インドのパンジャーブ地方，シク王国の最後の君主）に対する英国の扱いについて，自分の意見を書く。 ・ドゥリープ・シングがどれくらい典型的なのか，6つのケーススタディで検証する。 ○ ガンディーがインド独立に果たした役割について検証する。
2	紛争	紛争はどのように，兵士と市民に影響を与えたのだろうか？	・なぜ，第一次世界大戦で兵士たちは塹壕で戦い続けることができたのかについて，7つの仮説から自分の意見に近いものを選び，資料をもとに自分の意見を書く。 ・第二次世界大戦において，いつ，枢軸国の形勢が逆転したのかについて，大戦中の出来事を軍事的重要性，経済的重要性，士気への影響の3観点から評価する。 ○ なぜ，第二次世界大戦がどのようなものかということが，未だに問題になるのだろうか？ ・3つの議論について，第二次世界大戦についての解釈が，これほど国によって異なるのかはなぜかを考える。 　① 戦争のターニングポイントと，ドイツとドイツの同盟国を敗北させるために重要な役割を果たしたのは誰かに関する議論 　② 戦争がいつ始まったのかに対する議論 　③ 2004年，BBCはアメリカ，フランス，ドイツの放送局と協力して，D-dayと連合国のノルマンディー侵攻についてのドラマドキュメンタリーを制作したが，放送された番組は，国によって異なるものだった。 ○ なぜ，大事に世界大戦下の市民は，それ以前よりもはるかに大きな危険にさらされるようになったのだろうか？ ・ドレスデンへの爆撃は正当化されるだろうか？ ・科学は戦争終結を早めたのだろうか？ ・原子爆弾の攻撃を受けるとはどのようなものだろうか？

第3節　社会科のコンピテンシーと歴史教育　25

3	権力	独裁政治はどのように，人びとの生活に影響を与えたのだろうか？	○　スターリンとヒトラーについて，権力を握った方法，秩序維持の方法，人びとの生活にどのような影響を与えたかなどについて比較する。 ○　ナチス統治下のチェコスロバキアに生きたフランク・ブライトと彼のクラスメートの生活から，ホロコーストについて語る ・ナチスはどのようにユダヤ人を迫害したのか。 ・ホロコーストはどのように記憶されるべきか。 ・ナチスは他にどのような人を迫害したのか。 ・ユダヤ人はどのように迫害に抵抗したのか。 ・ホロコーストについて責められるべきはだれか。 ・なぜ，ホロコーストは重要なのだろうか。 ・歴史的重要性の検討 ・今日的意味の検討
4 (のちに 詳述)	権力	人びとはどのように，平等権のために戦ったのだろうか？	○　英国の女性たちはどのようにして平等な選挙権のために戦ったのだろうか。 ○　アメリカ合衆国で黒人たちは，平等権獲得のために，どのような運動をしたのだろうか。 ○　ネルソン・マンデラ：囚人はどのようにして祖国のリーダーになったのか。
5	日常生活	人びとの生活向上にもっとも大きな影響を及ぼしたものは何だろうか？	○　普通の人びとにとって，生活が本当によくなったと言えるのはいつだろうか。 ・なぜ，ウィストン　チャーチルは戦争終結後，選挙で負けたのだろうか。 ・日常生活をもっとも改良したのはどの発明だろうか。 ・すべての人にとって，前進と言えるだろうか。
6	移動と定住	私たちは英国への移住の物語をどのように語るだろうか？	○　英国への移民の物語はどのように語られるべきだろうか。 ・英国への移民は，いつ，始まったのか。 ・個人的な物語は，私たちに移民について何を語るだろうか。 ○　英国に移住してきた人びとの経験を要約するのが難しいのはなぜだろうか。

自身が意見を述べることを重視している。

(2) SHP YEAR9　セクション4の詳細

　ここでは，歴史学習を通して自分の意見を他者に伝える，発信について学ぶという本稿の目的に照らして，セクション4（権力：人びとはどのように，平等権

26　第Ⅰ章　教科教育において育成すべき資質・能力

のために戦ったのだろうか？）について検討する。セクション4の構成を，次ページ表1-3-2に示す。

　SHP YEAR9　セクション4では，英国の婦人参政権運動，アメリカの公民権運動，南アフリカ共和国におけるアパルトヘイト反対運動を事例に，「人びとはどのように平等権のために戦ったのか」という大きな問いを探究する。実は，自分の意見を他者に伝える方法については，YEAR8でも「自分が18-19世紀の英国のチャーチストだったなら，どのような運動の方法をとるか」という問いで探究されている。重要なのは，同じ問いがスパイラルに探究されるだけでなく，考慮すべき要因が段階を踏んで増えるところにある。例えば，YEAR8では，運動の方法は「急進派か穏健派か」の二者択一であった。ところが，YEAR9になると，例えば，英国の婦人参政権運動で急進派と穏健派が与えた影響について分析するとともに，急進派は「天使の独裁」と批判されたこと，また，第一次世界大戦中，穏健派は戦争協力をするが急進派はしなかったという事実が伝えられる。公民権運動をめぐっては，当時のアメリカにおける黒人に対する差別の過酷さと，それに対して歌という抵抗の方法がインパクトを与えたことが伝えられる。さらに南アフリカでアパルトヘイトが廃止された要因に経済的な要因や冷戦の終結が指摘されるなど，抵抗の方法のみならず，社会的な状況の変化のなかで私たちの権利が獲得されてきたことも学習される。そのうえで，「暴力の使用は，非暴力よりも多くの成功を収める傾向があるか？」，「直接行動はどれくらい重要か」という問いに答えることが求められる。

　さらに，それぞれの学習活動の終結部では，今日の英国における女性の地位，アメリカにおける黒人の生活，アパルトヘイト廃止後の南アフリカの現実に触れ，社会をよりよくしていくために声を上げ続けていくことが必要であることが示唆されている。

　このように，SHPでは，自分たちの社会的な要求を社会に発信する方法について，さまざまな方法と，それを選択する基準について学習しながら，社会的な情勢も踏まえ，要求を発信する方法を選択する必要性が学ばれている。

　このような歴史学習を通して自分の意見を他者に伝えることについて学ぶこ

第3節 社会科のコンピテンシーと歴史教育　　27

表 1–3–2　セクション 4 の構成

	問いと学習活動	資料
導入	○　世界人権宣言を読み，以下の問いに答える。 ①　どの権利が最も重要だと考えるか？ ②　どの権利が過去には否定され，だれによって戦われたか？ ③　これから学ぶ3つのケーススタディ（英国における婦人参政権運動，アメリカ合衆国の公民権運動，南アフリカ共和国における反アパルトヘイト運動）は，どの権利のために戦ったか？	・世界人権宣言
学習 活動1	○　英国で女性たちは，参政権獲得のためにどのように運動をしたのだろうか？ (1)　ケースの詳細な検討に入る前に，仮説を立てる。 ①　シルビアは，勇敢だったり，決然としていると言えるか？ ②　シルビアが，自分の望んだもの（参政権）のために，急進的な戦術をとることは正当だと考えるか？ ③　当局が，彼女を法の力で追及したことは正当か？ ④　平和的なデモンストレーションが無視されたという事実は，暴力や秩序を乱すような戦術を用いることの容認を意味するか？	・シルビアの物語 ・19世紀末英国の法と慣習
	(2)　WSPU（女性社会政治同盟）と NUWSS（婦人参政権運動全国同盟）の存在について知る。 ①　ペアで，1人が急進派（WSPU）のエミリー・パンクハースト，もう1人が穏健派（NUWSS）のテレサ・ビリントン－グレッグの立場にたち，自分の見解の正しさを主張し，相手を批判する。	・婦人参政権運動のリーダーたちの発言 ・WSPU の運営についての批判
	(3)　WSPU の好戦的な戦術は，婦人参政権獲得のための戦いを前進させたか？ ①　資料に示された11のできごとについて，その潜在的な評判，衝撃，恐怖について議論し，それぞれのできごとを「好戦的なスペクトル」上に位置づける。 ②　WSPU の戦略が，婦人参政権の獲得に与えた影響はどのようなものであったか？ (4)　第一次世界大戦中のできごとをもとに，婦人参政権がどのようにして獲得されたのかを検討する。 ①　穏健派の NUWSS が戦争を支持したのに対し，WSPU は戦争を支持しなかったこと，1918年に制限付き婦人参政権，1928年に女性の普通選挙が認められたことを告げられた上で，婦人参政権獲得の要因について，ダイヤモンドランキングを作成する。 (5)　シルビア・パンクハーストは，今日の英国の女性の地位について，失望するだろうか？ ①　英国における女性の政界，労働市場での状況について調べた上で，これ以外の平等の指標を設定し調査する。調査結果をもとに，今日，女性がどの程度まで平等に扱われているのかを議論する。	・1905-1914の婦人参政権運動をめぐる11のできごと ・第一次世界大戦中の9つのできごと ・英国における女性の政界進出 ・英国における女性の労働面での状況

28　第Ⅰ章　教科教育において育成すべき資質・能力

学習活動2	○　アメリカ合衆国で黒人たちは，平等権獲得のために，どのような運動をしたのだろうか？ （1）　ジョッセ・オーエンスについて 【歴史実践：証拠】 ①　1900年代のアメリカでジョッセ・オーエンスが経験したことについての4つの文章を読み， 　・ジョッセがどのように扱われたのかの明白な手がかり 　・これは何を示唆するかの推論 　・推論を支持する証拠　の3つの観点から分析する。 【歴史実践：相互参照】 ②　「ジョッセ・オーエンスの物語はどれくらい典型的か？」を検討する。 　そのために，19-20世紀のアメリカについての10の資料を読み， 　・自分の推論を支持する証拠 　・自分の推論に遅疑を呈する証拠　を表にまとめる。	・アメリカ人の黒人，ジョッセ・オーエンスの1936年ベルリンオリンピックでの活躍 ・1930年代のアメリカのコラムニストが「メリーゴーランド，劇場などの代わりになるもの」と呼んだものの写真の一部 ・19-20世紀のアメリカにおける黒人差別に関する資料
	（2）　「奇妙な果実」 ①　「奇妙な果実」の歌詞の分析 ②　ビリー・ホリディはなぜ，「この歌を歌うことによって，ものごとをよい報告に変えることができる」と感じたのか？ ③　この歌が，白人による黒人へのリンチを示唆することは，この歌をより強力にするか？　それともこの歌の力を失わせるか？	・「奇妙な果実」の歌詞 ・ビリー・ホリディについて
	（3）　公民権運動における，マーティン・ルーサー・キングの果たした役割は，どれくらい重要なものだったのか？ ①　公民権運動に関わった19の個人/団体について 　・彼らが用いた戦術は何か？ 　・彼らはどれくらい成功したのか？ 　・彼らの戦術と，それがどれくらい成功したかにはどのような関係があるか？ 　・直接的な行動は，法律の範囲内における運動よりもより多くのことを成し遂げたか？ 　・マーティン・ルーサー・キングの方法は，他の方法よりも，より多くの成功を収めたか？	・公民権運動に関わった個人/団体についての19の資料
	②　公民権運動に関する歴史の本を作成する編集者になるという課題が与えられ，以下についてグループで考える。 　・本のタイトル，表紙，各章の構成と見出し，最終章	特になし （作成する本のレイアウト）
	（4）　黒人のアメリカ人の生活はどれくらいよくなっているのか？	・2007年のガーディアン誌の記事 ・2000年のオーエンスの妻へのインタビュー ・2008年のバラク・オバマの演説

第3節　社会科のコンピテンシーと歴史教育　　29

	問いと学習活動	資料
学習 活動3	○　ネルソン・マンデラ：囚人はどのようにして祖国の リーダーになったのか？ (1)　ネルソン・マンデラについて 　　　　　（学習活動は特になし）	・ネルソン・マンデラが拘束 　されたロベン島 ・大統領就任式でのマンデラ ・マンデラの物語
	(2)　マンデラとANCの抵抗の方法はどのようなものだったか？　な ぜ，彼らは抵抗の方法を変えたのか？ ①　マンデラの演説をもとに，マンデラとANCの抵抗の方法につい て，その過激さの度合いを評価し，年代順にまとめる。 【歴史実践：情報源の評価】 ②　マンデラの演説を評価する。 ・情報源（マンデラの演説）は，有用な情報を含んでいるか？ ・情報源の信頼性を評価する。 ・情報源はどんなタイプ（新聞，手紙…）か？ ・だれがそれをつくったのか？ ・その情報源は，なぜつくられたのか（スピーチの目的は）？ ・情報源の確からしさを確かめる ・アパルトヘイト下の黒人の状況は，本当にマンデラが言うほどひ 　どかったのか？ ・なぜ，ANCは戦術を変更し，より暴力的な抵抗のかたちを用い 　たのか？	・マンデラの演 　説 ・アパルトヘイ 　ト下の黒人の 　政治的権利， 　生活状況，法 　律，教育 ・1912年-1964 　年のANC関 　連のできごと
	(3)　なぜ，アパルトヘイトは最終的に終わったのか？ ①　アパルトヘイトの廃止に 関する10の要因を結びつ け，コンセプトマップをつ くる。 ②　どの3つの要因が最も重要だったのかを選択する。	・アパルトヘイ 　ト廃止の10 　の要因 ①スティーブ・ビコと黒人意識，②ソウェト蜂起と学生 たちの抵抗，③デズモンド・ツツと黒人の宗教的リー ダーの役割，④アメリカ合衆国の役割，⑤非白人居住地 域の蜂起，⑥世界的な反アパルトヘイト運動，⑦労働組 合，⑧財政問題⑨新政府の方針，⑩冷戦の終結
	(4)　アパルトヘイト廃止後，何が起こったか？ ①　マンデラとその後の政府は，どれくらい上手に問題に対応したのか？ ・資料（ガーディアン誌の記事）を読み，下記の問いに答える。 ・南アフリカがアパルトヘイト廃止後よくなったということについ 　て，記者はどのような証拠を提示しているか？ ・どのような問題が残っていると，記者は論じているか？ ・アパルトヘイト廃止後，どの程度まで南アフリカはよくなったと， 　記者は考えているか？	・ガーディア 　ン誌の記事

学習活動3続き	② 資料を確かめるために，自分自身の調査をする。 ・記者が論じていることは正確か？ ・記者が，「南アフリカはアパルトヘイト廃止後，ずっとよくなった」と述べていることに賛成するか？　記者に賛成する証拠を，あなた自身の調査により，つけ加えることができるか？ ・記者が，「なさなければならないことがまだ残っている」と述べていることに賛成するか？　あなた自身の調査から示しなさい。	
学習活動4	○　3つのケーススタディを通して，権利というものがしばしば，その獲得のために戦われなければならないことを学んできた。 (1)　既習の17の権利獲得のために戦った個人／団体について，その戦術がどれくらい好戦的なものであったのか評価する。 (2)　人々が戦う方法と，その成功／失敗のあいだに関係があるか？たとえば， ・暴力の使用は，非暴力よりも多くの成果を収める傾向があるか？ ・直接行動は，どのくらい重要か？	特になし

とを可能にしている SHP の特徴として，【歴史実践】が指摘できる。

　歴史実践（doing history）とは耳慣れない言葉だが，歴史家が実際に行っている読解方略を授業構成に反映しようとするアプローチと言えよう[3]。

　SHP の歴史実践は，その学習内容から大きく2つに分類される。1つは，「良いパラグラフには，はじめの記述，支持する証拠，結論の記述がある」「情報源の活用とは，最も適切な情報源を選択するということだ」など，いわば社会的事象を探究し，まとめるスキル，社会的事象を見る方法について学ぶセクションである。今回分析対象とした SHP YEAR9　セクション4の歴史実践はこのタイプである。もうひとつ，SHP の歴史実践には，「あるできごとには複数の原因がある」，「1つのできごとは多くの異なった結果をもたらしうる」など，いわば「社会的事象とはどのような特色をもつものなのか」，社会的事象についての見方を学ぶタイプもある。

　以下，項を改め，SHP YEAR9　セクション4の歴史実践について検討する。

(3) SHP YEAR9　セクション4における歴史実践

　SHP YEAR9　セクション4の歴史実践について表1-3-3にまとめた。

　表から SHP 歴史実践の特徴として，以下のことが指摘できよう。

①　「望ましい社会的事象の探究のありよう」を明示した学習内容と，それを

第3節　社会科のコンピテンシーと歴史教育　　31

表 1-3-3　SHP YEAR9　セクション4における歴史実践

タイトル	問い	資料	学習活動	学習内容
証拠 ①推論	・1930年代のアメリカで、黒人がどのように扱われたのか？	ジョッセ・オーエンスの物語	・「ジョッセがどのように扱われたのかの明白な手がかり」、「これが何を示唆するかの推論」、「推論を支持する証拠」を表にまとめる。	・資料を用いることで、資料から直接的にわかることではないことを見つけ出すことができる。それを「推論」と呼ぶ。 ・資料を上手に用いるということは、資料が明白に語らないことを発見するということだ。
証拠 ②相互 参照	・ジョッセ・オーエンスの経験がどれぐらい典型的なものであったのか？	19-20世紀のアメリカにおける黒人差別に関する資料	・自分の推論を支持する証拠、推論に遅疑を呈する証拠をまとめ、判断する。	・たったひとつの経験に基づき一般化を図るのは危険で、歴史家は常に資料の典型性を問い、ひとつの資料からつくられた推論を他の資料によってチェックしている。
証拠 ③情報源 の評価	○情報源は有用な情報を含んでいるか？ ○情報源が語ることを信じるべきか？ ・どんなタイプの情報源か？ ・作成者はだれか？ ・なぜつくられたのか。	ネルソン・マンデラのスピーチ	○何を見つけ出そうとしているのかを明らかにして、資料を見る。 ○情報源の信頼性を評価する。 ○情報源の確からしさを確かめるために、他の情報源の情報を使用する。	・上手に情報源を使用するということは、特定の探究をしたり、特定の物語を語ったりするときに最も役に立つ情報源を選択するということだ。

　具体的な活動として学習者にも体験可能なかたちにした学習活動がセットで示されていること。

②　探究のプロセスが問いの形で示されていること。

　SHP では、自分たちの社会的な要求を社会に発信する方法について、さまざまな方法と、それを選択する基準について学習している。しかし、それが「かくあるべき」という理念として学ばれるのではなく、歴史実践を通して、

歴史の事実に照らし，「有効な方法の選択の仕方」を学ぶ学習として構成されているところに特徴があるといえよう。

3　発信する資質・能力を育成する歴史授業を可能にするために

これまでみてきたように，SHPでは，歴史的事象という過去のできごとの学習と，それを通して自分の意見や要求を社会に効果的に発信し，将来の社会の形成に参加する資質・能力の育成を可能にする学習が構成されている。

これを可能にしているのは，何のために歴史を学ぶのか，目的意識に照らした学習内容の組み換えと，豊富な資料に基づいた探究のプロセスとしての学習活動の提示である。

これからの未来社会を創っていくための資質・能力の育成に寄与する社会科授業を考察する上で，SHPの示唆するものは大きいと言えよう。

（岩野　清美）

註

（1）Ian Dawson, Maggie Wilson "*SHP HISTORY YEAR 7*" Hodder Education, 2008, Chris Culpin, Ian Dawson, Dale Banham, Bethan Edwards, Sally Burnham "*SHP HISTORY YEAR 8*" Hodder Education, 2009, Dale Banham, Ian Luff "*SHP HISTORY YEAR 9*" Hodder Education, 2009

（2）田口敏郎「重層的・螺旋的な『歴史の大観』を支援する教科書内容構成―英国 Hodder Education 社 SHP HISTORY シリーズの再評価―」全国社会科教育学会第62回全国研究大会　発表資料，2013

（3）「歴史家のように読む」アプローチについては，中村洋樹「歴史実践（Doing History）としての歴史学習の論理と意義：『歴史家の様に読む』アプローチを手がかりにして」全国社会科教育学会『社会科研究』第79号，2013年，pp. 49-60を参照されたい。

第4節　高等学校における歴史リテラシー育成の試み
―授業実践「原爆はなぜ投下されたか」を中心に―

　歴史解釈を探求する学習論・授業に関する研究は多い。史料読解を重視するワインバーグ（2013）の「歴史家のように読む」もその一例である。これを参考に，筆者は授業「原爆はなぜ投下されたか」の開発と実践を試みた。高等学校における歴史リテラシーの育成を目標として開発したこの授業の有効性を検討することが本稿の課題である。

1　市民的資質の育成と史料読解学習の意義

　社会科的諸科目の育成目標とすべき市民的資質は，児玉康弘（2005）によると，「疑い迷う市民的資質，行動する前に自分たちの考え方や過去の行動について熟慮し反省する市民的資質，感情的・感傷的なナショナリズムやポピュリズムに駆り立てられない市民的資質，自由を放棄せず権威やカリスマに頼らない市民的資質」（同論文 p.1）である。氏はポパーの認識論を手がかりに，実在的物理的世界に対する研究者のアプローチにより抽出・描述された客観的知識世界を，学習者が仮説として創造・批判することにより，学習者の主観的精神世界の形成を科学の活動に連接させることをめざした。その代表的成果は解釈批判学習の提唱（児玉（2001））である。

　原田智仁（2009）は，解釈批判学習を評価する一方，結局のところ教師の用意した複数解釈の追体験になるので，解釈の自由度は低いという問題を指摘する。この点を克服するものとして原田が注目するのは，史料読解とそれに基づく歴史記述を重視する学習・授業構成論であり，マカレヴィ，バナムらの実践（原田（2009）），三原信吾の実践（原田（2010））などがそれにあたる。また，原田（2015）はワインバーグの「歴史家のように読む」に注目し，彼の授業方略

に基づくジーグラーの実践を紹介している。

宇都宮明子（2013）は，ドイツの構成主義歴史教育論[1] の一例として，フェルケルの鍵問題討議型授業の事例を分析している。この授業では，主題となる鍵問題に関する構築された学習者自身の認識を再構築，脱構築と発展させる上で，討議という学習過程が重視される。史料読解自体も授業展開に含まれ，従来の歴史教授法に依拠した解釈獲得の手段としての位置づけを与えられているにとどまる。討議により安定性ある共通認識を獲得しようとする能力は，市民社会が討議に基づく状況把握や意思決定を重んじる以上，重要な市民的資質である。その際，認識の根拠を方法論まで踏まえて同時に討議の対象として扱うことは，実在的物理的世界の事実を認識に反映させる上で重要ではないか。

中等教育段階の学習者にとり，研究者のつくりだした客観的知識世界を仮説として主体的かつ批判的に吟味することは容易ではない。しかし，史料読解を手段とした歴史解釈や描述の手法を運用し，議論を通じて安定性ある共通認識を獲得しようとするような学習・授業構成であれば，学習者の主体性や歴史解釈の開放性を保障した上で，相対主義を避け，主観的精神世界を客観的知的世界へ近接させていくことが可能である。

2　市民的資質と歴史リテラシー

ワインバーグは，知識基盤社会において求められるリテラシーは，ディシプリナリー・リテラシー（教科の問題に焦点化したリテラシー技能）であるとし，歴史家のテキスト読解の技法を，他の領域の専門家のテキスト読解の技法とは異なる固有のものと位置づける。氏のいう歴史に固有のリテラシーとは，歴史的思考技能としての史料読解方法，即ち，①出所を明らかにすること，②文脈に位置づけると，③丁寧に読むこと，④確証あるものにすることの四点である。①はサブテキスト読解を駆使して著者がテキストを書いた目的や意図を考察する技能，②はテキストを書いた時代を考察する技能，③はテキストの構成・用いられた表現を考察する技能，④は関連する他のテキストとの比較により，そ

のテキストの位置づけを評価する技能であると中村洋樹（2013）は分析する。

　中等歴史教育により育成すべき教科（科目）固有のリテラシーの内容として，「歴史家のように読む」技能は相応しいであろうか。ワインバーグ（2013，pp.ix-x）は，市民生活に応用可能なリテラシーであるという点において有用だと主張するが，より直接的な意味でも，「歴史家のように読む」技能は，市民的資質として不可欠である。渡部竜也は，『コモン・グッドのための歴史教育』の「総合解説」において，著者バートンの言葉を紹介し，歴史解釈は直接現在の社会生活や政治問題につながる事例，または自らのアイデンティティに関わる事例に主題を設定してこそ教育効果があるという彼の見解を支持している。そのような授業のあり方こそ民主主義社会の形成者育成という社会系諸科目の目標に適うとも述べている（渡部他訳（2014），p.413-4）。

　現在・未来の問題や自らのアイデンティティと関連させて歴史を扱うとき，学習者自身の問題意識や価値意識こそが歴史解釈のあり方に強く影響を及ぼす可能性はある。しかし，前項で触れた市民的資質育成に関わる諸論考は，歴史の探求的学習のあり方について，学習者自身の主体性を重視しつつ，相対主義に陥ることは避け，議論を通じ，より安定的で共有可能な理解，より客観的かつ知的な理解を求めるものであることが望ましいと示唆する。

　ワインバーグの授業方略は，学習者にそのような探求を促す試みの一つである。史料読解を根拠に，学習者自身が探求結果として歴史解釈をその獲得手段と共に説得的に示し，なお学習者自身の解釈に批判や修正の余地があることを理解できれば，児玉のいう市民的資質の育成に資することができる。

　以上を踏まえ，市民的資質の育成に通じる歴史リテラシーの内容は，次のようにまとめることができる。❶現代の問題やアイデンティティと関連付けて，主体的問い・理解をもとに歴史的探求に向かうことができる（歴史的問いと主体的理解を構築する技能）。❷史料とそれに基づく歴史解釈の制約を理解することができる。❸「歴史家のように読む」（歴史研究者が行う史料研究の手法に基づき史料読解を行う）ことができる。❹史料読解を根拠に学習者自身の歴史解釈を説明することができる（歴史解釈を再構築する技能）。❺議論を通じ学習者自身

の歴史解釈に批判や修正の余地があり，異なる歴史解釈が存在する可能性を意識することができる（歴史解釈を脱構築する技能）。

3 授業開発「原爆はなぜ投下されたか」

　以上の考察を踏まえ，歴史リテラシーを育成するための仮説を次のように設定し，授業方略として活用することとした。

　仮説1：構築主義的な認知の枠組みを尊重すれば，主体的に探求できる。即ち，前項❶を育成するにあたり，現在・未来の課題と関連づけて問いを発することができるよう探求課題を設定すれば，歴史解釈の主体性を確保できる。

　仮説2：史料読解を重視すれば，学習者の主観的精神的世界を実在的物理世界から遊離させることなく，客観的知的世界へ近接させることができる。即ち，扱う史料を授業者の立場から確定せず，学習者の主体性を確保するため，何を史料として扱うべきかの検討を解釈自体とともに学習者に委ねるべきである。この際❷❸の育成が意味を持ち，学習者自身が歴史解釈を導き・説明する過程で，史料的制約から解釈の及ぶ範囲が限定的であることを理解し，サブテキストとの突き合わせや，精読を含む史料読解を行えば，客観的知識世界への近接を志向し，解釈の変容可能性に対する理解も担保できる。

　仮説3：対話を重視すれば，解釈の論理性や説得力，変容可能性への理解が深まる。即ち，❹について授業の各過程で対話を重視し，過去を生きた人の思考や，同じ課題を探求する他者の思考が，探求者自身と同様とは限らないことを理解できるようになれば，より論理的な解釈形成を志向できるようになり，かつ解釈変容の可能性を意識できるようになる。

　仮説4：叙述（論述）を重視すれば，論理性や説得力，歴史解釈の変容可能性への理解が深まる。即ち，❺をめざし，解釈の妥当性について根拠を示して説明し，また，自身の叙述の限界を併せて記述することによって，解釈の複数性や変容可能性を認識し，他者による解釈との比較・接合，受容可能性や合意形成の可能性を意識できるようになる。

第4節　高等学校における歴史リテラシー育成の試み　　37

第1次　ティベッツの手紙				
発問	学習過程	知識	リテラシー	授業方略
・手紙の筆者ティベッツは何を言いたいか？ ・筆者見解を支持できるか？ ・著者の立場は？ ・手紙の執筆目的は？ ・日本史の教科書は原爆投下の意義をどのように説明しているか？	(a) 原爆投下機機長ティベッツの手紙の史料読解 （4人グループで学習，発表） 教科書記述との対照	・戦争犠牲者抑制説 ・戦争終結（対米降伏）促進説 （米国内古典的説明，日本史Bの教科書（山川）も部分的に採用）	❶歴史的問いの構築 ❸「歴史家のように読む」サブテキスト読解を含む精読	仮説1：構築主義的な認知の枠組みの尊重（原爆投下の正当化を支持できるか） 仮説2：史料読解（その1）読解の基本的手法を知る

第2次　「もう一つのアメリカ史，原爆投下」				
発問	学習過程	知識	リテラシー	授業方略
・オリバー・ストーンは原爆投下要因をどう説明しているか？ ・映像制作者の立場は？ ・映像制作目的は？ ・世界史の教科書は原爆投下の意義をどのように説明しているか？	(b) ドキュメンタリー番組オリバー・ストーン制作「もう一つのアメリカ史」を視聴 ・ノートに内容整理 ・オリバー・ストーンの制作意図インタビュー記事から制作意図を判読 ・教科書記述との対照	・対ソ戦後戦略説 ・人種偏見説 ・モラルハザード説 ・デモンストレーション・科学実験説 ・領土交渉材料説の ・世界史B教科書（山川）は対ソ戦後戦略説を採用	❷史料とそれに基づく歴史解釈の制約について理解できる	仮説2：史料読解の準備（その1）史料活用の限界・制約を知る

第3次　「原爆はなぜ投下されたのか」を説明するために				
発問	学習過程	知識	リテラシー	授業方略
・原爆はなぜ投下されたかをより適切に説明するための手順・手段・留意点を考えよう。 ・どのような史料を調べたら良いか，考えよう。	4人グループで意見を集約，発表 4人グループで意見を集約，発表	・史料は偏在し，入手したいものが入手できるとは限らない ・検討する価値は史料により異なる	❷史料とそれに基づく歴史解釈の制約について理解できる ❸「歴史家のように読む」	仮説2：史料読解の準備（その2）史料読解の方略を考える 仮説3：対話による論理性の獲得

38　　第Ⅰ章　教科教育において育成すべき資質・能力

第4次　「原爆はなぜ投下されたか」を説明する				
発問	学習過程	知識	リテラシー	授業方略
・「原爆はなぜ投下されたか」についてのあなたたちの説明は？ ・日本の政府首脳はいつなぜ，ポツダム宣言を受諾する気になったのか？ ・アメリカはいつ原爆投下を具体化させたか？ ・トルーマンはなぜ原爆投下を決断したか？	ワークシートを活用し，4人グループで史料を読解（具体的な史料として要求されたものは可能な限り提示，紹介する） (c) 大本営政府連絡会議の記録1945年7月27日分，8月9日分の史料読解 (d) ハンディ陸軍参謀総長代行の命令書（スパーツ陸軍航空軍司令官宛）7月25日付けの史料読解 (e) トルーマン大統領の日記7月7月25日付けの史料読解	戦争終結(対米降伏)促進説にその史料的根拠はある 戦争終結(対米降伏)促進説に対する反論と対ソ戦後戦略説にはともに史料的根拠はある	❸「歴史家のように読む」 サブテクスト読解を含む精読 ・何時書かれたか？ ・誰が書いたか？ ・意図は何か？ ・主張は何か？ ・主張の根拠と論理は？ ・同時期の別の史料との関係は？ ❹自身の歴史解釈（史料に基づく再構築）	仮説2：史料読解（その2） 仮説3：対話による論理性の獲得

第5次　どの説明がすぐれているか				
発問	学習過程	知識	リテラシー	授業方略
・「原爆はなぜ投下されたか」について，どの説明が優れているか？	・グループごとに解釈を発表 ・他グループの発表を聞き，評価	自身の解釈は様々ある解釈の一つで，批判の余地や変容の可能性がある	❺異なる歴史解釈の可能性（歴史解釈の複数性）を理解 ・対話による脱構築	仮説3：対話による歴史解釈変容可能性の理解

（第6次）考査				
発問		学習過程	リテラシー	授業方略
原子爆弾がなぜ投下されたかを説明したい。史料に基づき，ティベッツ，ストーン両者の認識を批判した上で，あなたの解釈を示しなさい。また，あなたの示した解釈に更なる批判の余地があれば，それについて併せて説明しなさい。		・授業をもとに史料読解を踏まえてなぜ原爆が投下されたかを根拠を明らかにして論述する。自説の批判の余地についても論述する。	❹自身の歴史解釈・史料に基づく再構築 ❺異なる歴史解釈の可能性（歴史解釈の複数性）を理解 ・対話による脱構築	仮説4：叙述（論述）による，解釈の論理性や説得力，変容可能性の獲得

第4節　高等学校における歴史リテラシー育成の試み　　39

　実際の授業は，筆者自身により，勤務先の高等学校第3学年（全7学級，各学級40名程度）の生徒を対象に実践された。具体的な授業の目標は，なぜ原爆は投下されたかについて，史料読解を手段として，議論を通じ他者との解釈の共有や，解釈の変容可能性を担保した上で，自身の解釈を提示できるようになることとした。単元構成・学習過程は上の表のとおりであった。

4　授業実践を通じて

　授業は概ね，前項（上記）の表に準じて行われたが，気象警報発表により，第5次の部分を省略することとなった。以下，第6次（考査）で生徒が行った論述を手がかりに，実践が先に示した歴史リテラシーの育成に有効であったかどうかを検討したい。考査の実際の出題は次のとおりである。

> 　原子爆弾がなぜ投下されたかを説明したい。授業では，ポール・ティッベツの手紙に示される認識にも，オリバー・ストーンが「もう一つのアメリカ史」で示した認識にも，批判する余地があることを学習した。両者の認識を批判した上で，どのような手順でどのような史料を検討すれば，より適切な説明が出来ると考えられるかを可能な限り詳しく論じなさい。

　前項の表の第6次の発問に示した通りの出題としなかったのは，第5次が省略されたために，学習者自身が最終的に到達した解釈を仮説として示すには授業展開が不十分であると考えられたためである。学習者のなかで，歴史学習や授業に関する関心が高く，ある程度目標を到達していると考えられる生徒のこの設問に対する解答例は次のようなものであった。

40　第Ⅰ章　教科教育において育成すべき資質・能力

ポール・ティベッツの手紙の内容は1945年当時，同じ状況下に置かれたら，再び同じ行動をするだろう。平和にはしかるべき代償が必要だと述べている。つまり，日本が降伏をしたのはアメリカが2回にも及ぶ原爆投下をしたからである。また，原爆投下をして降伏を早めたから，日米両国共に犠牲者が増えずにすんだと言っている。❸しかし，これらには疑問点がある❶。一つは日本が降伏した原子爆弾を投下したからだけなのか。二つ目はポツダム宣言と日本の降伏には関係があるのかということだ。それらを検証する❶のに「トルーマン日記」がある。これはトルーマンが1945年7月25日に書いた❸ものである。この日付はポツダム宣言が出される前日❸である。つまり，ここから分かることは日本の降伏とポツダム宣言には関係がない❸というということだ。更に，この日記では日本がポツダム宣言に承諾することはないという前提で書かれた❸ものである。これらから，アメリカはポツダム宣言で日本を降伏させる気はない❸ということがわかる。更にこの日記には原子爆弾の使用期限が書かれている。これは日本が当時，日ソ中立条約を結んでいたことを利用し，アメリカはソ連に日本との仲立ちを頼んでいた。しかし，ソ連がヤルタ会談において対日参戦を決めたことで，このままではソ連が日本を攻撃すると日本が降伏することを知っていたアメリカはそれでソ連に主導権が行くと思い原爆を投下したのだ。❸これらからポール・ティベッツは手紙でも「アメリカの正史」は正しいとしているが，トルーマンの日記から分かるよう，実際は異なっている。❹つまり，直接に歴史に関与した人は実際のことを誇張しすぎたり，減じたりすることがある。❷

　また，歴史に興味ある者が事実を明らかにしようとすると，歴史認識にとらわれることがある。❺例えば，オリバー・ストーンの「もう一つのアメリカ史」である。これは，アメリカの正史が間違いだということを言い，自説を強化するために様々な資料や知見を利用している。例えば，日本が原爆を落とされたのは「日本人の外見の偏見によるものである」や「科学的実験をした」，「ソ連へのデモンストレーション」などが言われている。しかし，歴史を説明するにしろ，批判するにしろそれらには必ず説明する人の問題意識，偏見，思い込みなどが含まれてしまう。また，説明するために使う一時史料にもその当時の人々の都合が入ってしまうため，事実と異なる場合が多い。❷このようになるとオリバー・ストーンの意見も不完全な部分があると言えるだろう。❸

　これらから，史料や資料を検討するには，まず，当事者たちの意見が織り込まれていないものを使うべきである。また，どちらか片方の意見だけでは自分を守ろうと事実を変えられてしまうことがあるので必ず両者の意見があるものを使うべきだ。また，公式に公開された文書や回顧録を使ったり，当時の人々のインタビューを使うと正しい情報が得られる。❷更に時間軸を揃えて周辺では何が起こっているかを調べる❸ことで，違う視点から物事を見ることができる。これらを元に適切な説明をするには，相手に思い込みや偏見を持たないように❷，自分が自分なりに歴史を推理し，思い込みを入れず，事実を変えずに相手に伝えるべき❶❷❹❺だ。

　また，授業が目標とした水準には達しているが，別の史料の読解を重視した生徒は，解答論述中に次のように記述している。

（前略）ポール・ティベッツの手紙では，原爆投下によって日本は降伏し，日米双方の更な
る犠牲者はなくなったと主張している。❸確かに２発の原爆投下によって日本の降伏に影
響したのは間違いない。実際，日本のポツダム宣言受諾時の日本側の動向が書かれている
『機密戦争日誌』の昭和天皇の「聖断」にもこの原爆の名が書かれている。❸しかし，問題
はその原爆投下の後に満州などにおいてソ連の対日参戦が行われ，その後に日本はポツダ
ム宣言を受諾している。❸これによって，本当に２発の原爆によって直接日本の降伏につ
ながったどうかは疑わしい。❹（後略）

　以上二点の答案を検討すると，事実誤認や表現上の問題点なども散見される
が，論述中の下線を付した部分（本稿筆者による）それぞれに，前々項末尾に示
した❶から❺までの歴史リテラシーに相当する要素が読み取れる。

　複数の史料の突き合わせ，裏付けを伴う精読の重要を理解し，その過程を論
理的に論述しようとする答案は多かったが，扱った史料には偏りが見られた。
(a)「ティベッツ」の認識を批判するのに，(e)「トルーマン日記」の史料解釈
を交える者が多かったが，同時に(c)「大本営政府連絡会議の記録」（『機密戦
争日誌』）にまで言及した答案は少なかった。これは，解釈の複数性と史料によ
る客観的歴史認識の限界を理解することを目的に，二次資料的な(b)「もう一
つのアメリカ史」（映像）を見せたため，これに対する批判的解釈がやや抽象
的になったり，他の史料との突き合わせによる解釈が弱くなったりしたためで
はないかと考えられる。また，第５次が省略され，評価問題が当初の予定通り
出題できなかった影響も考えられる。例えば紹介した二つの答案例に見られる
ような解釈を学習者間で十分交換できていれば，結果が違った可能性はある。

　提示した答案の論述例からは，事例として挙げた答案を作成した学習者が，
授業が目標とした歴史リテラシーの要素をある程度身に付けていることを読み
取ることができる。しかし，当初，本稿執筆を想定せずに授業開発を行い，試
行的に授業を実践したため，授業過程を通じた生徒の変容の記録について，質
的・量的に不十分であるとの指摘を既に受けている[2]。授業過程における生
徒の変容の把握を質的・量的に充実させ，このような授業が歴史リテラシーの
育成に有効であることを更に明確にすることが今後の課題である。

（虫本　隆一）

註

（1）参照元がある場合にはそれぞれの記述に倣う他，学習者の内面を問題にする場合は「構築主義」，学習・授業過程を問題にする場合は「構成主義」の語を用いる。

（2）公益財団法人日本教材文化研究財団の支援による研究会「これからの時代に求められる資質・能力を育成するための社会科学習指導の研究―社会科リテラシーの系統的育成―」（代表：原田智仁）において概要を報告し，諸氏の批評を仰いだ。

参考文献一覧

原田智仁「中等歴史教育における解釈学習の可能性：マカレヴィ，バナムの歴史学習論を手がかりに」，『社会科研究』70 号，2009 年，pp.1-10.

原田智仁「史料読解に基づく歴史学習の指導法と課題―高校日本史 B『政党内閣の成立』の授業分析を手がかりに―」，『社会系教科教育学研究』22 号，2010 年，pp.1-10.

原田智仁「米国における"歴史家のように読む"教授方略の事例研究―V. ジーグラーの『レキシントンの戦い』の授業分析を手がかりに―」，『兵庫教育大学研究紀要』46 号，2015 年，pp.63-73.

児玉康弘「中等歴史教育における『解釈批判学習』の意義と課題―社会科教育としての歴史教育の視点から―」，『社会科研究』55 号，2001 年，pp.11-20.

児玉康弘「探求的授業構成論の再評価―市民的資質育成における社会科学の役割―」，『社会科研究』，62 号，2005 年，pp.1-10.

中村洋樹「歴史実践（Doing History）としての歴史学習の論理と意義―『歴史家のように読む』アプローチを手がかりとして―」，『社会科研究』79 号，2013 年，pp.49-60.

宇都宮明子「ドイツにおける構成主義歴史教育論の成立―B. フェルケルの鍵問題討議型の場合―」，『社会科研究』78 号，2013 年，pp.13-23.

キース・C・バートン，リンダ・S・レヴィスティック著，渡部竜也他訳『コモン・グッドのための歴史教育―社会文化的アプローチ―』春風社，2015 年

Weinburg, Samuel S. et al., *Reading like a Historian Teaching Literacy in Middle & High School History Classrooms*, Teachers Cellage Press, 2013.

第5節 資質・能力を直接育成する公民授業実践の在り方

1 次期学習指導要領で育成が求められる資質・能力

　学習指導要領の改訂に係わり，中央教育審議会では，「コンテンツ・ベースド」から「コンピテンシー・ベースド」なカリキュラム設計を目指した議論が積み重ねられてきた。「親会」の議論を受けて，各教科のワーキング・グループでは，各教科等特有の「見方・考え方」や，社会科・地歴科・公民科で育成すべき資質・能力について整理がなされてきた。全ての社会系教科で育成すべき資質・能力については紙幅の関係で記述しないが，ここでは，特に高等学校公民科で育成すべき資質・能力について言及してみよう。

> ①選択・判断の手掛かりとなる概念や理論，及び倫理，政治，経済等に係わる諸課題に関して理解するとともに，調査や諸資料から様々な情報を効果的に調べまとめる技能を身につけるようにする。
> ②現代の諸課題について，事実を基に概念等を活用して多面的・多角的に考察したり，解決に向けて構想したりする力，合意形成や社会参画を視野に入れながら構想したことを議論する力を養うようにする。
> ③人間と社会の在り方に係わる課題について，よりよい社会の実現のために主体的に解決しようとする態度を養うとともに，多面的・多角的な考察や深い理解を通して涵養される人間としての在り方生き方についての自覚，自国を愛しその平和と繁栄を図ることや，各国が相互に主権を尊重し各国民が協力し合うことの大切さについての自覚等を深めるようにする [1]。

44 第Ⅰ章 教科教育において育成すべき資質・能力

　これら特出しした資質・能力は，「上位の資質・能力」として整理されているものであり，今後，各科目・内容項目に沿って，「下位の資質・能力」が示されるだろうが，現行以前の学習指導要領の内容を踏まえると，特に目新しいものは，「現代の諸課題について，解決に向けた構想力」「合意形成力」「議論する力」といったタームであろう。ただ，これまでも，これらの資質・能力を育成する授業は，言葉こそ違え，社会科教育学の「授業開発研究」では多数研究成果が示されているところである[2]。また，これまでの社会科教育学での「授業開発研究」は，前述したような「社会科教育理論」を踏まえて開発した授業を示すタイプが多く，最近では，授業実践記録を基に授業の効果を検証するタイプの研究も散見されるが，あくまで「社会科教育理論」を前提とした「授業開発研究」となっている。これらの研究では，「合意形成する」「議論する」手順は示されるが，その能力を成長させるための方法論は残念ながら，ほとんど提示されていない。本稿では，「議論する力」を直接育成する，そして，成長させるために，どのような学習が必要なのか（研究課題），について，具体的に開発・実践した授業を事例に考察すること（研究方法）を通して，明らかにしていくことを目的としたい。

2　授業実践としての「死刑制度の存続か廃止か」

　本稿で紹介するのは，福井県立勝山高等学校で行った高校1年生を対象とした「死刑制度の存続か廃止か」を生徒に議論させる「現代社会」等を活用した授業であり，本指導案は，福井弁護士会弁護士や学校現場や大学教員等をメンバーとする「福井法教育研究会」で作成した（授業実践者は，同校　二丹田雄一教諭である。同教諭は初任者である）。具体的な指導案は，次頁以降に示すものだが，本授業では，1・2時間目に，コンピューター室で，生徒が死刑制度の存廃を議論するために必要な資料（データ）を教師が多数提供し，それぞれの資料が，「存置派」の資料なのか「廃止派」の資料なのかを生徒自身が「意味付け」をする。そして，「存置派」「廃止派」の「立論メモ」を作成する

作業の後で，3時間目に，弁護士が「存置派」や「廃止派」グループに入って，それぞれが作成した立論メモに示される「根拠事実の信用性」「理由の重さ」を生徒と共に評価する。最後に，生徒は，模擬議会を開催し，「死刑制度廃止」法案に対して，「存置派」政党や「廃止派」政党が意見陳述を行った後で，質疑応答を行い，採決をする。

1　単元（題材）名
　　死刑制度の是非について
2　単元の目標
　　○関心・意欲・態度
　　・死刑制度に対し，その論点を意欲的に考えることができる
　　・死刑制度をめぐる議論に積極的に参加することができる
　　○思考・判断・表現
　　・死刑制度の是非をめぐる論点を整理できる
　　・死刑制度存置派または廃止派の意見を聞き，自身の考えを構築できる
　○資料活用の技能
　　・複数の資料を吟味し，必要に応じて適切に活用できる
　　○知識・理解
　　・死刑制度をめぐる存置派及び廃止派の意見を理解できる
3　単元の指導計画

	内容	日時
第1時	死刑制度に賛成か反対かを問う 死刑制度に対する資料の分類，資料の読み込みを行う	平成28年9月29日 現代社会
第2時	死刑制度に対する資料の分類，資料の読み込みを行う 各グループによる立論に向けた下準備を行う	平成28年9月30日 総合的な学習の時間
第3時	死刑制度について，廃止論，存置論に各グループ（政党）に分かれ，立論をする	平成28年10月3日 現代社会
第4時	模擬議会を実施（死刑制度存置論政党と廃止論政党の討論会）する	平成28年10月6日 公開授業

4　準備物　省略
5　全時の学習展開
【第1時】【第2時】コンピューター室

学習活動と予想される生徒の反応	教師の支援と評価
○死刑制度について存置論か，廃止論のどちらの立場に立つのか，今の考えを 事前アンケート１ にまとめる	・コンピューター室で席に着かせる ・○ 事前アンケート１ を配布する ・現時点での自身の考えを書き（A）（B）の中で選択させる （A）死刑制度存置の立場 （B）死刑制度廃止の立場
○パソコンの［資料フォルダ］を開き，資料を確認する ・［資料フォルダ］の中から［存置論フォルダ］［廃止論フォルダ］に資料を分類する	・死刑制度存置論について書かれた資料，死刑制度廃止論について書かれた資料をPCの［資料フォルダ］に準備する ・その中で下記①〜④を基準に考えさせる ①意見として根拠を持つもの ②ただの感情論で意見しているもの ③存置論とも廃止論とも取れる資料 ④死刑の条件や執行の概要だけ書かれた資料
○資料を読み込み，それぞれの事実の論点を 資料整理シート に記入する ○（第１時終了前）死刑制度について存置か廃止か 事前アンケート２ をとる	・ 資料整理シート に資料の要約を書かせる ・７〜８枚程度作らせる ・存置論・廃止論それぞれ最低２枚は書かせる ・ 事前アンケート２ では最初の意見と変わって良いことを説明する
○存置論派グループ，廃止論派グループに分かれ，立論のための 立論メモ を記入する	・ 立論メモ が書き終わらない場合は第３時までの宿題とする ・理由を裏付けるため［理由関連資料フォルダ］から資料を選択させる

【第３時】AV室

学習活動と予想される生徒の反応	教師の支援と評価
○存置論派グループ，廃止論派グループに分かれ，立論メモを基に立論をする ・立論メモの根拠事実の信用性，理由の重さ（関連性）を考え，レベルに応じて☆に色を塗る ・論拠となる資料を分類し，優先順位を考えさせる ・それぞれの政党名を決める ・相手の意見を想定し，反論意見を準備する	・各論グループに弁護士を１人付ける ・論拠となる資料の優先順位を考えさせる ・その際，以下のように［理由の重さ（関連性）］と［根拠事実の信用性］を踏まえさせる メモ　メモ　高↑　理由の重さ（関連性）　低——→高　根拠事実の信用性　低

第 5 節　資質・能力を直接育成する公民授業実践の在り方　　47

○それぞれの立論の主張を模造紙にまとめ，発表準備をする ○発表者以外の生徒は，存置派／廃止派への質問を考える	・存置論，廃止論それぞれ 5 名づつ発表者を決めさせる ・模造紙，マジックを用意し，プレゼンの準備をする ・準備が終わらない場合，宿題とする

【第 4 時】

学習活動と予想される生徒の反応	教師の支援と評価
○模擬議会の実施 ・議題：「死刑制度廃止」法案	○模擬議会のロールプレイングを実施する ・議長役 1 名，各政党代表者 5 名づつで行う ・議長役生徒の進行により，議会を開会する
○議案の意見陳述 ・死刑制度存置論派政党，廃止論派政党は各10 分づつ議案の意見陳述を行う 【存置論派政党の意見】 ・死刑制度は犯罪抑止力になりえる ・最高裁判例では死刑は残虐な刑罰に該当しないと認めている ・どんな刑罰でも誤判による完全な回復はできず，それが死刑廃止の理由にならない ・人を殺した者は自らの死をもって償うべきである ・世論では存置容認が 8 割を占めている 【廃止論派政党の意見】 ・死刑制度は犯罪抑止力にはならない ・死刑は憲法 36 条の残虐な刑罰に該当する ・裁判で誤判によるえん罪が存在している以上，死刑だと取り返しがつかない ・世界的に死刑制度を廃止している国が多い ・どんな犯罪者でも更正の可能性がある	・議長役生徒に各政党持ち時間 10 分を測らせる ・聞いている生徒に相手側主張のメモをとらせる
○質疑応答 【存置論派政党への質疑応答】 ・先進国にならい選挙権も 18 歳に引き下げられた。死刑制度を廃止させるのも先進国にならうべきではないか ・憲法が人権を守るものである以上，国家が人命を奪うのはおかしいのではないか	・それぞれの主張の論拠を示し，政党の意見の正当性を主張させる ・政党に属さない生徒からも質問させる

【廃止論派政党への質疑応答】 ・EU では死刑制度を廃止しているが，効果は 　あったのか ・世界が死刑廃止多数でも日本の世論を重視す 　べきでは無いか ・命を奪われた被害者の人権は戻ってこないの 　で加害者の人権だけを守る必要はないのでは 　ないか	
○採決を行う ・目をつむり，一斉に手持ちの札を上げる (a) 死刑制度存置の議員：青札 (b) 死刑制度廃止の議員：赤札 (c) 存置でも廃止でもない議員：黄札 ・目を開けさせ，理由を聞く ・議長役生徒からの講評をもらう	・採決では党議拘束なしで，一人一人自 　由に採決させる ・目をつむらせる ・議長役生徒は，死刑制度存置，廃止， 　どちらでもない立場，それぞれ一斉に 　採決をとる ・当初の意見と変わった生徒に理由を聞 　く ・議長役生徒に講評を聞く

（福井県立勝山高等学校　二丹田雄一教諭作成のものを一部筆者修正）

3　資質・能力を成長させるための前提作業：「立論メモ」の作成

　この授業では，第2時に生徒個々に「立論メモ」を作成させる。そして，「議論する能力」を意図的に成長させるために，「立論メモ」に示される「根拠事実の信用性」や「理由・理由の裏付けに関連する資料の重み付け」が考察できるようにした。生徒が実際に書いた「立論メモ」[3]は，右図の通りである。右図の「立論メモ」では，「世論は死刑制度を容認する意見が約8割」であるとする資料を根拠に「死刑制度を存置すべきだ」とする立論を導き出している。

　そして，生徒は，この事実について，データの信用性が高い（☆3つ）と評価していた。また，「理由や理由の裏付けに関連する資料」についても，「やや重い」資料（☆2つ）であると評価していた。この評価は，第3時に行う，「根拠事実の吟味」「理由の吟味」「理由の裏づけの吟味」のための前提作業である。

第5節　資質・能力を直接育成する公民授業実践の在り方　49

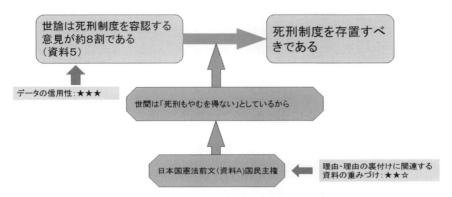

データと主張・理由・理由の裏付けの組み立て（1・2時間目）
―生徒が実際に書いた「立論メモ」Mさんの場合―

4　資質・能力を成長させるための工夫1：根拠事実の吟味

　「立論メモ」を作成した後は，生徒個々が示した「立論メモ」について，さらに深く考察する時間になる（第3時）。深い考察を促すために，各グループでのディスカッションに弁護士を導入した。この時間では，生徒が示した「立論メモ」の吟味を行うが，実際の授業で行った具体的な吟味例を挙げてみよう。まずは，「根拠事実の信用性」の吟味について。先述した「立論メモ」の「データ」には「世論は死刑制度を容認する意見は8割あった」とあるが，第3時間目では，この「データ」の信用性について吟味が行われた。
　その際，パソコンのフォルダにあった下記資料を参照し，検討が行われた。

○国民感情・国民の法的確信
　〈前略〉政府も，以下のとおり述べて，国民感情を死刑存置の論拠として挙げる。なお，このような国民感情に依拠した死刑存置論に対しては，そもそも死刑存廃の議論は，世論に左右されるべき問題ではないとの批判がある。

　　死刑の存廃は，国民世論に十分配慮しつつ，社会における正義の実現等種々の観点から慎重に検討すべき問題であるところ，国民世論の多数が極めて悪質，凶悪な

犯罪については死刑もやむを得ないと考えており，多数の者に対する殺人，誘拐殺人等の凶悪犯罪がいまだ後を絶たない状況等にかんがみると，その罪責が著しく重大な凶悪犯罪を犯した者に対しては，死刑を科することもやむを得ず，死刑を廃止することは適当でないと考えている。

ところで，国民感情を判断するために参照されるのが世論調査である。政府も，死刑存廃に関しては，国民世論に十分配慮しつつ，慎重に検討すべきだとしながら，内閣府（総理府）が実施した世論調査の結果に言及している。しかし，このような世論調査に対しては，①条件付きの存置論や廃止論等の選択肢を設けた，より詳細な調査が必要である，②死刑に関する情報公開が不十分な現状での世論調査には問題がある，等の反論がある。

前述の資料のうち，「世論調査への批判的な意味付け：①条件付きの存置論や廃止論等の選択肢を設けた，より詳細な調査が必要である」の記述を踏まえ，生徒は，より説得力のあるデータを見つけるために，自らパソコンに向い，最終的には，下記のような立論をグループ（政党）で行っていた。

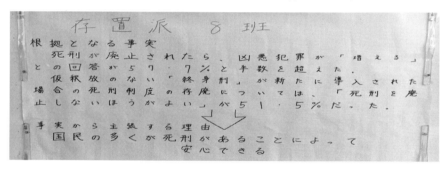

5　資質・能力を成長させるための工夫2：理由・理由の裏づけの吟味

次に本授業（第3時）では，下図の「立論メモ」について，「死刑制度を存置すべきである」との主張に対して，その理由として「被害者遺族の被害感情に応える刑罰が科されるべき」が挙げられていたが，理由を吟味するために，弁護士は，パソコンのフォルダにあった「資料16　死刑は被害者感情を癒やさない」を提示し，本当に，その理由は妥当なものなのかについて，生徒に吟味

第5節 資質・能力を直接育成する公民授業実践の在り方　51

させていた。また,「立論メモ」について,「死刑制度は廃止すべきである」との主張に対して,その理由を裏づける根拠として,「公務員による拷問又は残虐な刑罰は絶対にこれを禁じる」とする憲法36条を生徒は示していたが,弁護士は,パソコンフォルダにあった「資料J　現行の死刑制度は残虐な刑罰に該当しないとの最高裁判例がある」ことを示し,理由の裏づけが妥当なものなのか,吟味させていた。

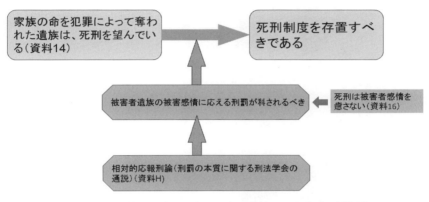

データの信頼性の吟味・理由・理由の裏付けの吟味（3時間目）
―「立論メモ」の吟味―

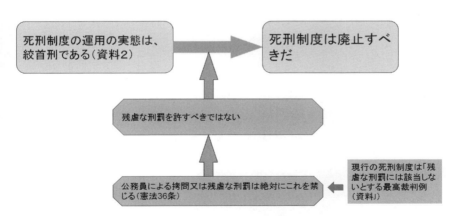

データの信頼性の吟味・理由・理由の裏付けの吟味（3時間目）
―「立論メモ」の吟味②―

6 公民授業において資質・能力を直接育成・成長させる戦略

　本稿では，具体的な公民授業実践を振り返る中で，公民授業で育成すべき「議論する能力」を直接育成・成長させる戦略について考察してきた。その際，次の三つの視点で教師（弁護士）が支援することが，当該能力の成長につながることを指摘した。

　①根拠事実の吟味

　②理由の吟味

　③理由の裏付けの吟味

　①に関して，生徒は，資料・データについて，何も不思議に思わず，単に書かれたことを読み解いて，根拠事実に示してしまう，②に関して，主張に寄り添う理由を個人的な経験知のみで，示してしまう，③に関して，憲法や思想を読み解き，自身の主張・理由に論理的な整合性のみを考え，理由の裏づけを示してしまうのである。①～③の学習活動を意図的に入れていく。意図した支援を行わないと，ディープ・ラーニングにはならず，表面的な学習に止まってしまう。

　アクティブ・ラーニング全盛の時代において，資質・能力の育成を生徒任せにしていては，子どもの質の高い学びにはならない。教師の一定の"介入"が重要であることをふまえ，授業計画の作成に当たっていきたい。

（橋本　康弘）

註

（1）ここに示した資質・能力の記述は，文部科学省「社会・地理歴史・公民ワーキンググループ」における審議の取りまとめ（案）からの引用である。

（2）吉村功太郎氏による「合意形成する社会科」，佐長健司氏による「議論する社会科」，他に，社会問題科社会科に係わる緒論も多く提起されている。

（3）この「立論メモ」は，トゥールミン図式を踏まえ，作成した。トゥールミン図式については，足立幸男『議論の論理』木鐸社，1984 年が詳しい。

第6節　科学的リテラシーとしてのアーギュメント構成能力の育成

1　科学的リテラシー

　近年，社会における科学問題（socio-scientific issues）として，エネルギーや生命倫理の問題，地球規模の環境問題等がクローズアップされる中で，我々は科学的な知識を使って他者と合意を図りながら，これらの問題の解決に向けて意思決定していく必要がある。そのためには，教科教育，とりわけ理科教育において，科学的な知識の理解にとどまらず，知識を活用して自分の主張を構成し，他者を説得する能力を育成することが重要になってくる。OECD（2016）による科学的リテラシーでは，コンピテンシーの1つとしてデータと証拠を科学的に解釈することが求められている。また，アメリカの科学教育の指針となるNext Generation Science Standard（NGSS）においても，science and engineering practice に提示された8つの practice のうちの1つに "engaging in argument from evidence" があり，証拠をもとにした説明が重視されている（NRC, 2013）。

　科学的リテラシーを考えるにあたって，そもそも知識や判断が科学的であることとは，どういうことであろうか。例えば，Driver, Newton, and Osborne（2000）が，「科学は社会的実践であり，コミュニティの産物が科学的知識である」という見解を示しているように，科学的な知識も，それを使用する意思決定も，証拠をもとに他者と合意する営みの上に成立していると言っても過言ではない。日本の理科教育でも，学習指導要領において，科学の条件として「実証性・再現性・客観性」が明記され，これら3つの条件を検討する手続きを経た上で，「多くの人々によって承認され公認される」という社会的な構築が，科学の特性としてとらえられている（文部省, 1999）。科学的な知識は，批評を

乗り越え，説得と社会的な合意を得て成立するものであり，そのような科学の実践が理科教育にも望まれるべきであろう。

2 アーギュメントの導入

アーギュメント（argument）とは，Toulmin（1958）による，主張，データ，論拠，限定詞，例外の条件や反駁といった，論証を構成するための一連の言葉の構成要素からなる形式を指す。これを理科教育に導入する研究が行われており（e.g., Erduran & Jiménez-Aleixandre, 2008; 山本，2015)，例えば，McNeill and Krajcik（2011）は，児童生徒に理解しやすいように，図1-6-1のような構造を用いて，アーギュメントを「科学的な説明」と称している。「主張（claim）」はもとの質問や問題に答える言明または結論であり，「証拠（evidence）」は主張を支える科学的データにあたる。「理由付け（reasoning）」は，科学的原理を用いて証拠と主張を結びつける正当化である。習熟した学習者には，より複雑なバリエーションとして，なぜもう一方の説明が適切でないのか，反対の証拠と理由付けを提供する「反駁（rebuttal）」が含まれる。

前項で解説した科学的リテラシーの育成をめざすにあたって，科学的な証拠をもとに自分の主張を展開して合意形成をはかるプロセスでは，このアーギュメントを欠かすことができない。さらに注目すべき事に，現行の小学校学習指導要領では，各教科教育において，学力としての思考力・判断力・表現力を育

図1-6-1　アーギュメントの構造 (McNeill & Krajcik, 2011)

成するために，言語活動が重視されている（文部科学省，2008）。言語活動の充実に関する指導事例集には，各教科で言語活動を充実する具体事例が示され，理科においては「学年や発達の段階，指導内容に応じて，例えば観察・実験の結果を整理し考察する学習活動，科学的な言葉や概念を使用して考えたり説明したりする学習活動を充実する」ことが明記されている（文部科学省，2010）。アーギュメントの導入は，まさに科学的リテラシーを育成するプロセスにおいて，言語活動の充実を具現化する指導に大きく貢献できるのである。

3　児童生徒のアーギュメント構成能力の実態

　上述してきたように，理科教育にアーギュメントの重要性が認識されているにもかかわらず，先行研究によると，学習者がアーギュメントを行うことの困難さが指摘されている。例えば，Driver et al.（2000）は，「一般に生徒は "for and against" のアーギュメントを行うこと，あるいは，同じ論点について異なる複数の見解を示すことが苦手である」「現在の教育が，若い人たちに彼らがアーギュメントを構成する能力を発達させる機会をほとんど与えていない」と指摘している。また，McNeill and Krajcik（2011）は，学習者がアーギュメントを行う際に，「適切で十分な証拠を利用できない」「なぜ証拠が主張を支えているかの理由付けができない」「対立する科学的説明を考慮し，反駁を行う事が難しい」の3つの困難があることを示している。

　日本の児童生徒についても，類似の困難が見られる。平成27年に実施された全国学力・学習状況調査の報告書（理科）においては，活用に関する問題の回答として，根拠に実験結果を示す「事実」だけでなく，なぜそれが根拠となるのか「解釈」を論述することが課題として挙げられている（文部科学省・国立教育政策研究所，2015）。また，坂本ら（2012）が，公立小学校第5, 6学年児童を対象に，既習単元の内容についての観察・実験データからアーギュメントを記述させる課題を実施している。そこでは，証拠（データ）をベースに考えることや，証拠を用いて科学的な説明を組み立てることは，日本の公立学校の高

学年児童であっても難しく，主張の根拠を示すこと，根拠を示す際に証拠と理由付けとの両方に言及することとが，アーギュメント構成における2大困難であることが明らかにされている。

アーギュメントの言語形式は，日常生活や，理科以外の教科での指導を通してもある程度学べるかもしれない。しかし，上述した調査結果は，それだけでは不十分であることを示している。十分なアーギュメント構成能力を獲得させるためには，アーギュメントにおける根拠の重要性，特に，主張を支える証拠と理由付けのそれぞれの役割を理解させた上で，「主張・証拠・理由付け」からなる構造に即してアーギュメントを記述させる訓練が必要なのである。

4 理科教育におけるアーギュメント構成能力育成の指導

ここでは，アーギュメントを記述することが初めての児童生徒を対象として，最も基本的な「主張・証拠・理由付け」の3つの構成要素からなるアーギュメント構成能力を育成するための教授方略を解説する。McNeill and Krajcik (2011) は，教員向けのアーギュメント指導法の解説書を刊行し，具体的な教授方略を提案している。山本ら (2013) は，これをもとに，単元の準備段階で4つ，実施段階で8つの12の教授方略を提案し，小学校の理科授業を通して具現化している。これらの実践から，アーギュメント構成能力を育成する理科授業の指導のポイントについて論じてみたい。

(1) 準備段階の教授方略

単元を実施するにあたり，授業計画や教室環境の整備を行う際に，アーギュメントをどのように導入するのか，具体的な計画を立てる必要がある。この段階で4つの教授方略を視野に入れておきたい。

①カリキュラムの目標の設定

まずは，当該学年の児童生徒が学習すべき内容知識と科学的探究を統合して目標を設定する必要がある。例えば，小学校第5学年理科「ふりこの運動」では，「児童が実験を通して，振り子の周期には長さのみが影響することを理解

するとともに，振り子の振れ幅，重さ，長さと周期との関係を表す証拠を示し，振り子の周期には，振り子の振れ幅や重さは影響しない，あるいは，長さが影響するという理由付けで，アーギュメントを記述すること」が目標となる。

②達成すべきアーギュメントの設定

McNeill and Krajcik（2011）は，児童生徒の実態に合わせてアーギュメントのレベルを選択することを奨励している。アーギュメントに習熟したクラスでは，反駁も含めるが，初心者の場合，主張・証拠・理由付けの３つの構成要素を基本とするのがよいだろう。「振れ幅を大きくすると，振り子の周期は遅くなるか」という学習問題に対して，「振れ幅を大きくしても周期は遅くならない」が主張，「実験による周期のデータ（グループの平均値）」が証拠，「振れ幅はふりこの周期に影響しない」が理由付けとなる。ここで，ゴールとして達成させたいアーギュメントの記述は，「振り子の振れ幅を大きくしても周期は遅くならない（主張）。なぜなら，振れ幅を10°と20°にしてふりこの周期を測定すると，どちらもグループで計測した平均値が1.4秒であり（証拠），振れ幅はふりこの周期に影響しないと言えるからだ（理由付け）」となる。

③アーギュメント構造の掲示物の作成

主張・証拠・理由付けがそれぞれ何を指すのか，教師の掲示物によって常に意識できるような環境作りをすることがポイントとなる。図２（左）は，理科室に掲示されたアーギュメントの構造図である。これをもとに教師がアーギュ

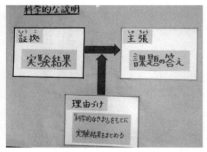 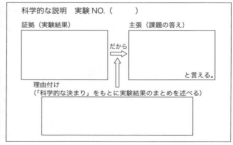

図1-6-2　アーギュメント構造の掲示物（左）とワークシート（右）（山本ら，2013）

58 第Ⅰ章　教科教育において育成すべき資質・能力

メントを説明したり，児童生徒がアーギュメントを構成したりする際に，視覚的に理解できるようにするのである。

④足場かけ用のワークシートの作成

図 1-6-2（右）は，上述した掲示物と合わせて，児童生徒がアーギュメントを構成する際に，手元でその構造を確認できるようにするためのワークシートである。このワークシートは，児童生徒が，主張・証拠・理由付けをもれなく記入することやその内容を吟味する際に有効である。ただし，坂本ら（2013）の研究によると，常にこのワークシートによって足場かけ（scaffolding）を行うのではなく，アーギュメントに習熟してきた段階で，この足場かけを外していく（fading）ことも重要であることが指摘されている。使用の場面や頻度については，教師が児童生徒の様相を見極めることがポイントになるだろう。

（2）実施段階の教授方略

山本ら（2013）によると，単元を進めていくプロセスに組み込んでいく教授方略が８つ挙げられている。それぞれについて，具体例とともに解説したい。

①アーギュメント構造の説明

振り子の学習では，周期を変える要因について，振れ幅，おもりの重さ，糸の長さの３つを条件統制して調べていく。この中で，まずは「振れ幅を大きくすると，振り子の周期は遅くなるか」という学習問題を立て，実験を行う。考察を記述する際に，アーギュメントを紹介し，学習問題の答えに当たる部分が「主張」，それを支える実験データが「証拠」，そして，なぜ証拠が主張を支えるのか，科学的なきまりである「理由付け」を使って説明することを促すのである。このとき，準備段階の③で作成した掲示物を提示しながら視覚的にイメージできるようにすることが指導のポイントとなる。

②日常事例との関連づけ

日常生活では，アーギュメントが正しく構成されていなくても，意味が通じる場合がある。「昼食を食べたか？」という質問に対して「まだおなかが減っていない」と，ねじれた回答をしても会話は成立する。この事例では，「主張」が欠落している。また，「証拠」や「理由付け」が省略されることも多い。

「彼は野球の練習に来ないの？」という質問に対して，「彼は腕を骨折しています」という事実（証拠）のみを示せば意味が通じる。「腕を骨折している人は野球ができないし，家で休んでいる方が安全だから」という理由付けは，暗黙的に省略される。このような日常事例を引用することは，日常事例と科学の事例を比較する中で，科学の世界では証拠を正当化するために，特に正確な論述が必要だということを理解する手助けになる。

③アーギュメントの必要性の説明

先述したように，科学的知識は実証性・再現性を示して客観性が得られた上で，成立するものであるので，人を説得して合意をめざすアーギュメントのプロセスは欠かせない。科学の世界において，科学者は常に証拠を提示しながら，実証と反証を繰り返してきた。科学者コミュニティが，合意に至った知の産物が科学的知識であることを解説しながら，アーギュメントは世界中で通用する科学的な手法であることを強調したい。

④他教科との関連づけ

人文科学や社会科学の分野でも，科学の手法としてアーギュメントの導入は可能である。つまり，理科に限らず，他の教科教育においても，主張・証拠・理由付けから論証を構成し，他者を説得したり合意をはかったりする学習が実現できる。例えば，社会科の歴史学習の場合，証拠は史実や資料，理由付けは時代背景や政策になるかもしれない。国語科の作品の読解では，証拠は本文の記述，理由付けは作者の生き方や思想になるかもしれない。このように，他教科でも活用できることを具体的に児童生徒に示すことで，アーギュメントの重要性が明確に伝わるだろう。

⑤アーギュメントの例示と批評

アーギュメントを理解する上では，具体的に「どのようなアーギュメントがよいのか」を示す必要がある。このとき，教師が作成した悪い事例を示しながら，なぜそれが誤りであるのかを議論させることの意味は大きい。振り子の振れ幅による周期の違いを調べる場合，データとして振れ幅を大きくしたときだけの数値を扱っていたり，理由付けが欠けていたりする事例を紹介しながら，

不十分な点を確認し合うことで，自分が記述する際にも，何に気をつければよいのか明確に見通しを持つことができるのである。

⑥個人へのフィードバック

児童生徒がワークシートにアーギュメントを記述する際，教師は机間指導によって，不十分な記述に対して助言を行う必要がある。このような個別で具体的な支援は重要で，児童生徒のより具体的なアーギュメント理解に結びつく。机間指導を十分に行う時間がなければ，ワークシートを回収した後，教師がそれらに朱筆を入れてフィードバックすることもできる。また，正確に記述できている事例について，クラスの中で紹介し，賞賛することも効果的である。

⑦相互評価

アーギュメントを評価する主体は教師とは限らない。児童生徒どうしでワークシートを交換し，互いに評価しあう活動を組み込むことも重要である。その際，評価の観点が重要なポイントとなり，主張・証拠・理由付けに相当する記述があるかどうか，それらの内容は正しいかどうかについて，チェックすることを促したい。主張の部分に二重下線，証拠の部分に下線，理由付けの部分に波線を引いて確認させるようにすると，構成要素を意識する上で有効である。

⑧クラス全体での評価

児童生徒が記述したアーギュメントを評価する際，評価の観点を正確に伝えるためには，まずクラス全体で1つ例を挙げて OHC で投影し，確認しながら評価すると効果的である。主張・証拠・理由付けに相当する記述に着目させ，正確に書けている点や，より正確に記述するための改善点を議論することで，評価の観点や方法がより具体的かつ明確になる。

5　アーギュメント構成能力の可能性

以上に述べてきた理科教育におけるアーギュメントの教授方略によって，これまで児童生徒のアーギュメント構成能力が向上したことが報告されている（山本ら，2013）。児童生徒は，自分の主張を述べる際に証拠を提示し，なぜそ

れが主張を支えるのかを理由付けできるようになってきた。これは，上述した教授方略に基づく指導の成果であり，アーギュメント構成能力は，児童生徒に自然に身につく能力ではなく，意図的・計画的な指導を必要とする。

　これからの社会を生きる児童生徒にとって，証拠を理由付けして他者を説得することは，各教科でも同様に重要視される能力である。自然科学に限らず，コミュニティの構成員の合意によって知が共有され，文化が構築されるのは，各教科教育の分野で共通する営みだからである。社会は日々進歩し，理科では，放射線や遺伝が中学校の内容として取り上げられるようになったように，私たちをとりまく社会も，ドメスティックバイオレンスやハラスメントなど，これまでの社会にはない新しい概念を共有し，その枠組みで社会現象を見るようになっている。文学作品や歴史上の事実も新たな解釈が日々生み出されている。そのような中で児童生徒は，文化的活動に参画し，これからの世の中を構築していく担い手である。アーギュメント構成能力は，理科教育にとどまらず，各教科教育において，教科固有の領域の知を構築するために，今後一層重要視されるリテラシーになるのではないだろうか。

（山本　智一）

参考文献

Driver, R., Newton, P., & Osborne, J. Establishing the norms of scientificargumentation in classrooms. *Science Education, 84* (3), 2000, pp.287-312.

Erduran, S., & Jiménez-Aleixandre, M. P. (Eds.). *Argumentation in science education: Perspectives from classroom-based research.* Dordrecht, Netherlands: Springer, 2008.

McNeill, K. L., & Krajcik, J. *Supporting grade 5-8 student in constructing explanation in science.* Boston, MA.: Pearson, 2011.

文部科学省『小学校学習指導要領』，2008.

文部科学省「言語活動の充実に関する指導事例集～思考力，判断力，表現力等の育成に向けて～小学校版」Retrieved from http://www.mext.go.jp/component/a_menu/education/micro_detail/__icsFiles/afieldfile/2012/01/06/1301088_2.pdf, 2010.

文部科学省・国立教育政策研究所「平成 27 年度全国学力・学習状況調査　報告書　小学校理科」Retrieved from http://www.nier.go.jp/15chousakekkahoukoku/report/primary/sci/,

2015.

文部省『小学校学習指導要領解説理科編』, 1999.

National Research Council. *Next generation science standards*. Washington, D.C.: The National Academies Press, 2013.

OECD. *PISA 2015 Assessment and analytical framework: Science, reading, mathematic and financial literacy*. Retrieved from http//:www.mecd.gob.es/dctm/inee/internacional/pisa-2015-frameworks.pdf?documentId=0901e72b820fee48, 2016.

坂本美紀・山口悦司・山本智一・村津啓太・稲垣成哲・神山真一・西垣順子「主張・証拠・理由付けから構成されるアーギュメントの教授方略のデザイン研究：小学校第5学年理科「振り子」における単元の改善」『科学教育研究』第38巻，第2号，2013, pp.54-64.

坂本美紀・山本智一・山口悦司・西垣順子・村津啓太・稲垣成哲「アーギュメント・スキルに関する基礎調査：小学校高学年を対象としたスキルの獲得状況」『科学教育研究』第36巻，第3号，2012, pp.252-261.

Toulmin, S. *The use of argument*. New York, NY.: Cambridge University Press, 1958.

山本智一『小学校理科教育におけるアーギュメント構成能力の育成』風間書房, 2015.

山本智一・坂本美紀・山口悦司・西垣順子・村津啓太・稲垣成哲・神山真一「小学生におけるアーギュメントの教授方略：「振り子の運動」の実践を通して」『理科教育学研究』第53巻，第3号，2013, pp.471-484.

第7節　非言語コミュニケーションの教育としての学校体育の意義

　文部科学省（2008）は「暴力行為」「不登校」「いじめ」が起こる要因の一つに「児童生徒のコミュニケーション力の低下」を指摘し，すべての教科で言語活動の充実を図り，コミュニケーション力の育成をめざすことを求めている。学校では，「自分の考えを伝え合う」「自分の思いを話し合う」「一人ひとりの考えを聞き合う」などの学習目標を掲げ，児童生徒のコミュニケーション力の育成に取り組んでいるところである。しかしながら，「暴力行為」「不登校」「いじめ」が起こる要因の一つとして指摘されているコミュニケーション力の低下問題を考えた時，著者は，この「伝え合う」「話し合う」「聞き合う」という学習目標に違和感を覚えるのである。

　図1-7-1は，竹内（1973）の示す「コミュニケーションのプロセス・モデル」である。図に示すように，コミュニケーションプロセスには，「送り手」と

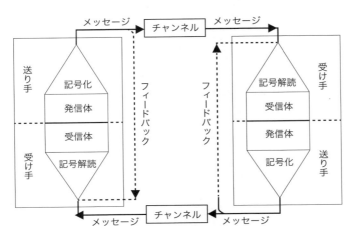

図1-7-1　コミュニケーションのプロセス・モデル（竹内，1979）

「受け手」が存在し，「送り手」から発信されたメッセージを「受け手」が受信・解読・記号化し，そして発信する。先ほどの「送り手」は，送られてきたメッセージを受信・解読・記号化・発信するという循環によってコミュニケーションは成立している。

　前述した著者の違和感の一つは，学校現場の取り組みが「送り手」の「発信力」の育成に偏り過ぎていると思われる状況に対するものである。「伝え合う」「話し合う」はいずれも「発信する」ことがまず求められる。「聞き合う」も同じである。「聞き合う」ためには，まず，「送り手」が何かメッセージを「発信する」ことが前提となる。すなわち，これらはいずれも「送り手」の発信を起点としたコミュニケーションプロセスを前提としたものであり，コミュニケーション力の低下を「送り手」の「発信力」の低下と捉え，その力を高めることに指導の軸が置かれている。また，社会一般的に「コミュニケーションをとりましょう。」という言葉には「積極的に自分から他者に話しかけていきましょう。」というニュアンスが多分に含まれているように感じる。このような学校，社会の雰囲気がコミュニケーション力が低いと言えば，それは「発信力」が低いということとして捉える風潮をつくっているのではないだろうか。このような風潮が，子どもの中に「自分の考えをどのように話せばわかってもらえるのか。」という「送り手」の「発信力」に軸を置いた意識を生んでいるのではないかということへの違和感である。

　もう一つの違和感は，学校や社会がコミュニケーションといえば，言葉による言語コミュニケーションと考え，言語コミュニケーション力を高めることがコミュニケーション力の向上だとしているように感じることである。周知のように，コミュニケーションは，言葉による言語コミュニケーションと言葉以外のもの（表情，しぐさなど）による非言語コミュニケーションに分けられるが，「伝え合う」「話し合う」「聞き合う」は，いずれも言語コミュニケーションを前提としたものである。しかし，コミュニケーションを「送り手」の発信を起点とした言語コミュニケーションと捉えた場合，何かを伝えようとする意識が働き，それを言葉にして発信しない限りコミュニケーションは成立しなくなる。

または，自分の思いを知られたくないという意識が働けばコミュニケーションが成立しなくなる。「暴力行為」「不登校」「いじめ」，これらの問題で語られる子どもは，一般的には集団から孤立し，他者との関わりが少ないという共通点を持っている。このような子どもは，自分の思いや気もちを他者に伝えることが苦手，または，伝えたくても伝えることができない状況にあることが多い。

鯨岡 (1997) は，「身体は表情を纏う」と述べている。すなわち，人は何かを伝えようとする意図がなくとも，自分の気もちを隠そうとしても「内面の情動の動き」は身体の表面に滲み出て，絶えず非言語メッセージとなって表出されるということである。「暴力行為」「不登校」「いじめ」，これらの問題で語られる子どもの身体も常に非言語メッセージを発していると考えられる。問われるべきは，まわり（受け手）の非言語メッセージを「受信・解読する力」の低下ではないであろうか。すなわち，「暴力行為」「不登校」「いじめ」の要因の一つとして語られる子どものコミュニケーション力低下は，「送り手」の発信を起点とした言語コミュニケーション力の低下以上に，「受け手」の「受信・解読」を起点とした非言語コミュニケーション力の低下にあるのではないかと考えている。そして，学校の取り組みには，「送り手」の伝える（発信）以上に「受け手」のわかる（受信・解読）を起点とした非言語コミュニケーションを念頭に置いた指導が求められるのではないかと考える。

そこで，本稿では，「暴力行為」「不登校」「いじめ」の問題で語られるコミュニケーション力の低下は「送り手」の言語メッセージによる発信力の低下以上に「受け手」の非言語メッセージを「受信・解読する力」の低下に問題があると考え，非言語コミュニケーションの教育としての学校体育の意義について論じたい。

1　コミュニケーションについての検討

そもそもコミュニケーションとは何であろうか。

広辞苑第 6 版には，「社会生活を営む人間の間に行われる知識，感情，思考

の伝達。言語，文字その他の視覚，聴覚に訴える各種のものを媒介とする。動物個体間での身振りや音声，匂いなどによる情報の伝達。細胞間の物質の伝達または移動。」と書かれており，現在，コミュニケーションという言葉は，かなり幅広い意味をもっていることがわかる。

また，学術的には，次のような意味が示されている。

Hovland（1953）は，「コミュニケーションとは，送り手としての個人が受け手としての他者の行動を変容させるために，刺激（通常は言語的シンボル）を伝達する過程である。」としている。井口（1982）は，「コミュニケーションの語源を遡ると，ラテン語の「共通」を意味する commun（is）という語幹に ic（us），atus，および ion が加わってできた言葉で，したがって，本来の語義は "共通のものとする" であったが，発展して "人間と人間との間に共通性を打ち立てる行為全般" を意味するようになった。」と述べている。

これらの定義からもわかるように，コミュニケーションという言葉の意味は一義的なものではなく，学術的にも多様な定義がなされている。しかしながら，コミュニケーション（communiation）の接頭語「comm」を持つ言葉，community，common などは同じ語源（共同の）をもつものであることから考えると，井口が指摘するように，その根底には「共通なものを打ち立てる。共有する。」という意味があることが窺われる。

ところで，本稿の問題意識は，「受け手」の「受信・解読」を起点とした非言語コミュニケーション力の低下が「暴力行為」「不登校」「いじめ」を引き起こす大きな要因ではないかというところにある。このように「受け手」を起点とした場合，「送り手」の身体から表出される非言語メッセージを受け，その意味するところを解釈できて，はじめてコミュニケーションが成立したといえる。また，「受け手」は解釈した意味を解読し，自分の考えや思いを発信する。そして，はじめ「送り手」だった者が，次は「受け手」となり，発信されたメッセージを「受信・解読」する。この循環が「受け手」の「受信・解読」を起点としたコミュニケーションである。このように考えると，「送り手」と「受け手」との間で何かが共有されることが，この循環を成立させるといえる。そ

こで，本稿ではコミュニケーションの意味を「対人場面において，言語・非言語メッセージの交換によって何かを共有し合う行為」と捉えることとする。

　では，人は対人場面において「何を共有し合う」のであろうか。

　広義の意味でのコミュニケーションにおいては，情報，知識，思考などであろう。しかし，本稿が問題とする「暴力行為」「不登校」「いじめ」問題を考える時，「共有し合う」ものは，情報，知識，思考などだけではないであろうと思われる。鯨岡（1997）は，この「共有し合う行為」について「"今日はえらく暑いですね。""ええ，本当に。"こういう日常的な挨拶としてコミュニケーションが交わされる時でも，そこではその日の気温が 36 度 5 分だから暑いというような正確な気温の認識を共有することが問題なのではおそらくないでしょう。」と述べている。つまり，鯨岡は，この何気ない日常会話の"暑いですね""ええ，本当に"という言葉は二者間のコミュニケーションのきっかけをつくるものであり，このコミュニケーションの意味は，互いの身体に滲み出ている非言語メッセージ（汗，表情など）を「受信・解読」し互いに相手の身体の状態，気もちの在り様を察することで互いが互いの身体を労わるという「親愛の感情」を共有し合っているところにこそあるとする。また，鯨岡は，「私たち人間は共に在って何か気もちを共有することを根源的な喜びや満足とする存在」とし，人がコミュニケーションをとろうとするのは，情報，知識，思考などを伝え合うことよりも，何かを共有し感情や気もちがつながりたいという根源的な喜びに基づくものではないかと指摘している。「暴力行為」「不登校」「いじめ」問題において，語られる子どもの孤独とは，まさに鯨岡が指摘するこの感情や気もちがつながりたいという根源的なよろこびが満たされないことから感じるものであろう。そこで本稿では，コミュニケーションによって共有されるものを「対人場面におけるお互いの感情や気もち」と考え，コミュニケーションとは「対人場面における言語・非言語メッセージの受信・解読・発信による互いの感情や気もちを共有する行為」と捉えることとする。

2 非言語コミュニケーションと体育授業の関係

(1) コミュニケーションの分類と働き

前述したように，コミュニケーションは，言葉による言語コミュニケーションと言葉以外のものによる非言語コミュニケーションに分けられる。また，人のコミュニケーションは言語コミュニケーションだけで行われることはなく，常に非言語コミュニケーションを伴う。さらに，人のコミュニケーションの7割程度は非言語によるものとされている（杉山，2004）。これに加え，言語コミュニケーションは，情報，知識，思考などの伝達に，非言語コミュニケーションは，感情や気もちの伝達に有効とされる（大坊，1998）。そして，人の真意は非言語メッセージに現れるとされる（和田，1992）。

このように，人のコミュニケーションにおける非言語コミュニケーションの占める割合は大きく，非言語コミュニケーションが土台となり，その上に言語コミュニケーションが存在しているといえる。また，感情や気もちの認知には非言語メッセージを「受信・解読する力」が欠かせないと考えられる。

(2) 非言語コミュニケーションと体育授業の関係

杉山（2004）が，「体育では，非言語コミュニケーション・チャネルを用いたコミュニケーションが重要な位置を占めている。」と指摘していることからもわかるように，他者と関わり合いながら自己の考えや気もちを身体を使って表現する体育授業では非言語コミュニケーションが頻出する。日高（2015）は，小学校5年生の体育授業と算数授業を対象に，児童が使用するコミュニケーション・チャネルを調査した結果，身ぶり，身体接触，顔の表情など，非言語コミュニケーション・チャネルが体育授業では算数の2倍以上出現したことを報告している。また，出現したチャネルの多くは，「両手を合わせる（お願い）」「肩をすくめる（しまった）」など，感情の生起に伴って出現したものであったとし，体育授業が算数に比べ，児童の多様な感情をゆさぶる可能性があると指摘している。このように，体育は非言語コミュニケーション場面が頻出する教

科であり，その多くは感情の生起に伴って出現すると考えられる。

　では，体育授業で頻出する非言語コミュニケーション場面において，子ども
は互いの感情や気もちを共有し合っているのであろうか。

　著者ら（2014）は身体接触による教育的効果を検討するために，写真1に示
す「組ずもう」を小学校2，3，4，5年生を対象に実施し，5項目（「自分の体へ
の気づき」「体の変化への気づき」「力の調整」「友だちの体への気づき」「友だちの気も
ちへの気づき」）からなる質問紙を用いて「身体への気づき」の変化を調査した。
その結果，いずれの学年においても「自分の体への気づき」「友だちの気もち
への気づき」が単元後に有意に高まっており，特に，「友だちの気もちへの気
づき」の高まりが最も大きなものであった。また，その記述内容は，「F君に
まわしを持たれたとき，"勝つぞ"という気もちを感じた」（2年生），「友だち
の体が"やるぞ"と言っていた」（3年生），「まわしを持たれると相手の本気が
わかった」（4年生），「歯をくいしばって押すM君の力から"チームのために
負けない"という気もちを感じた」（5年生）など，いずれも組み合った時に身
体接触を通して感じる相手の圧力，動き，顔の表情などの非言語メッセージか
ら，相手の気もちを主観的に認知したことを窺わすものであった。このように，
児童は，相手の圧力，動き，顔の表情などの非言語メッセージを受信・解読す
ることで，「本気」「緊張」などの相手の感情や気もちを認知していた。また，
身体接触は，「触れる─触れられる」という同時性の関係を成立させることか
ら，児童は互いの感情を認知，共有したものと推察される。さらに，著者が小
学校に勤務している時，水泳授業でよくこのような光景を目にした。

　25m完泳をめざして頑張っている子どもの横のプールサイド上を同じ速度
で歩きながら，必死に応援している子どもの口は，泳いでいる子どもと同じタ
イミング，同じ動かし方で「パッ！」「パッ！」と息つぎをしていた。また，
プールに入って泳いでいる子どもを指導している教師の口も同じように「パ
ッ！」「パッ！」と息つぎをしているのである。応援している子どもと教師の
動き，息つぎは，泳いでいる子どもと同じタイミング，同じ動きであり，泳い
でいる子どもの身体にまわりの人の身体が同調し，シンクロしているかのよう

写真1-7-1 「組ずもう」の授業の様子

であった。これは、コミュニケーションにおける同調現象と呼ばれるもので、この現象について大坊（1998）は、「無意識的、感情的な色彩の濃い非言語コミュニケーション行動における同調現象は、人間であるということに内在する応答性によってもたらされる」と述べている。また、この身体の同調現象を鯨岡（1997）は、「身体の共鳴・共振」と表現し、自分の気もちが自分の立っている"ここ"から抜け出して、相手の"そこ"に出かけ、"そこ"まで気もちを持ち出し、"そこ"で起こっていることを身を持って感じとることで相手の内部感覚が自分にも共有され"身体が共鳴・共振"する」としている。

このような「組ずもう」「水泳」での現象は、相手の身体から表出される非言語メッセージを「受信・解読」することで相手の感情や気もち、内部感覚までも認知、共有する深い非言語コミュニケーションといえる。

3 体育授業で生起する非言語コミュニケーションの意義

鯨岡（1997）は、身体の共鳴・共振を「一体感」という別の言葉でも表現している。この「一体感」について、鯨岡は「あの身体とこの身体が互いに感受し、表情することによって得られるものであり、自分の身体は他者が今、経験しつつあることを、その他者の身体の動きを通して敏感に感受しつつ、その感受したものが自らの身体の表面や姿勢におのずから滲み出てくるのに任せるこ

と」と述べている。前述したように，大坊は，非言語コミュニケーション行動における同調現象は，「人間に内在する応答性によってもたらされる」と述べているが，鯨岡のいう「一体感」とは，まさに人間に内在する応答性によってもたらされるものであろう。すなわち，他者の身体から表出される非言語メッセージを「受信・解読」し，そのメッセージに込められた意味を共感的に理解することで自分の身体が応答し解釈した意味が自分の身体表現となって出現することと考えられる。言い換えると，この「一体感」とは人が他者との間で感じる最もリアルな身体性レベルでのつながりといえる。

　また，石垣（2014）は，学校教育でコミュニケーション力の育成に用いられているコミュニケーション・スキル，対人関係トレーニングといった心理学的手法は，逆に子どもの表面的な「かかわり」を助長していると指摘した上で，現在の学校教育は「知識や思考・判断」を重視した他者との「かかわり」が重要視されているが，このような思考レベルのトレーニングではなく，思考レベルの土壌となるもっと下層に位置づく身体性レベルでの「かかわり」を問い直すべきだという。石垣は人の経験を「知的経験」「心的経験」「身体的経験」に分け，そして「知識，思考・判断」といった思考レベルでの「知的経験」や「心的経験」よりも身体を通して学ぶ「身体的経験」が今の子どもには不可欠な「人間の連帯」，すなわち「間身体的なわれわれ」という認識につながるとしている。石垣のいう「間身体的なわれわれ」とは，鯨岡のいう「一体感」と類似している概念であろうと思われる。

　以上のように身体運動によって他者の身体から表出される非言語メッセージを「受信・解読」することを起点とする非言語コミュニケーションは，人が肌で感じることができる，手ざわり感のある最もリアルなコミュニケーションであり，そこには鯨岡が「一体感」，石垣が「間身体性のわれわれ」と表現する思考レベルではない実感と納得にもとづく身体性レベルでの感情の共有が生起するのではないであろうか。著者は，「暴力行為」「不登校」「いじめ」問題で必要とされるコミュニケーションとは，思考レベルの言語コミュニケーション以上に身体性レベルでの非言語コミュニケーションであり，そのためには，体

育授業において他者の身体から表出される非言語メッセージを「受信・解読する力」の高まりを促す指導が求められると考える。

　このように体育授業で生起する非言語コミュニケーションとは，身体性レベルでの実感と納得を伴う感情の共有に支えられているものであり，ここに他教科とは異なる体育授業という身体運動を学習対象とする教科で生起する非言語コミュニケーションの意義がある。そして，「暴力行為」「不登校」「いじめ」という教育問題を考えた時，これからの学校体育には非言語コミュニケーションの教育という観点からの問い直しが求められるであろう。

（筒井　茂喜）

参考文献

日高正博，細田知里，松本有希代，山内正毅，後藤幸弘　体育授業で発揮されるコミュニケーション・チャンネルの実態，―数との比較を通して―，宮崎大学教育文化学部付属教育協働開発センター研究紀要，24号，2015，pp.9-20

Hovland　Social communication. In B. Berelson & M.janovitz.(Eds), *Reader in public opinion and communication*. The Free Press of Glencoe,1953

井口大介　人間とコミュニケーション，一粒社，1982，pp.10-15

石垣健二　「身体的経験」および「身体的対話」の領域：「間身体性の教育」としての学校体育再考，体育学研究，第59巻，2014，pp.483-495

鯨岡峻　原初的コミュニケーション，ミネルヴァ書房，1997，pp.1-57

文部科学省　小学校学習指導要領，東京書籍，2008，p.16

杉山佳生　体育からコミュニケーション・スキルを捉える視点，体育科教育，大修館書店，2004，pp.14-17

大坊郁夫　しぐさのコミュニケーション，サイエンス社，1998，pp.16-21

竹内郁郎　社会的コミュニケーションの構造，内川芳美，岡部慶三，竹内郁郎，辻村明編，「講座現代の社会とコミュニケーション1基礎理論」，東京大学出版会，1973，pp.105-138

筒井茂喜，日高正博，後藤幸弘　身体接触を伴う運動「組ずもう」の教育的効果とその学年差，―小学校2，3，4，5年生を対象として―，日本教科教育学会誌，第37巻，第3号，2014，pp.85-98

第Ⅱ章
教科教育学研究のストラテジー

第1節　社会科授業研究の理論

1　学校教育現場における社会科授業研究の現状と課題

　学校教育現場の教員と社会科担当指導主事として，社会科授業を多く見てきた。その経験から社会科授業研究の現状と課題について整理する。

　学校教育現場の社会科授業研究は，次のプロセスで進められることが多い。

① 　授業者による学習指導案の作成

② 　学年や社会科部会による学習指導案の検討（事前検討会）

③ 　授業者による学習指導案の修正

④ 　学校全体または研究会の部会による学習指導案の検討（事前検討会）

⑤ 　授業の実施

⑥ 　授業の事後検討会

　授業研究は，学習指導案を中核に，事前検討会・公開授業・事後検討会で構成されている。とりわけ，学習指導案が授業研究の中核の役割を果たしている。しかし，学習指導案のあり方や事前検討会・事後検討会のもち方について，議論されることは少ない。ここでは，学習指導案の現状と課題，事前検討会・事後検討会の現状と課題について整理する。

(1) 学習指導案の現状と課題

　本時の目標には，子どもに習得させたい知識や技能が明示されており，目標そのものが「授業が成立したかどうか」の評価規準になる。しかし，多くの学習指導案は，目標記述に意を注いでいない。このことは，事後検討会で焦点の定まらない議論が繰り返される原因の一つになっている[1]。授業評価の規準となる「目標記述に命をかける」気概が必要である。

(2) 事前検討会・事後検討会の現状と課題

　授業の事実は，授業者の発言，指示，補説，子どもの発言，板書，資料等，無数に存在し，そのすべてが研究授業の評価対象となる。習得させたい知識や技能，能力についての妥当性も研究授業の評価対象となる。

　事前検討会では，何を中核にして議論すべきであろうか。事後検討会を充実させるためには，評価対象を絞り込むことが大切になる。研究授業の評価対象の中核は，「本時の目標」と「研究テーマの組み込み方」の二点である。しかし，この二点が意識されていないので，事前検討会の議論は焦点化されず，拡散した議論になったり，授業者や参加者の思いにかたよった議論になったりする。

　最も避けたいのは，謝辞や感想の繰り返しの事後検討会である。先のような事前検討会を行っていると，この授業研究から何を得たのかが不明確な事後検討会となってしまう。学習指導案を拡大して，付箋を使った事後検討会によく出会う。ここでは，「よかったことは黄色の付箋に書く，改善した方がよいところは赤の付箋に書く，その他気づいたところは緑の付箋に書く」といった方法がとられる。それぞれに核心を突いた指摘があろう。新採用教員にとっては，得がたい研修の対象を見つけることもあろう。

　しかし，事後検討会の時間は限られている。何よりも授業者から何を学ぶかが大切になる。授業を見る目のある人にとっては，これも無数に存在する。それだけ授業分析のナイフが研ぎ澄まされているからである。しかし，一つの授業から授業者を含めた参加者がともに学ぶためには，議論の焦点が定まった事後検討会が望まれる。そのために，次の二点を評価のポイントとする。

　○本時の目標が達成されたか。
　○研究テーマが達成されたか。

　事後検討会では，この二点に迫るための授業者の手立て（授業仮説）の有効性を検証することになる。

第1節 社会科授業研究の理論 77

2 目標記述と授業仮説の理論

(1) 目標記述の理論

先に述べたように，授業の成立は，本時の目標が達成されたかどうかで決まる。その指標は目標記述である。知識・理解の目標を例に考えてみる。授業者は授業の終末に「きょうの授業で分かったことをノートに書いてごらん」と指示を出す。授業者がノートに書いてほしい文が，知識・理解の目標となる。したがって，子どもの言葉で目標を記述することがポイントとなる。目標記述の具体例を挙げる。次のような目標記述はどうであろうか。

① 高知県のナス農業の特色が分かる。

② ナスの収穫時期が夏なのに高知県では冬に収穫できる理由が分かる。

①の「特色」，②の「理由」はいずれもマジックワードである。「特色」や「理由」の具体的な内容を示す必要がある。このような目標を方向目標と言う。松浪軌道は，兵庫教育大学大学院の実習授業における学習指導案で，①・②を改善し，子どもの言葉で具体的に次のように示した[2]。

○ナスの収穫時期は夏なのに，高知県では冬に収穫できる理由について，次のことが分かる。【社会事象についての知識・理解】

・高知県は，緯度が低いので太陽の光が強く当たり，冬の気温が高くなる。

・北西季節風が，中国山地や四国山地をこえるとかわいた風になるので，晴れの日が多くなり，冬の気温が高くなる。

・高知県の近くの海で暖流（黒潮）が流れているので，冬の気温が高くなる。

このように改善すると，習得する【知識・理解】は「原因 - 結果」の関係となる。そして，マジックワード（あいまい言葉）は使用されておらず，具体的な内容で示されている。このような目標を達成目標と言う。

「マジックワード」の方向目標から脱却し，習得させたい認識内容を子どもの言葉で記述する達成目標に転換することが大切である。目標が達成されたかどうかを中核にして議論することで事後検討会が活性化する。

（2）授業仮説の理論

「学習指導案は仮説の集合体」[3] と言われる。筆者は，本時の目標と研究テーマを達成するための手立てを「授業仮説」と呼んでいる。

先の例で言うと，達成目標に明示された知識・理解の内容を習得させるために，さらに，研究テーマに迫るために，授業者はどのように手を打つのかを，授業仮説として学習指導案に明示することが大切である。これは授業者の「理論」，授業者の「ウリ」「意図」と表現してもよい。

事後検討会を授業者の「ウリ」「意図」の説明から始めていては，時間の無駄である。このことを克服するために，学習指導案を次のように工夫する。

①本時の目標の後に，「本時の目標達成のための授業仮説」「研究テーマ達成のための授業仮説」を明示する。

②本時の展開における授業仮説に当たる箇所は書体を変えて明示する。

③目標記述の理論で論じたように，授業仮説にはマジックワード（あいまい言葉）は使用せず，検証可能な具体的な文にする。

このようにすれば，学習指導案をもとにして，事後検討会が授業仮説の有効性の検討の場となる。授業者は，それに耐えるような，授業評価に基づいた授業をデザインするようになる。目標達成のための授業仮説の具体例を示す。

「なぜ疑問」を設定することで，本時の目標に到達させることができるであろう。

この授業仮説は，「If A then B」の「A」が不明確である。「なぜ疑問」を設定するだけでは，本時の目標を達成するための手立てにならない。なぜ疑問の探究過程において，どのような手立てを組み込むのかを具体的に示す必要がある。そこで，授業仮説を次のように改善する。

・なぜ疑問の解を示すために，副発問「なぜ，高知県の冬は，日本全国の平均と比べて，気温が高いのだろう」を設定し，探究させる。この手立てによって，なぜ疑問に対する詳細な説明が可能となり，本時の目標に達成させることができるであろう。

この授業仮説の有効性を検討することで，事後検討会が活性化する。

3 探究Ⅰ・探究Ⅱの授業構成理論

(1) 社会科の授業づくりの基盤

　社会科の木の根っこが，学習指導案の作成の基盤となる七要素である。学習指導要領やその解説を読み込むとともに，発行されているすべての教科書を分析することが社会科の授業づくりのスタートの要素である。また，先行研究や先行実践を収集し，分析することも大切な要素である。特に注目すべき要素は，「社会諸科学の研究成果」の分析，検討である。社会科の目標の一つは社会認識形成である。この目標を達成するためには，授業者は最新の社会諸科学の研究成果をふまえた社会事象の因果関係を正確に把握しておく必要がある。また，子どもに主体的に探究させるためには，どのような既習知識や技能を想起，活用させるとよいかを，整理しておくことも必要である。さらに，すでに習得し

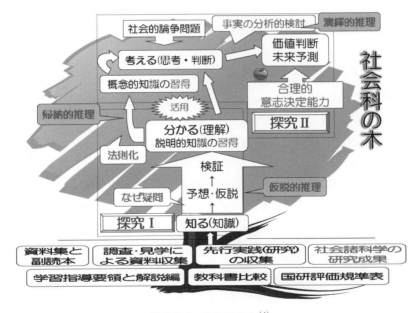

図 2-1-1　社会科の木[4]

80　第Ⅱ章　教科教育学研究のストラテジー

ている概念を，この単元でどう活用するか想定しておくとも大切である。

(2) 探究Ⅰの授業構成理論

　「ナスの収穫時期は夏なのに，なぜ，高知県では冬に収穫できるのだろう」の複文型のなぜ疑問の解が，先に示した達成目標（2(1)）であり，社会事象の原因である。「なぜ疑問」に予想・仮説を立てて，資料を活用して検証し，原因と結果を結びつけた解（説明的知識）を習得する過程を「探究Ⅰ」と呼ぶことにする。その過程は，【「なぜ疑問」の発見・把握→予想・仮説の設定→仮説の検証のための資料の収集と選択，決定→選択した資料をもとにした検証→説明的知識の習得】となり，図2-1-1で示したように、帰納的推理・演繹的推理・仮説的推理の思考が働く。

　この過程は，「社会のしくみが分かる」過程である。「社会のしくみが分かる」（社会認識形成）とは，社会事象の原因と結果が分かることである。

(3) 探究Ⅱの授業構成理論

　社会科の授業では，それぞれの学年や分野に応じた「社会的論争問題」を取り上げることが必要である。探究Ⅰで習得した説明的知識や新たな情報を活用して，事実の分析的検討を行い，社会的な論争問題に対して価値判断・意志決定をすることになる。この過程を「探究Ⅱ」と呼ぶことにする。また，「分かる過程」に対応させて「考える過程」とする。習得した知識や新たな情報をもとにした事実の分析的検討が授業づくりの中核となる。

　なお，「探究Ⅱ」では，探究Ⅰで習得した説明的知識を他の社会事象に応用する（当てはめる）学習や，複数の説明的知識から概念的知識を習得する学習も行う。概念的知識とは，社会の一般法則である。具体例を示す。即席麺の会社では，出荷先に応じて味付けを変えている。このことをおかき生産者に当てはめると同様のことが言える。両者の共通点は，「食品生産者は，消費者のニーズ（嗜好：味）を調査し，もうけようとしている。」である。この食品生産の一般法則が概念的知識である。即席麺の工場の学習をおかき生産の工場に当てはめることで，小学校段階でも概念的知識の習得が可能となる。また，深まった問いを発見し，探究Ⅰと同様の過程をたどることも探究Ⅱに位置付ける。

4 社会科授業研究の理念型

(1) 学習指導案に提示する基本五要素

　学習指導案作成の基盤となる7要素については，先に論じた。ここでは，「目標―指導―評価」が一体化した授業づくりについて論じる。

　授業の成立を評価する指標となる目標の理論を，学習指導案に提示する基本五要素に組み込む。基本五要素とは，①達成目標で書かれた本時の目標②目標

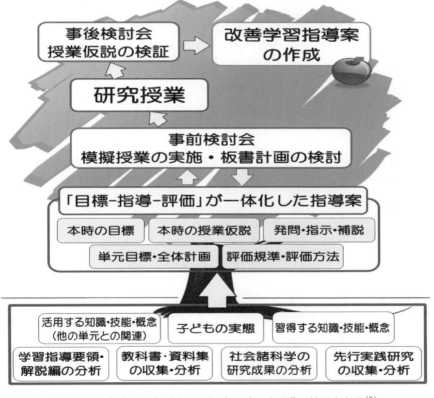

図2-1-2　社会科授業づくりの木（2016）　米田豊・植田真夕子[5]

達成のための授業仮説③具体的な評価規準と評価方法④単元における本時の位置付け⑤子どもの学習活動をうながす発問・指示・補説である。

(2) 事前検討会での板書計画の作成

　授業づくりの最初の段階から研究会に参加しているときは，事前検討会で討議される学習指導案の最後に，事前に作成し黒板に書いた板書計画を，デジカメで撮って添付するように要求している。一単位時間の授業を構想できれば，板書計画は書けるはずである。子どもに比較・関連付けさせたい資料・情報（知識）を効果的に黒板に提示することで，アクティブに子どもの思考が働き，活発な議論が可能となる。有田和正は，「板書は思考の作戦基地」と主張した。子どもと創る板書でありたい。板書計画と本時の板書を比較検討することで，事後研究会は活性化する[6]。

(3) 授業仮説の検証を事後検討会で

　限られた時間で効果的な事後検討会を行うには，授業仮説の有効性の検証に焦点化した議論を行うことがポイントとなる。

　予想と仮説の違いは，反証可能性があるかどうかである。検証された授業仮説は理論となる。検証されない授業仮説は，反証され，新たな授業仮説を考えることになる。このくり返しが授業研究[7]である。研究授業のあと，検証された仮説（理論）を組み込んだ改善学習指導案を作成することで，授業づくりの汎用力を多くの社会科教員が共有することになる。

(4) 社会科授業研究の理念型

　ここまで論じてきたことをまとめて，社会科授業研究の理念型として示す。

　① 　学習指導案の作成

　② 　事前検討会〈1〉

　　　視点　・　達成目標で目標記述が明示されているか。

　　　　　　・　目標達成に向けた授業仮説であるか。

　　　　　　・　研究テーマ（研究課題）達成に向けた授業仮説であるか。

　　　　　　・　板書計画に思考の流れが明示されているか。

　③ 　学習指導案の修正

第 1 節　社会科授業研究の理論　83

④　模擬授業

⑤　事前検討会〈2〉

　　視点　・　模擬授業において，事前検討会〈1〉で指摘された点が改善さ
　　　　　　　れていたか。

　　　　　・　授業仮説が具体的な表現になっているか。

　　　　　・　事前検討会を焦点化できる授業仮説であるか。

　　　　　・　板書計画における思考の流れが改善されているか。

⑥　研究授業

⑦　事後検討会

　　視点　・　授業仮説は本時の目標を達成するために機能したか。

　　　　　・　授業仮説は研究テーマを達成するために機能したか。

⑧　学習指導案の改善

　模擬授業で，一単位時間のすべて行うことは，学校教育現場の現実から考え
ると，困難である。授業仮説に当たるところを重点的に行うことを主張してい
る。

　本稿では，社会科授業研究のあり方について，学校教育現場の課題を克服す
るために，目標記述の理論，授業仮説の理論の視点から論じるともに，社会科
授業研究における模擬授業、板書の重要性を主張した。最後に，これらの分析，
検討から，社会科授業研究の理念型を示した。

（米田　　豊）

註

（1）岩田一彦も「授業後の研究会の様子は感想的な発言が飛び交うことになってい
　　　る場合が多い。」と述べている。岩田一彦「はじめに」岩田一彦編著『小学校社会
　　　科の授業設計』東京書籍　1991.3 p.1

（2）松浪軌道「経済的合理性を組み込んだ小学校社会科授業の開発―利潤概念とリ
　　　スク概念の習得をめざして―」兵庫教育大学大学院修士論文　2016.12　に詳しい。

（3）「学習指導案は『仮説の集合体』である。」は、岩田一彦の主張である。

（4）恒吉泰行・米田豊「社会科の木」　米田豊編著『「習得・活用・探究」の社会科

授業＆評価問題プラン　小学校編』明治図書　2011　恒吉泰行・米田豊・植田真夕子　一部改善 2014

（5）米田豊・植田真夕子「社会科授業づくりの木」「社会科の木」を発展させ，社会科の授業づくりについて構造化した。（2016）

（6）社会科における板書については，米田豊「『実物写真』でよくわかる！　板書で見る社会科授業」「社会科教育」明治図書 2016.04 〜 2017.03 の連載に詳しい。

（7）授業研究のプロセスについては，米田豊「改善プロセスに着目した社会科授業研究」梅津正美・原田智仁編著『教育実践学としての社会科授業研究の探求』風間書房 2015.03 で詳しく論じた。

参考文献

本稿で論じたことは，次の文献に詳しい。

米田豊「研究授業を通して，授業の力量を高めるためにはときかれたら　『研究授業』の授業評価に基づいた授業デザイン」「社会科教育」明治図書　2015.09

米田豊「子どもが分かる社会科授業づくりの理論と方法─学習指導案の基礎・基本─」「社会科教育」明治図書　2015.10 〜 2016.03　連載

米田豊「『実物写真』でよくわかる！　板書で見る社会科授業」「社会科教育」明治図書 2016.04 〜 2017.03　連載

米田豊編著『「習得・活用・探究」の社会科授業＆評価問題プラン　小学校編』明治図書　2011

米田豊編著『小学校社会科　活動あって学びあり！　アクティブ・ラーニング 21 の授業プラン』明治図書　2016

第2節　社会的な見方・考え方の一つとしてのスケール

　本節では，社会的な見方・考え方の1つと考えられるスケールを，空間・時間・社会と関連づけて論じることにより，社会の分析を可能にすること，地理的スケールが批判的思考のための1つの枠組みとなる可能性があること，さらにリスケーリングがプラスサムの解決策を生み出す際の思考枠組みを提供する可能性を論じる。

　地理教育のアカデミックな評価を受けているイングランドの「ナショナル・カリキュラム地理：2008年版」では，第一に主要な概念を設定し，次に学習内容，学習過程，評価規準を構造的に設定している。この主要な概念の1つにスケールが設定されている。志村ほか (2016) は，スケールを地理，歴史，公民の三分野を水平に貫く概念と捉えている。スケールが大きさを表すものと考えれば，空間，時間，そして人間（社会）という三分野を水平的に貫く概念であることは容易に想像できる。原田 (2000) は，中範囲理論について，理論の適用範囲・抽象度がともに中程度という意味で用いられる便宜的な概念であるが，歴史教育において理論批判学習を進める上で必要不可欠な概念でと言えよう，と述べている。理論がどの程度の範囲に適用されるのかを含め，ここでもスケールの概念が用いられていると考えられる。

　本節では，スケールが社会科の授業設計および分析に有効な概念であることについて整理し，その可能性について論じることを試みる。

1　スケールとは

　地域を所与のものとすれば，行政区域による区分がわかりやすい。しかし，地域は，水田単作地帯，酪農地帯のように同じような特色をもった等質地域と，

86　　第Ⅱ章　教科教育学研究のストラテジー

通勤圏，商圏のようにある地域を中心にその影響の及ぶ範囲をまとめた機能地域という分類を行う事もできる。このような地域の区分と関連した概念にスケールがある。

　地理学的文脈におけるスケールの概念は，スミス（Smith, N）により的確に説明されている。スミスは，*The Dictionary of Human Geography* の scale の項目で，スケールを以下の３つに分類している（Smith, 2000）。

a　地図学的スケール（cartographic scale）

b　方法論的スケール（methodological scale）

c　地理的スケール（geographical scale）

　地図学的スケールは，地図が作成される抽象化レベルを意味している。つまり，地図の縮尺が小さくなるほど，地図に表現される事物の具体性（解像度）は減少する関係にあるということである。

　方法論的スケールは，研究者が特定の研究課題に答えるべく情報収集を行うために選択する空間的単位，例えば国勢調査の統計区や都道府県域などを意味する。こうしたスケールの選択は，答えるべき研究課題，データの存在，そしてデータの獲得や加工のコストとの関係で決定される。地図学的スケールの選択も，こうした方法論的スケールとの関係から決定されることが多い（山崎，2005）。

　これら２つのスケールは，方法論的に重要な論点を含んでいる。これら２つのスケールの重要性をいち早く指摘したものには，浮田（1970, 1995）や高橋（1988）の研究がある。

　地理的スケールは，都市，河川流域，あるいは地球といった特定の景観の次元を意味している。つまり，地理的スケールとは，研究上の抽象化というよりも，むしろ自然・人文景観を形成する事象の生成プロセスに即した意味内容を持っている。その点，地理的スケールは他のスケール概念よりも地理的現実を反映していると言える（山崎，2005）。すなわち，空間と時間あるいはその組織化が，その社会によって作り出される社会的生産物であるという前提がある（遠城，1999）。例えば，福島という地名は，東日本大震災以前には福島県か福

第2節　社会的な見方・考え方の一つとしてのスケール　　87

島市を指しただろう。しかし，東京電力福島第一原子力発電所の事故以来，福島は地名から事態名へと変化した。そして，事態名としての福島は，地理学で伝統的に考えられてきた，グローバル，ナショナル，リージョナル，ローカル，ホームという階層を横切っているのである（水野，2014）。社会科教育では，吉水（2011）が農業を例に地理的スケールを組み込んだ授業を開発している。

　このようにスケールには3つの意味がある。この中で，地図学的スケールや方法論的スケールは，授業での問いと答えを正対させる際に有効に働く，高度な地理的技能と位置づけられる。例えば，「大阪平野に溜池が多いのは，降水量の少ない瀬戸内気候地域のためである」という説明は正しいだろうか。それを検証する際には，まず地図学的スケールや方法論的スケールが必要となる。授業者には，どのくらいの地図学的スケールを想定して発問をしているのか，検証するためにはどの範囲を調べればよいのかという意識がなければならないし，学習者にも同様の思考がなければ，より正しい答えを導き出すことができないからである。また，この考え方は，歴史学習における時代区分や，時代像を説明する理論の適用範囲の確定にも用いられている考え方ではないだろうか。

　一方，地理的スケールは，前者2つの意味を含みながらも，さらに異なった理論的意味を持っている。なぜなら，流域，商圏，フードチェーンなど，その具体的なプロセスに意味があり，さらに地理的現実を反映していることから，方法概念および内容概念の両方を含んでいるものであると捉えることができるからである。地理的スケールが，理論的な意味を持っている点がここにある。山崎（2005）は，このような空間が形成される過程を「空間的プロセス」と呼んでいる。つまり，変化の過程である。変化の過程が重要なのは言うまでもなく空間と時間あるいはその組織化が，その社会によって作り出される社会的生産物であるという前提に立っているからである。

　地理学では，スケールを上記3つに分類整理しており，その中でも地理的スケールは，空間的プロセスの要素を含んでいるため，他の2つとは異なる性格を持っている。空間的プロセスを対象にすることにより，時間的考察が必要となり，社会科授業で育成する因果関係を含めた思考力と関連する。

2 スケールを枠組みとした多面的・多角的考察

(1) 社会的な見方・考え方

　中教審教育課程部会の審議のまとめでは，「社会的な見方・考え方は，課題解決的な学習において，社会的事象の意味や意義，特色や相互の関連を考察したり，社会に見られる課題を把握して解決に向けて構想したりする際の『追究の視点や方法』である」（中央教育審議会，2016）と捉えられている。社会的な見方・考え方は，目標ではなく，内容や方法概念と位置づけられているとも読める。社会的な見方・考え方は，小，中，高等学校と校種が上がるにつれて追究の視点やそれを生かした問いの質が高まることで成長するものである（中央教育審議会，2016）。中学校地理的分野や高校地理では，社会的事象に関する地理的な見方・考え方が社会的な見方・考え方の部分集合として位置づけられている。中学校地理的分野や高校地理では，地理的な見方・考え方を通して，資質・能力を育成することになっている。地理的な見方・考え方は，中学校地理的分野や高校地理では，重要な見方・考え方となる。実際の学習はどうなっているだろうか。

　社会科の授業は，社会的な見方・考え方を育成するために行われるものだという点については，一般的諒解が得られている。また，中学校地理的分野や高校地理では地理的な見方・考え方を育成することは重要であるが，特に中学校地理的分野の学習は地理的な見方・考え方の育成の場であるとは言い難い（岩田，1984）。岩田が分析したとおり，社会科地理的分野の教科書には，経済学や政治学などの社会諸科学の成果が書き込まれており，それらは社会諸科学の基本概念の全般にわたっている。これら社会諸科学の重要概念をふまえ，多面的な見方ができることこそが社会科的である。

　社会科の学習対象となる事象は，地理，歴史，公民が水平的に関連しており，そのため多くの概念に関連した記述が教科書に見られるのである。

（2）社会的な見方としてのスケール概念による多面的・多角的考察

　スケールは空間・時間・人間に関連した実体的な概念である。つまり，スケールを視点にすると，事象の空間的な広がり，時間的な継続性，社会のしくみの変化などを問題にすることとなり，事象を多面的に考察する枠組みとなる。

　加えて，スケールは多角的な考察のための枠組みにもなり得る。EU市民，イギリス国民，イングランド人という何重もの所属意識は，それぞれの立場の違いをスケールの違いによって整理させる（ヒーター，2012）。また，人や企業，様々な機関はそれぞれ異なった中心を持つ社会組織に連接され，別々の空間的繋がりを形成している（玉野，2012）。このことは，複数の立場に立つことを想定するものであり，多角的な考察の枠組みとなり得る。実際に人々は様々なコミュニティや組織に所属している。また，所属している複数のコミュニティを背負いながら個人の意思決定を行うこともある点で，各自が多角的であることを求められるのである。

（3）マルチ・スケールのアプローチ

　これまで記述してきたことは，スケールの概念を活用しながら，かつ複数のスケールに目配せをするマルチ・スケールのアプローチによって可能になる。マルチ・スケールのアプローチの有効性は，これまでにも浮田（1970）などにより指摘されてきた。複雑な社会のしくみを明らかにしていく上で，事象が様々なスケールを持って重層的に存在すると考えることは，複雑なしくみそのものを的確に捉えることを可能にするアプローチである。そのため，地理学のみならず社会学，政治学等の人文・社会科学でも，マルチ・スケールのアプローチがとられている（例えば梶田，1996）。その中で，地理的スケールの概念を用いてマルチ・スケールのアプローチをとった例には，「グローカリゼーション（glocalization）」（Swyngedouw, 1997）がある。グローカリゼーションはスケールの再編等をスケール間の関係性とその変化から考察する視点とした例である。

　多様なスケールで同時展開する社会事象の重層性や階層性を読み解くマルチ・スケールのアプローチは，多面的・多角的考察を可能にする枠組みとしても有効に働く事が示唆された。

3 批判的思考及びプラスサム解決策生成の枠組みとしての リスケーリング

(1) リスケーリングとは

　グローカル化の結果，国家の従来の統治機構（国家・地方自治体の構成）はその形状と機能を変化させ，国内空間の管理システムの再編をうながす。総じて，こうした変化が，スケールの重層構造の再編という意味で「リスケーリング rescaling」と呼ばれる（山﨑，2013）。政治地理学や批判地理学では，全ての営みが空間の中で行われる空間的な実践だと捉えられているため，リスケーリングも空間的文脈を持つものである。近年では，地理学だけではなく，むしろ政治学や地域社会学などでも注目されている概念である。

(2) 韓国の放射性廃棄物処理場をめぐるリスケーリング戦略

　パク（2014）は，韓国の放射性廃棄物処理場の立地選定で，スケールの政治と国家のスケール的再編が起こったと述べている。

　韓国では 2008 年には 4 地域にある 20 か所の原子力発電所で国全体の 40% に相当する電力が生産されていた。それに伴って放射性廃棄物の処理も重要な国家的な課題であった。しかし，放射性廃棄物処理場の立地選定ができず，1986 年から 2005 年までの 19 年間，韓国政府は，選定候補の地域住民の強固な抵抗を受け続ける。ところが，このような 19 年間の立地選定の遅れによる調整の危機状況は 2005 年に突如として解消され，慶尚北道のキョンジュへの処理場立地を発表した。

　韓国政府は長年苦しんだこの問題を，地域住民の反発を緩和するための方法によって解消した。それは放射性廃棄物処理場を取り囲む地域に対する経済的支援を画期的に増やすと同時に，従来の中央政府が処理場の立地を決定して指定する方針ではなく，地方自治体が処理場の建設を申請するように誘導する方針に切りかえ，敷地選定の手順を本格化していった。具体的には，次の 3 つのリスケーリング戦略がとられた。

① スケールの下方ジャンプ（jumping-down）戦略

② ボトムアップ（bottom-up）からの接近

③ 国家介入の自制

　韓国政府は，膨大な経済補償によって，地域が放射性廃棄物処理場の誘致に自発的に関心を持つように誘導した。さらに誘致申請した地域間の競争を通じて，放射性廃棄物処理場の立地が決定されるようになり，それまで問題となっていた国家 vs 地域，中央 vs 地方の対立構図から地方 vs 地方の競争構図への転換が行われた。地方間の競争での勝利は，どの地域の住民たちがより多い賛成票を投じるかという住民投票にかかっており，放射性廃棄物処理場を誘致しようとする地域の地方自治体は非常に積極的，攻撃的に地域住民への広報と説得に乗り出していった。反対派住民は，中央政府と対立するのではなく，地方政府および地方内の放射性廃棄物処理場の誘致に賛成する他の住民たちと対立するという構図が生まれ，国家 vs 地域，中央 vs 地方の対立構造は急速に弱体化していった。最終的に処理場の誘致に成功したキョンジュでは，住民の賛成票が 89.5% を占めたという。

(3) 批判的思考の枠組み

　パク（2012）によって報告された韓国の放射性廃棄物処理場設置をめぐる国家のリスケーリング戦略は巧みであるとしか言いようがない。国家が意図的に中央と地方の意思決定プロセスをめぐるスケール緊張関係を空間的にリスケーリングしたこの例では，積極的な代案提示のための枠組みを用意した感がある。この例は，国家がスケールを下方にジャンプさせて，意思決定の主体を地方に移したところ，対立が競争に変化したという空間的プロセスである。このような操作が行われていることに気付くことが主権者としては必要である。

　山﨑（2013）は，日本でのリスケーリングについて大阪都構想を例に論じている。当時の橋下徹大阪市長が，政令指定都市である大阪市や堺市を廃止して権限を大阪都および特別区に移動させるという構図を，大都市制度の改革による国家の統治機構の再編という「国家のリスケーリング」としての性格を持っていることを明快に説明している。

リスケーリングの議論がヨーロッパをモデルにしていたため，アジアや日本の文脈にそのまま馴染むのかが課題とされていたが，韓国や日本の例が提示されたことによって，同様の現象が見られることがわかった。

社会科授業において，これまでに行われた政策を批判的に分析する際の枠組みとしてリスケーリングが利用できることが示唆された。巧みにリスケーリングが利用されていないかを分析枠組みとするのである。リスケーリングは，空間，時間，社会という水平的視点から政策全体を分析することができる水平性を備えた概念であることが示唆された。

(4) プラスサムを生み出す際の思考枠組みとしてのリスケーリング

社会科の単元や授業を設計するとき，獲得した教科固有の知識や概念の意味ある使用（Marzano, 1992）を射程にすれば，一般命題化された概念を使い，未来予測や意思決定を含む高次の学習活動が想定されなければならない。韓国の放射性破棄物処理場の立地問題は，政府の巧みなリスケーリング戦略で，プラスサムの結果を生み出したようにも見える。対立の構図を競争の構図に組み替える際にリスケーリングがうまく用いられたのだ。社会科授業では様々なコンフリクトの解決策を模索することが想定される。リスケーリングを社会的な考え方のひとつとして持つことが，プラスサムの解決策を導こうとする際の重要な思考枠組みとなる可能性が示唆された。

4 社会的な見方・考え方としてのスケール概念の可能性

元来スケールは，地図学的又は方法論的スケールという概念として認識されており，地理，歴史，公民を水平的に貫く実体的な概念としての意味を持っていた。社会科教育学的には，学習対象とする際にどの範囲の地域を選定すれば良いのか，どの時代を選定すれば良いのか，どの社会集団を選定すれば良いのかという点で方法論的スケールが有効であったり，事象を解釈する際に問いと答えを正対させるための枠組みとして効果を発揮したりした。しかし，空間論的転回（例えば Lefebvre, 1974）以降，スケールが社会による生産物だと捉えられ，

地理的スケールが位置づけられてからは，空間的プロセスそのものとも関連することとなり，生成や変化を説明する概念としても機能することとなった。それに伴って，リスケーリングのように空間的プロセスを説明する下位概念が見いだされるようになってきた。

　本稿では，スケール概念が，社会の生産物である地理的スケールに拡張することによって，説明的知識や概念的知識を生み出す社会的な見方の枠組みとして，さらには規範的知識を生み出す社会的な考え方の枠組みとして機能する可能性があることを論じた。

（吉水　裕也）

引用文献

岩田一彦　『地理教科書を活用したわかる授業の創造』明治図書，1984年.

浮田典良　地理学における地域のスケール—とくに農業地理学における—．人文地理，22（4），1970年，pp.405-419.

浮田典良　『地理学入門—マルティ・スケール・ジオグラフィ—』．大明堂，1990年，101p.

遠城明雄　空間スケールと「社会的実践」—「近代性」の変容をめぐって—．『空間へのパースペクティブ』（納富信留・溝口孝司編），九州大学出版会，1999年，pp.67-89.

梶田孝道　統合と分裂のヨーロッパ—文化と民族の視点から—．『国際社会学—国境をこえる現象をどうとらえるか—（第2版）』（梶田孝道編），名古屋大学出版会，1996年，pp.186-187.

志村喬・茨木智志・中平一義　社会科教育における「思考力」の捉え方を考える—国立教育政策研究所研究報告書「21世紀型能力」を緒に—．日本社会科教育学会第66回全国研究大会発表資料，2016年.

高橋伸夫　分布のスケールについて．『地理学講座第1巻　地理学への招待』（中村和郎・高橋伸夫編），古今書院，1988年，pp.63-65.

玉野和志　日本におけるリスケーリング研究の可能性をめぐって，地域社会学会年報24，2012年，pp.5-19.

中央教育審議会教育課程部会　次期学習指導要領等に向けたこれまでの審議のまとめについて（報告）．文部科学省HP掲載，2016年.

パク・ベギョン　東アジアの発展主義国家におけるスケール間の緊張とリスケーリン

グ―韓国の中央―地方間の緊張関係と分権化をめぐる政治―．地域社会学会年報 24，2012 年，pp.21-54.

原田智仁　『世界史教育内容開発研究―理論批判学習―』．風間書房，2000 年．

ヒーター，D．著，田中俊郎・関根政美訳　『市民権とは何か』．岩波書店，2012 年．

水野勲　地名と実態名―原発事故後の「福島」の地理的スケール―．歴史と地理 No.678，地理の研究 191，2014 年，pp.9-17.

山﨑孝史　グローバルあるいはローカルなスケールと政治．『空間の政治地理』（水内俊雄編），朝倉書店，2005 年，pp.24-44.

山﨑孝史　『改訂版　政治・空間・場所　「政治の地理学」にむけて』．ナカニシヤ出版，2013 年．

吉水裕也　地理的スケールの概念を用いたマルチ・スケール地理授業の開発―中学校社会科地理的分野「身近な地域の調査『高知県春野地区』」を題材に―．新地理 59 (1)，2011 年，pp.1-14.

ルフェーブル，H．，斎藤 日出治訳　『空間の生産』．青木書店，2000 年，669p., Lefebvre, E. (1974) *La Production de l'espace*, Anthropos,512p.

Marzano, R. J. (1992) A Different Kind of Classroom: Teaching with Dimensions of Learning, ASCD, p.16.

Smith, N. (2000): 'scale' in Ron Johnston, Derek Gregory, Geraldine Pratt, and Michael Watts, eds., *The Dictionary of Human Geography*, 4th Edition, Oxford: Blackwell Publishing, pp.724-727.

Swyngedouw, E. (1997): Neither Global nor local: "glocalization" and the politics of scale. Cox, K. R. ed., *Space of Globalization: Reasserting the Power of the Local*, Guilford, pp.137-166.

第3節　歴史教育と重層的アイデンティティの育成
―「国民国家相対化型歴史教育」の展開と
グローバルヒストリー教育―

1　歴史教育におけるアイデンティティ形成の課題

　歴史教育においてアイデンティティの形成がめざされるべきかどうかについては，そのこと自体に賛否があろう。しかし，現行（2009年告示）学習指導要領の地理歴史科の各科目には「日本国民としての自覚と資質を養う」ことが目標として掲げられ，さらに，2016年12月の中央教育審議会答申においても，次期学習指導要領の地理歴史科では“人間性に関わる資質・能力”の目標として「日本国民としての自覚，我が国の国土や歴史に対する愛情」が位置づけられている[1]。これは，地理歴史科が日本国民の形成，つまりナショナル・アイデンティティの育成をめざしていることを意味する。また，一般的な歴史の授業実践においては，授業者の意図の有無にかかわらず，結果的に学習者のアイデンティティ形成に関与している場合も多い。やはり，歴史教育はアイデンティティの問題を避けては通れない。

　社会科学の分野では，アイデンティティは，「共同体への帰属感情・意識を通して自己を確認し，承認する方法」の意味で用いられており，人は本来，家族，学校，地域，宗教，民族，国家，人類など，様々に存在する人間集団・社会集団に帰属し，いくつもの次元の集団の中に自己の場所を見い出しながら生きている。その意味で人間は，重層的なアイデンティティを有する存在である[2]。このアイデンティティについてゲルナー（E.Gellner）は「アイデンティティの概念が多様性という認識のもとに重層化される契機を孕むものでありながら，それを（ナショナルなレベルへと）画一化するのがナショナリズムである」[3] と

96   第Ⅱ章　教科教育学研究のストラテジー

説明しているが，その意味で日本の状況はゲルナーの指摘に符合している。

　勿論，このような歴史教育を行っている国は多い。そして，その機運はグローバリゼーションに伴う「国民国家のゆらぎ」が実体化する中でますます高まっている。しかし，国民形成の道具としての機能が強調された歴史教育が多くの国々でなされていることの帰結は何か。それは歴史教育が，他国や他民族との協調や平和を阻害する一因と化している現実や，社会の調和を阻害する排外主義の一因になりうるという危惧である。それでは，ナショナルなレベルのアイデンティティにのみ収束しない，そして重層的なアイデンティティの育成を保障する歴史教育とはどのようなものなのだろうか。

2　国民国家と歴史学

(1)「国民国家絶対化型歴史」と歴史教育

　19世紀に確立した近代歴史学は，当初より国民国家の存立を擁護する機能を果たしていた。近代歴史学の創始者とされるランケ（L.Ranke）は，国民国家が歴史研究の主要な対象であり，歴史家の仕事は国家の起源・発展と国家間の関係の研究にあると考えた[4]。その結果，彼以後の歴史研究では国民国家を単位とする政治史や外交史などが中心を占めることになり，国家の動向や著名な歴史上の人物，国王や英雄が研究対象とされ，彼らの行った治世，戦争，文化的貢献などが国家の来歴と関連づけられながら語られた。このような19世紀以来の国民国家単位の政治史や外交史などを軸とする「国家史（National History）」及び「国際関係史（Inter-national History）」は，国民国家を擁護し絶対化する「国民国家絶対化型歴史」として整理できる。

　そして，近代学校における歴史教育も，安達一紀が指摘するように，歴史を用いてナショナル・アイデンティティを涵養し，国民を創造する装置として機能してきた[5]。日本の公教育における歴史教育も例外ではない。日本史と世界史の別を問わず，「国民」の創造が意図されている。これらは「国民国家絶対化型歴史教育」と位置づけることができる。

(2)「国民国家相対化型歴史」としての社会史と歴史教育

　20 世紀に入ると，世界は第一次世界大戦を経験し，ヨーロッパを中心とし
て次第に国民国家の矛盾が指摘されるようになった。この動きを背景に，国民
国家を相対化しようとする試みが歴史研究にも現れ，現代歴史学として国民国
家とは異なる諸地域や，政治史，外交史以外の新しい諸分野，諸領域へと研究
の対象が広げられるようになった[6]。

　こうした国民国家の相対化の嚆矢のひとつがフェーブル（L.Febvre）とブロッ
ク（M.Bloch）が 1929 年に創刊した『アナール』誌であり，これに集うアナー
ル学派であった。このアナール学派の出現以来，政治史や外交史などを中心と
する近代歴史学において等閑視されてきた諸領域に光を当てようとする歴史研
究は広く「社会史（Social History）」と呼ばれるようになり，社会全体にわたる
多面的な諸領域を対象とする歴史研究の潮流が生まれた。その後，この社会史
としての歴史研究は，特に第二次世界大戦後，世界各地でも受け入れられた。
このような歴史研究は，国民国家を相対化するものとして「国民国家相対化型
歴史」として整理できる。

　日本の歴史教育においても，1980 年代以降，社会史の研究成果の歴史教育
への導入が積極的に提案された。例えば，星村平和は歴史教育の課題の多くが
政治史を中心とした内容構成に起因することを指摘し，歴史研究の新しい成果
として社会史の教育内容への導入を提言している[7]。1990 年代以降になると，
社会史の視点を生かした歴史教育カリキュラムの研究として，アメリカにおけ
る社会史に基づく歴史教育カリキュラムを類型化し分析した梅津正美，アメリ
カの多文化的歴史教育のカリキュラムを社会史の観点から分析した桐谷正信ら
の研究が挙げられる[8]。特に梅津は，1970 年代後半以降のアメリカにおいて
歴史教育に社会史が導入された背景として，ナショナル・アイデンティティの
形成を目的とした旧来の「集団的記憶としての歴史教育」への批判があったこ
とに着目している[9]。また，社会史の視点を生かした教育内容開発研究につ
いては，世界史のフィールドを例にすれば，原田智仁[10]や梅津正美[11]ら
の教授書開発などが挙げられる。これらは社会史に着目した「国民国家相対化

98 第Ⅱ章 教科教育学研究のストラテジー

型歴史教育」と位置づけることができる。

(3)「国民国家相対化型歴史」としてのグローバルヒストリー

　第二次世界大戦後，世界が国民国家を単位とするシステムから，よりグロー
バルなシステムへと移行する中で，グローバリゼーションという言葉が一般に
使われ始めた。特に冷戦が終結した1990年代になると，急速にグローバリゼ
ーションが進展し，これを背景として国民国家史の枠組みにとらわれないマク
ロな歴史を描こうとするグローバルヒストリーの潮流が生じた。このような歴
史研究も「国民国家相対化型歴史」として整理できる。

　ただし，このグローバルヒストリーは，現状では様々な整理が論者によって
なされており，明確な定義がなされていない(12)。例えば，水島司はグローバ
ルヒストリーの特徴を❶取り扱う時間が非常に長く，長期の歴史的動向を問題
にすること，❷従来の伝統的な一国史の枠組みを超えて，幅広いテーマや空間
を扱い，広域の地域を考察の対象にすること，❸ヨーロッパ世界の歴史を相対
化し，ヨーロッパ中心史観に代わる見方を提示すること，❹世界の異なる諸地
域間の相互連関・相互の影響を解明し，つながりや関係性の視点を重視するこ
と，❺奴隷貿易，移民，通商などの地域横断的な問題，あるいは疾病・植生・
生態系・自然環境の変化など生態学や環境に関する問題などの従来軽視されて
きた多様なテーマも扱うこと，と整理している(13)。また，マズリッシュ
（B.Mazlish）は，多様な文化を持つ人間の相互交流に着目したアプローチ，およ
び世界システムに着目したアプローチを「現代世界史（modern world history）」と
称し，広義のグローバルヒストリーとした。そして，その一方で，地球全体を
展望する，いわば「宇宙船地球号（Spaceship Earth）」を宇宙から眺めたような
視点から描く歴史を厳密な意味での狭義なグローバルヒストリーとした(14)。
さらに，クロスリー（P.K.Crossley）はグローバルヒストリーを「大きなパター
ンをつかみだし，人類史の本質と意味を説き明かすような変化について，その
理解の仕方を提起するもの」であり，従来の歴史との違いは「いかにして中心
を持たずに歴史を語るか」ということにあると説明(15)している。

　ここでは，これらの諸論をもとに，グローバルヒストリーを【表2-3-1】に

第3節　歴史教育と重層的アイデンティティの育成　　99

表 2-3-1　グローバルヒストリーの類型

論者＼類型	類型Ⅰ：多文化史型 Multi-cultural History	類型Ⅱ：越国家史型 Trans-national History	類型Ⅲ：超国家史型 Supra-national History
水島司	特徴❷❹	特徴❷❸❹❺	特徴❶❷❸❺
マズリッシュ	人間の間の相互作用（世界）		人類としての営み（地球）
	文明・文化に着目	システムに着目	
クロスリー			中心を持たない歴史
本稿での整理	グローバル時代の世界史		狭義のグローバルヒストリー
	広義のグローバルヒストリー		

示すような「多文化史（Multi-cultural History）型グローバルヒストリー」「越国家史（Trans-national History）型グローバルヒストリー」「超国家史（Supra-national History）型グローバルヒストリー」の三類型に整理する。

　類型Ⅰの「多文化史型グローバルヒストリー」は，世界の歴史を文化や文明，民族，およびそれらの諸関係としてとらえることによって，国民国家を相対化するものである。この立場の代表的な歴史家としてはトインビー（A.J.Toynbee）やマクニール（W.H.McNeill）などが挙げられるが，マズリッシュは，彼らのねらいが歴史の基本的な枠組みを国民国家から文明・文化・民族等に変換し，さらにそれらの間の文明を越えた出会いを通じて多様な文化を持つ人間の交流に見られた相互関係や文化的借用（cultural borrowings）関係を描くことにあったと指摘している[16]。

　類型Ⅱの「越国家史型グローバルヒストリー」は，世界の歴史を国家史の集合や国家間の諸関係としてとらえるのではなく，国家の枠組みを前提としない地域的な相互作用や諸関係（システム）の歴史として描くことによって国民国家を相対化するものである。マズリッシュは，地域的な関係性に着目した歴史家として，ブローデル（F.Braudel）やウォーラーステイン（I.Wallerstein），アブー・ルゴド（Abu-Lughod）らを挙げ，彼らの世界史の枠組みは諸地域をシステムとして描くことにあった[17]と指摘している。そして，彼らの取組が，いずれも多様な諸地域が作用している様々な出来事を，広い視点からパターン，もしくはシステム的なプロセスとして描くもの[18]であり，国民国家にこだわら

ない諸地域にまたがるものであると指摘している。

　類型Ⅲの「超国家史型グローバルヒストリー」は，世界の歴史を一元的な視点から描くことによって国民国家を相対化するものである。スタブリアーノス（L.S.Stavrianos）は「月からの眺望」[19]を唱え，今日の「地球村（global villege）」が如何に形成されてきたかについての歴史を論じることを主張した。彼は，主著『新・世界の歴史』[20]において，人類の歴史を狩猟採集社会から農耕社会，そして資本主義社会へと生産技術の革新を軸に区分し，"親族社会""貢納社会""資本主義社会""人類の未来"といった時代区分を行ない，それぞれの時代の社会を"環境""男女関係""社会関係""戦争"といった視点から描いている。そこでは，確かに地球全体の歴史を月から眺めるような視点で語ることが試みられている。また，クリスチャン（D.Christian）は，地球を宇宙から俯瞰するように歴史を構成するだけでなく，人類を地球を構成する一部分ととらえる歴史を主張している。彼の主著である『時間の地図―ビッグヒストリーへの序章』[21]では，天文学や地理学，生物学などの自然科学の研究成果も取り入れながら人間中心の歴史認識を脱却して，宇宙や自然といった環境・生態系の一部として人間を位置付けて歴史をとらえ直そうとしている。また，人間の歴史に関しては「たくさんの世界（Many Worlds）」「いくつかの世界（Few Worlds）」「一つの世界（One World）」という時代区分を設け，人類の歴史をまさにグローバリゼーションの歴史として構成している。

3　グローバルヒストリー教育の展開

　日本では，1990年代後半以降グローバルヒストリーに着目した歴史教育研究が見られるようになる。宮崎正勝は，世界史を都市のネットワークを通じて人類の広域な結合関係が形成されていく過程として描き，ネットワークシステムの成長の過程として世界史教育カリキュラムをとらえ直すことを提言している[22]。また，田尻信壹は，小単元「イブン・バットゥータが旅した14世紀の世界」「グローバル化と移民 日系人の体験」を提案し，グローバルな人や物の

第3節　歴史教育と重層的アイデンティティの育成　　101

接触と交流に着目した授業開発[23] を行なっている。これらのグローバルな人
や物の接触や交流に着目した取組は，グローバルヒストリーの先駆的取組とい
える。しかし，グローバルヒストリーには，もっと多様な歴史教育を実現する
可能性があろう。ここでは，【表2-3-1】の類型に依拠しつつ，これらをグロー
バルヒストリー教育と位置づけ，それぞれのカリキュラム開発の事例にふれ
る。

　まず，「多文化史型グローバルヒストリー教育」として，ニューヨーク州の
地理歴史総合科目「グローバル・スタディーズ（Global Studies）」[24] を挙げる。
ここでは，世界がアフリカ，南・東南アジア，東アジア（中国，日本），ラテン
アメリカ，中東，西欧，ソ連と東欧という実質的には8つの文化圏に分けられ，
各文化圏の歴史を独自の文化の形成過程として学習する。その際，文化の拡散
および文化の選択的借用関係という視点が重視される。例えば，日本の前近代
については，大陸からの諸文化（政治・宗教・道徳等）の影響について扱い，「文
化的拡散は他の地域や民族から思考や行動様式を選択的に取り入れることであ
り，これらの思考や行動様式は，その文化に合わせて修正されるのが普通であ
る」「日本人は外国から多くのものを学ぶ一方，かれらは彼ら自身が必要であ
るとするものを吟味し，変化させていった」といった認識を培うようになって
いる。このような歴史学習を各文化圏について行うことにより，カリキュラム
全体で多元的な視点から国民国家を相対化するように内容が構成されている。

　次に，「越国家史型グローバルヒストリー教育」として，ダン（R.E.Dunn）らが
中心となって開発した「ワールドヒストリー・フォー・アス・オール・プロジェ
クト（World History for Us All project）」[25] を挙げる。ここでは，教師が自らの意図に
あわせてパノラマ（小縮尺）・ランドスケープ（中縮尺）・クローズアップ（大縮尺）
といった3層の時空間に基づく単元を自由に組み合わせ，国民国家の領域に限定
しない諸テーマを授業者や生徒が柔軟に選択できるように構成されている[26]。
例えば，18世紀後半から第一次世界大戦までの時代を扱うランドスケープ単元
「新しいアイデンティティ」では，イタリア，メキシコ，トルコ，インド，エジ
プト，中国，日本などの事例が幅広くとりあげられ，この時代のナショナリズム

102 第Ⅱ章 教科教育学研究のストラテジー

の概念を吟味し成長させるものとなっており，国民国家を越えた領域の動きを一体的に捉える視点から国民国家が相対化されるように内容が構成されている。

そして，「超国家史型グローバルヒストリー教育」としては，クリスチャンが，前述した『時間の地図─ビッグヒストリーへの序章』の構成を具体化して開発した「ビッグヒストリー・プロジェクト（Big History Project）」[27] を挙げる。このカリキュラムの場合，国民国家は地球社会へと一元化される方向で相対化され，人類の一員としてのグローバルアイデンティティが培われることになる。

4 国民国家相対化型歴史教育とアイデンティティ形成

歴史教育はアイデンティティ形成と密接に関わるが，【表2-3-2】に整理するように，国民国家相対化型歴史として，社会史は多様化する方向，多文化型グローバルヒストリーは多元化する方向，越国家型グローバルヒストリーは一体化する方向で国民国家を相対化し，そして，これらの歴史に依拠した歴史教育は生徒の重層的アイデンティティの保障を可能にすることになる。また超国家型グローバルヒストリーは国民国家を一元化する方向で相対化し，これに依拠する歴史教育は，生徒のグローバルアイデンティティを培うことになる。国民国家相対化型歴史教育の研究成果を生かし，今後，社会史教育，グローバルヒストリー教育のより魅力的なカリキュラムと授業を開発することが，重層的なアイデンティティやグローバルアイデンティティの育成を保障する歴史教育の

表2-3-2　歴史教育で培われるアイデンティティ

区分	国民国家絶対化型歴史教育（re-national）		国民国家相対化型歴史教育（de-national）			
			社会史 sub-national	グローバルヒストリー		
	国家史 national	国際関係史 inter-national		広義		狭義
				多文化型 multi-cultural	越国家型 trans-national	超国家型 supra-national
国民国家を相対化する方向性			多様化	多元化	一体化	一元化
培われるアイデンティティ	National Identity		Multiple Identity			Global Identity

可能性を拓くことになろう。

（二井　正浩）

註

（1）中央教育審議会「幼稚園，小学校，中学校，高等学校及び特別支援学校の学習指導要領の改善及び必要な方策等について（答申）」2016 年 12 月 21 日，別添資料 3-2。

（2）（3）中谷猛「ナショナル・アイデンティティ」の概念に関する問題整理」『立命館法學』271・272 号，2000 年 3・4 号下巻 をもとにした。

（4）リチャード.J.エヴァンズ著，今関恒夫ほか監訳『歴史学の擁護』晃洋書房，1999，p.22。

（5）安達一紀『人が歴史とかかわる力』教育史料出版会，2000 に詳しい。

（6）エヴァンズ，前掲書，p.19 をもとにした。

（7）星村平和「歴史教育における内容の革新」『社会科研究』No.30，1982，pp.26-27。

（8）梅津正美『歴史教育内容改革研究』風間書房，2006，桐谷正信『アメリカにおける多文化的歴史カリキュラム』東信堂，2012。

（9）梅津，前掲書，pp.15-26。

（10）原田智仁のものは『世界史教育内容開発研究』風間書房，2000，第三部にまとめられている。なお，兵庫教育大学大学院の原田智仁ゼミでは，社会史に着目した研究として，別府陽子『社会史を踏まえた歴史授業構成の研究—中学校社会科歴史的分野「中世の日本」を事例として—』（1991 年度），佐藤廣『歴史教育における絵画資料の活用に関する研究』（1994 年度），島田龍太『社会史の方法を生かした歴史教育研究—社会結合を視点として—』（1997 年度），水田綾子『世界史教育におけるヨーロッパ中世史の取り扱いに関する研究—社会史的視野に立つ主題学習—』（1998 年度），野崎彰『歴史の中の子どもからせまる小学校歴史学習—中世史の内容を手がかりとして—』（1999 年度），乾則夫（正学）『法意識を視点とした中学校歴史学習の研究—「中世の罪と罰」を手がかりにして—』（2000 年度），青木章浩『風刺画を活用した中学校歴史の授業構成—ビゴーの「トバエ」を手がかりに—』（2005 年度），上出正彦『民間信仰を活用した中学校高等学校日本史教育の研究』（2006 年度），岡昌子『絵巻物を活用した歴史的思考力の育成—高校「日本史」の授業開発を手がかりとして—』（2007 年度）などがある。

（11）梅津正美のものは，前掲書，第 3 部にまとめられている。

（12）秋田茂「グローバルヒストリーの挑戦と西洋史研究」『パブリック・ヒストリー』第 5 号，2008，p.35。

（13）水島司『グローバル・ヒストリー入門』山川出版社，2010，pp.1-4。

（14）B.Mazlish, Comparring Global History to World History, *The Journal of Interdisciplinary History*, Vol. 28, No.3, 1998, pp.385-391 をもとにした。

（15）P.K. クロスリー著『グローバル・ヒストリーとは何か』岩波書店，2012，pp.4-7。

（16）B.Mazlish and Ralph Buultjens,ed., *Conceptualizing Global History*, 1993, p.12.

（17）乗田長政は「多元的価値に基づいた「世界史」構成の開発」『社会系教科教育学研究』No.8，1996，pp.71-78，「世界史認識の多様性に着目した世界史内容編成―世界システムの観点から―」『社会系教科教育学研究』No.20，2008，pp.125-134 において，システム論に依拠した世界史内容構成を試みている。

（18）Mazlish, *op.cit.*, pp.386-387 をもとにした。

（19）L.S.Stavrianos, The Teaching of World History, *The Journal of Modern History*, 1959, p.110. 原田智仁「文化圏学習の再生を求めて―世界史学習論の再生と創造―」『社会科研究』No.40，1999，pp.27-36。

（20）L.S. スタブリアーノス著，猿谷要監訳『新・世界の歴史』桐原書店，1991。

（21）D.Christian, *Maps of Time, An introduction to Big History*, 2005.

（22）宮崎正勝「文明の空間構造と都市のネットワーク―グローバル・ヒストリーに向けての一考察―」『北海道教育大学紀要 第 1 部 C』No.46・第 2 号，1996，pp.159-170，「グローバル教育の視点とグローバル・ヒストリーの構想に関する一考察―スタヴァリアーノス，マクニールなどの諸説を中心として―」『北海道教育大学紀要 第 1 部 C』No.47・第 2 号，1997，pp.251-266。

（23）田尻信壹「単元『イブン＝バットゥータが旅した 14 世紀の世界』の開発―新学習指導要領世界史 A における『ユーラシアの交流圏』の教材化―」『社会科教育研究』No.91，2004，pp.12-21，「世界史単元『グローバル化と移民―日系人の体験を通して』の開発」森茂岳雄・中山京子編著『日系移民史学習の理論と実践―グローバル教育と多文化教育をつなぐ』明石書店，2008，pp.184-199。

（24）*Social Studies, Global Studies, Tentative Syllabus*; The University of the States of New York, The State Education Department Bureau of Curriculum Development, 1987. ニューヨーク州で 1987 年から 1996 年まで第 9・10 学年で実施された。

（25）http://worldhistoryforusall.sdsu.edu/（2016 年 11 月）。

（26）拙稿「グローバルヒストリーとしての World History for Us All のカリキュラム構成」『社会系教科教育学研究』No.24，2012，pp.51-60。

（27）https://school.bighistoryproject.com/bhplive（2016 年 11 月）。

第4節　社会科教育による社会的レリバンスの構築
―コミュニケーション理論を用いた授業開発方略―

1　社会的レリバンスと社会科教育

　本稿では，社会科教育と社会の関係を概観し，社会的レリバンスに耐えうる
社会科教育研究・実践のあり方を検討する。社会的レリバンスとは，学校と社
会を繋げることを指す。学校での学びの意義を社会の文脈で再検討し，学校を
社会の中に位置付けて考えてゆくというスタンスである。社会科教育は，教養
教育を目的とした教科目ではなく，社会形成を目的とした社会的レリバンスを
伴った教科である。社会科教育学研究や社会科教育実践は，この観点から再度
検討を行い，社会とのつながりを検証する必要がある[1]。

　社会科教育研究は，様々な方法論がある。それらは，大きく規範的・原理的
研究，開発的・実践的研究，実証的・経験的研究の3つに分けて整理される。
『社会科教育研究法ハンドブック』は，この枠組みに基づき日本国内及び欧米
諸国の研究方法をレビューし，研究方法論を体系化している[2]。しかしながら，
本ハンドブックが示す通り研究方法はこの3類型を軸に分岐・往還する。これ
は，社会科教育が社会を対象とする教科目であることから，その範域が極めて
広いことに起因する。そのため，近年は開発的・実践的研究と実証的・経験的
研究を組み合わせて，教育実践のあり方を提案するものなど，3類型を往還す
る研究も展開されている。

　しかし，現状の社会科教育研究は依然として大きな課題を抱えている。田中
は従来の社会科教育研究及び実践の課題として以下3点を指摘している[3]。

　　第1は，現代社会と社会科教育内容の乖離である。多くの社会科教育実践
　　は，授業で教授学習される教育内容が，実社会から分離した固定化された

ものである場合が多い。また，その前提は民主主義社会の理想形（理想とされる社会像）が置かれている。しかし，教師が語る「理想の社会（国）」は，必ずしも現実社会（国）や子どもが求める「理想の社会（国）」と一致しているとは限らない。第2は，知識の思想性である。近年注目されている知識基盤社会という言説は，知識が多様な思想や価値観に基づき複数の解釈を生み出すことを指す。すなわち，知識が多様に解釈され，その有効性が空間的・時間的に極めて限定的となるといった指摘である。第3は，社会科教育実践が第1と第2の課題を引き受けた市民性教育論として成立していない点である。市民性育成論としての社会科は，シティズンシップ育成に関わらない教養主義的認識論を基盤とした二元論的社会科教育論の立場からは距離を置く必要がある。

子どもが属する現実の社会的・文化的文脈，及び彼らが持つ既存の社会認識を無視した合意形成学習，意思決定学習は「授業内だけに通用する形式的な学び」である。上記の指摘は，理想主義的かつ形式的な学習に終始せず，個々人が自己の見方・考え方を現実社会との対話の中で日々更新し，修正し続けて行く力の育成を目指した社会科教育論を論じるものである。成熟社会である現代，リア充として生活を送る子どもは現状の社会システムや社会制度へ異議を申し立てる必要性を感じていない場合も多い。彼らにとって，「社会問題を見つけよう」というMQや問いかけは彼らの切実性を喚起しない教師のたわ言に過ぎない。彼らの文脈を捉えることなく「社会問題の発見」を意図した授業を実践しても，結局彼らは「教師の問題」を追いかける形となり，「自身の問題」と接続しない。彼らの認識や問題関心と離れ，学ぶ意味を見出せない授業が日々展開された場合，社会科は単なる教養教育か受験科目の一つとなる。成熟社会における社会科教育実践は，従来以上に子どもの問題意識・社会的関心を巻き込みながら，社会的レリバンスの構築を目指した現実社会と接続する授業開発・実践を求めている。

2 コミュニケーション理論を用いた教育実践開発方略

(1) 学校と社会を接続するカリキュラム・デザイン

　社会科カリキュラムと現実社会の接続を目指した思想として，カリキュラム・マネジメント（以下，カリマネ）がある。カリマネとは，各学校が，学校の教育目標をよりよく達成するために，組織としてカリキュラムを創り，動かし，変えていく，継続的かつ発展的な課題解決の営みである[4]。すなわち，目標を基盤にカリキュラムを作成し，それを学校改善の中核に位置づける思想である。学校と社会を繋げて取り組むことで，学校を個体で存続するものとみなさず，社会との相互依存関係の中で成立している媒体と捉え，その機能を未来社会を創造するために最大限発揮してゆくものである。本思想に基づく教育論は，授業を学習環境に関わる施設・設備，予算，組織文化（学校の教員によって共有されているものの見方や考え方），等様々なものにより支えられ，動かされてゆくものと捉える。すなわち，カリマネとしての授業設計は，学校や子どもの文脈を無視した「理想的な」指導案開発を目的とはしない。自身が所属する地域や学級，目の前の子どものニーズや文脈を捉え，それらを巻き込む形で社会科授業の目標・内容・方法・評価を一貫的に設計し，指導案，板書計画等をデザインしてゆく[5]。

　社会科教育におけるカリマネの要素は，①社会諸科学の成果としての知識と技能，②子どもの認識，③文化，④学校における施設・設備・予算等のハード面，⑤時間，⑥組織，という6点である。従来の授業開発研究，及び授業実践は，主に①社会諸科学の成果としての知識と技能に根ざすものが多かった。地理学，政治学，歴史学の成果を実践へ援用し，社会諸科学の成果の理解を目指す授業である。しかし，カリマネの思想に基づいた場合，社会科授業は大きく変革を迫られる。当該学級に所属する子どもたちの認識や子どもの文化，学校が持ち合わせているタブレットや電子黒板等の設備，年間カリキュラムの実際的な運用状況，また，他の授業や取り組み（体育祭，文化祭，生徒会活動，総合的

学習の時間での実践等）との関係も考えてゆく。教科学習を学校全体の学びや社会と繋げることを目指し，学校全体のカリキュラム及びその絶え間ない改善過程の中で中長期的に検討してゆくのである。

(2) コミュニケーション理論に基づく社会科論

　社会科カリキュラムや実践を，子どもや社会の文脈を含めて再検討する方略として，ニクラス・ルーマンが提唱したコミュニケーション理論は参考になろう[6]。氏は，社会を情報・伝達・理解の選択から成るコミュニケーションの総体と捉えた。社会はコミュニケーションにより成立するものであるため，そのコミュニケーションの主体（子ども，大人，市民，国民，国家など）の立ち位置や関係に着目する。理想としての社会像や社会規範を捉えることは意味が無く，リアリスティックな現実とそこで作用する主体の理解に重きを置く。

　わかりづらいので一例を出そう。仮にA君がB君へ「（言わなくても分かると思うが，その手続きをチェックするシステムが機能している範囲内であれば）民主主義は重要だ」と発したとする。しかし，B君はA君の含意を汲み取るとは限らない。また，B君はどこかの機会でCさんへ「A君が言っていた通り民主主義は重要だ」という言説を伝達してゆき，Cさんも彼女なりにこの言説を理解する。CさんとA君の間で全く同じ情報が共有されることは難しい。

　これが社会におけるコミュニケーションである。情報は発信者と受信者で一致したものを受け取るとは限らない。また，受信者はその情報を自身の知識や価値観を通して意図的に理解・解釈してゆく。社会はこのような曖昧かつ不完全なコミュニケーションが幾重にも重なることで成立している。ルーマンは，このような複雑で捉えづらいものが社会であり，そのため社会を客観的・構造的に把握することは非常に困難であるとし，社会を成立させている文脈を読み解くことしか出来ないと考えた。では，そのような複雑な現実社会を扱う社会科教育には何が出来るのであろうか。それは，社会が不確実なコミュニケーション上に構成されていることを認めた上で，現実社会が実際に運用・機能している実態を捉え，自身をその社会の中に位置付けてゆくことであろう。この観点に立つ場合，社会科の教育内容は実際に機能・運用されている社会や社会事象・文化事象等であり，

その際には子どもと社会を繋げている子ども自身が巻き込まれている文化的文脈が有効である。教育方法は主観的かつ多様なコミュニケーションを複合的に分析・解釈する対話である。従って，社会科授業に求められていることは，理想的な社会像の無批判な受容・獲得を子どもへ強いる学習ではなく，現実社会の文脈を扱い，その中で理想が機能している（機能していない）過程を分析し，自身をその中に位置付けてゆく実践である。すなわち，混沌とした現実社会の中に自身を位置付け，その中における自身の位置と役割を解き明かしてゆくことである。

3　子どもの文化的文脈を活用した授業開発

　コミュニケーション理論を基盤とした実践は，理想社会の規範ではなく子どもの文化的文脈に立脚して授業を構想する。本稿ではその事例として中学3年生を対象とした漫画を用いた授業を取り上げる[7]。授業で用いる漫画は，1969年に公開された藤子・F・不二雄氏が描く漫画「ミノタウロスの皿」である[8]。漫画のストーリーは以下である。主人公が地球から異なる星（イノックス星）へ不時着する。その社会では人間と家畜の立場が逆転しており，家畜（牛）が食料として人間を飼育している。主人公は，不思議な感覚に苛まれつつ地球からの救助を待っている。生活を送る中で，主人公はミノアという女性に恋をする。しかし，ある日ミノアが近々国王（牛）に食べられる運命であることを知り，社会の矛盾を国王やその側近へ願い出るが，当該社会の規範を覆すことは出来ず，ミノアは国王に食べられてしまうという物語である。

　本授業は，「ミノタウロスの皿」を軸に，表2-4-1に示した3時間の授業を実施した。授業は，当該学級の子どもが持つ認識を事前アンケートで捉え，同時に当該学級の教員から子どもの社会文化的状況だけでなく，通常の授業で行う議論や対話の展開方法や学級経営の実態を聞き取った上で内容構成と方法をデザインした。本学級の子どもたちは，社会問題を議論することには慣れている。しかし，それは“他人事”であり，“自分事”として捉えていない子どもが多い。また，規範やルールに重きを置き，理想的な判断をすることが多い。

第Ⅱ章 教科教育学研究のストラテジー

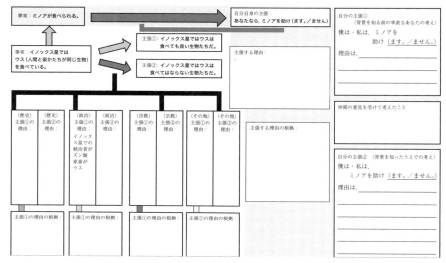

図 2-4-1　思考分析のワークシート

そこで，目標は，社会事象に対する多面的な見方・考え方を獲得し，社会と自身の関係を考える中で自らの意識を反省的に捉えることとした。

　第1時間目は，漫画を読み，MQ「イノックス星の色々な背景を知った上で，あなたはミノアを助けますか」と問う。子ども達は，トゥールミン・モデルを発展させたワークシート（図2-4-1）を用いて，MQを歴史的視点・政治的視点・宗教的視点，及び自身が設定した別の視点の4つを用いて検討してゆく。1時間目では，まず我々が行うコミュニケーションには前提（常識）がある（コミュニケーションの不確実性）ことを捉えて了解し，次に異なる社会文化の文脈と折り合いをつけ，その中で異なる他者の価値観や思想を分析する方法を検討してゆく。ここまでは，あくまでも漫画の文脈を用いてコミュニケーション考える。2時間目は，漫画を離れて現実社会を分析する。ここでは，「日本は多くの難民を受け入れていくべきだろうか」というMQを，教師が提示した資料だけでなく，パソコンを用いて様々な資料を検索・利用し，自身のロジックを組み立てる。その際，子ども達は前時で獲得した思想分析の方法論を活用し，前時と同じ枠組みでMQを検討してゆく。3時間目は，Philosophy for Children

第 4 節　社会科教育による社会的レリバンスの構築　　111

表 2-4-1　中学校公民単元「難民問題を考える」の授業過程

	教師の指示・発問	生徒の活動・反応	資料	特徴
1時間目	・マンガの内容を整理するワークシートを行う。		漫画	①コミュニケーションには前提（常識）があることを了解し，②異なる社会・文化と折り合いをつけ，③他者を分析する方法を検討する【コミュニケーションの不確実性を捉え，分析の方略を獲得する】
	・どうして主人公はミノアを救い出す事が出来なかったのだろう？　もしそれに理由があるとするなら，一体どのような理由があるのだろう。 ●MQ：「イノックス星の色々な背景を知った上で，あなたはミノアを助けますか？」	(1)　ワークシート（①自分の主張1）を考える。 (2)　主張する理由，理由の根拠を考える。 (3)　班のメンバーで意見交流 ・歴史的背景，政治的背景，宗教的背景，及び自身でひとつ観点を設定し，主張の根拠，及びその根拠（思想的背景）を考える。		
2時間目	・難民問題に関する動画（安全を求めてヨーロッパに渡って来る難民の人々と，それを好意的に受け入れようとする人々／受け入れない方が良いと主張する人々との対立の様子が描かれている）を視聴する。 ・難民の定義を考える。	以下の資料を用いて難民の定義を考える： ・『新天地ミュンヘンで夢を語る難民たち：春香クリスティーン』『ルポ：ギリシャ→ドイツ難民ルート2000キロを行く』（中央公論：2016/6） ・「難民排斥の嵐がドイツを襲う」『News week 日本版』（2016/1/26） ・『「反難民」化するデンマーク財産没収法の波紋』『News week 日本版』（2016/2/9） ・「たどり着いた欧州で幼い難民1万人が不明に」『News week 日本版』（2016/2/16） ・「中継地マケドニアで大量に消える難民」『News week 日本版』（2016/3/1） ・「難民滞留のギリシャ国境で最悪の感染症が」『News week 日本版』（2016/3/29） ・「労働力不足を補う流入難民，ドイツ」『AFP BB News』（2015/9/2） ・「世界人道サミットの開催」OCHA（国連人道問題調整事務所 HP（http://www.unocha.org/japan/） ・「過去に評価された日本の国際貢献―杉原千畝―」『八百津町 HP（http://www.town.yaotsu.lg.jp/top.cfm?dp=1）		難民問題を事例に分析の方略を獲得する【分析方略の応用】
	●MQ：「日本は多くの難民を受け入れていくべきだろうか」	・班に1台パソコンを配布し，適宜資料を検索可能な状態を作る。 ・トゥールミン・モデル（1時間目と同じ枠組み）を作成する。 ・トゥールミン・モデル作成後，班ごとに発表する。		
	・多面的・多角的に物事を分析する必要性，及びその分析方法の有効性を説明する。			
3時間目	【P4Cに基づく教育方略】 ・難民問題を議論することを伝え，1・2時間目を踏まえ，議論の問いを生徒個々人が考え，発表する。 ・生徒が立てた問いの中から投票で問いを一つ選出する。 ・設定したMQ「●日本は難民問題を受け入れてゆくべきか」を議論する。			問題を設定（発見）し，対話を用いて探究する【哲学的対話】

（以下，P4C と略記）を基盤とした学習である。P4C は子ども自身が問いを立て，その探究方法及び，解決方法を対話の中で考える実践理論である[9]。ここでは，まず教師が前時に続き難民問題をテーマとすること示し，解き明かしたい MQ を子ども一人一人に考えさせる。各自が提案した問いは，P4C の手続きを用いて子ども達自身で一つに絞ってゆく。今回は「日本は難民を受け入れるべきか」という問いが MQ として設定され対話は大きく以下のように展開した。

112 第Ⅱ章 教科教育学研究のストラテジー

「まず難民を受け入れるかどうか」→「(受け入れない子どもが多数)。では，
なぜ受け入れたくないか？」→「少人数ならばどうか？ボランティアとし
て外国を支援するのはどうか？」→「なぜ，日本は受け入れるのが難しい
のか？」→「自分たちと難民の間にある『違い』を認識」→「『違い』を
埋めるにはどうしたら良いか？」→「受け入れることによるメリット
は？」→「どうやって受け入れる？」

　上記の議論は，大きく6段階で進んだ。第1は，「持論の展開」である。MQ
に対して前時で調べた資料や作成したトゥールミン・モデルを用いて子ども個々
人が自身の見解を表明した。第2は，「難民受け入れの条件を検討」する段階。
今回は受け入れを難しいとする意見が大半であったが，ある生徒が「少人数で
あればどうか。もしくは，難民を受け入れている国を後方方支援する方法はどう
か」という発言を行い，ここから難民受け入れの条件を吟味する議論へと展開
した。第3は「受け入れ困難な理由を分析」する段階。ここでは，その理由と
して言語や文化，慣習の違いが指摘され，難民が所属する地域や国と自分たち
の間にある「違い」について議論が展開した。第4は「理由克服のための条件
を検討する」段階として，両者の違いを埋めるための文化講座の開催等が提案
された。第5は「対案のメリット」分析の提案がなされ，そこから難民認定の審
査の厳密化等による「対案を受け入れる条件の検討」へと展開した。子ども達は，
自身が設定したMQを，彼ら自身で段階的に深める議論を展開した[10]。

　本授業のポイントは3点である。第1は，子どもを教師や社会の理想主義的
な価値観から解放することである。難民問題は答えが無い。また，学校という
多文化的空間において個々人の価値観は多様である。現実社会において他者と
の共存・共生は必ずしも簡単では無い。本授業は，そのような社会のリアルな
状況を取り込んだ。これは，現実社会と学校を繋げることを意図している。第
2は，子どもの文脈から議論を展開することである。情報はイデオロギーを内
包する。しかし，現代社会では子どもの周りを多様な情報が囲み，彼らはそれ
らに影響を受けながら社会で生きて行かざるを得ない。このような状況におい
て，彼らの身近に溢れる音楽・映画・ファッション・漫画等のサブカルチャー

第4節　社会科教育による社会的レリバンスの構築　　113

は彼らの思想や価値観へ大きな影響を与える。今回取り上げた漫画は，大変難解な物語ではあるが，常識という枠組みが我々の価値観を無意識に基底する作用があることを批評的に描き出している。もちろん漫画は描く対象と描かれる対象の関係において一種の権力性を含みこむ(11)。この権力性は往々にして社会に編み込まれており，通常，それは見えにくい存在である。しかし，子ども達はそれらの中に投げ出されている。本授業は，子どもの周りにあるメディア（媒体）が作り出す社会及び思想や価値観を取り上げ，そこから授業を展開した。これは，子どもと彼らが所属する社会を繋げることを意図している。第3は，授業を対話の場と位置付けることである。今回の3時間を貫く教育方法は子ども間の対話である。1時間目・2時間目は自身の考えを理解・分析・反省・補強するために共同作業の中で知識を検索・活用し，自身のロジックを構築してゆく。3時間目はそれらを活用し，自分たちで問題を発見・設定し，それを探究してゆく。社会分析の方法や結論に明確な解は無く，それらも議論により考え，積み上げてゆく。これは，一部で内容教科と揶揄されてきた社会科教育論における学びのあり方への挑戦である。『民主主義を学習する』（ガート・ビースタ著）の訳者の一人である藤井は，「ビースタが述べるシティズンシップ教育は，学校を含んだ広く社会でおこなわれる民主的な主体形成，市民としての学習である。ここでいう学習とは，それ自体を経験しながらその領域を持続させ，活性化させ，改革していくような行為のことである」と論じる(12)。この指摘にも見られる様に，学校での学びは社会と接続し，そして社会との対話の中で学校の学びを再検討する必要がある。これは，学校教育における職業教育の強化を意味するものではない。子供達が社会の一員として社会を批判的に創造してゆくための資質・能力の育成を企図した教育を示すものである。

　21世紀型スキルやコンピテンシーが叫ばれ，教育学における教科教育学の存在意義が問われている。市民的資質育成を目指す社会科教育は，社会的レリバンスを構築する学校教育の核となりうる教科目である。

　　　　　　　　　　　　　　　　　　　　　　　　　　（田中　伸）

註

（1）社会的レリバンスについては，本田由紀「カリキュラムの社会的意義」『カリキュラム・イノベーション』東京大学出版会，2015，p.27-40，本田由紀「教育と職業との関係をどうつなぐか―垂直的／水平的多様性の観点から―」『社会のなかの教育』岩波書店，2016，pp.169-198，が詳しい。

（2）各類型の詳細は草原和博・溝口和宏・桑原敏典編『社会科教育研究方法ハンドブック』明治図書，2015 参照。

（3）田中伸「コミュニケーション理論に基づく社会科教育論―社会と折り合いをつける力の育成を目指した授業デザイン」『社会科研究』第 83 号，2015，pp.1-12，及び，Noboru TANAKA, "History Learning as Citizenship Education; Collaborative Learning based on Luhmann's Theory of Communication", *The Journal of Social Studies Education*, The International Social Studies Association, Vo.5, 2016, pp.57-70 参照。

（4）田村知子『実践・カリキュラムマネジメント』ぎょうせい，2011，p.2。

（5）社会科教育とカリキュラム・マネジメントの関係，及び社会科教育のマネジメント方略の理論については，須本良夫・田中伸編『社会科教育におけるカリキュラム・マネジメント』梓出版社，2017，p.1-19 参照。

（6）長岡克行『ルーマン／社会の理論の革命』2006，ニクラス・ルーマン著，馬場靖雄ら訳『社会の社会 1』法政大学出版局，2009 等。

（7）本授業は，筆者が担当する岐阜大学の講義（公民教育研究 1）の中で学生とともにデザインし，本学附属中学校で実践したものである。

（8）藤子・F・不二雄『藤子・F・不二雄短編集ミノタウロスの皿』小学館，2015，pp.154-188。

（9）P4C の授業論を一言で示すと，社会問題や論争を対話により探究する場を子どもが問いを立てることを通して構築することである。P4C を射程とした先駆的な研究として，福井氏の研究がある（福井駿「問いを立てることを学習する哲学教育―米国初等後期用教科書 Philosophy for Kids の場合―」『日本教科教育学会誌』日本教科教育学会，第 37 巻第 3 号，2014 年，pp.23-32）。

（10）3 時間目の議論については須本も言及している。須本良夫「哲学的対話の手法を用いた中学公民の授業」『社会科教育』明治図書，2016 年 11 月号，pp.86-89，2016。

（11）小池隆太「マンガにおける物語論の可能性とその限界」『マンガ研究 13 講』水声社，pp.235-264，2016 参照。

（12）ガート・ビースタ著，上野正道・藤井佳世他訳『民主主義を学習する』勁草書房，P.242，2014。

第5節 「デス・エデュケーション」としての
美術教育研究序説

1 はじめに

暗い，さみしい，土のなか
金魚はなにをみつめてる。
夏のお池の藻の花と，
揺れる光のまぼろしを (1)。

「金魚のお墓」という金子みすゞの詩である。詩人の想像力は，死んで土に埋められた金魚の視点から生と死を捉えている。死を起点に，小さな命への慈しみや憐れみ，幻のように儚い生への愛おしさなどが美しく表現されている。我々は自分の死を体験することはできないが，死を想像し詩や絵や音楽などで表現することはできる。死は免れないが，芸術を通して限りある生を享受することはできる。

ときに子どもたちは身近な生き物の死に際し，「お墓」を作って弔おうとする。自分が関わった小動物の死が，心内に恐れや不安，慈しみ，祈りなどの根源的な感情を引き起こし，そういう弔いの感情が，墓標を作り飾り付けるといった，素朴で純粋な装飾（造形）行為に向かわせるのであろう。以前勤務していた小学校の校舎裏に，「きんぎょのおはか」と記された木片を中央に頂く小さな土塊が出現し，花や草，給食のパンのかけらなどが供えられるという出来事があった。教室で飼育していた金魚の死を悼んだ子どもの行為であるが，しばらくすると三つ四つと増えていき，ついには職員会議の議題となって，子どもたちのお墓作りは禁止されてしまう。このことから次のように言える。①死への感情は，装飾（造形）行為の動機となり，②弔いのための装飾（造形）行為は死への意識の高揚を伴う。③子どものお墓作りは大人（社会）にとっては不都合なものであり，それ

は死がタブー視されていることを意味する。④死をテーマとした造形活動（学習）を通して，死への意識やかかわり方の変容を促すことができるのではないか。

　現代では死が日常生活から切り離され，仮想の死に慣らされているため，現実の死はもちろん，いのちを実感的に捉えることまでもが困難になってきているといわれる。そこで，生と死を考え死生観を育てるための教育の一層の推進が求められている。芸術教育においても，表現や鑑賞の活動を通して感覚的・感性的な側面から生と死を捉えるといった視座から，その存在理由の捉えなおしを図る必要があるのではないだろうか。本稿の目的は，「デス・エデュケーション⑵としての美術教育の意義化，及び展開可能性を検討することである。

2　日本における「デス・エデュケーション」の歴史と現状

　1971 年，キューブラー・ロスの『死ぬ瞬間』⑶が日本で翻訳出版されたが，人が死を受容する過程が段階的に示され，死をタブー視する戦後日本社会に少なからぬ衝撃を与えた。一方，フィリップ・アリエスは心性史研究の一環として，中世より今日に至るまで死がどのように捉えられてきたかを示し，現代における死は「倒立した死」であり，死が隠ぺいされ，瀕死者が自分の死を奪われていると指摘した⑷。これらの研究を背景に死生学という研究分野が確立されてゆき，1980 年代にはアルフォンス・デーケンが「死の準備教育」の概念を提起し，死を受け止めることでよりよき生を生きるための教育の必要性を提唱した⑸。

　日本における死の教育の実践は，1987 年の深澤久による「命の授業」⑹を嚆矢とし，爾来校種を問わず先進的なこころみがなされてきた。主に①人生のライフステージに即した課題や人生の価値，②生命の神秘，③生と死をめぐる現代的な課題，④自然・社会の持続可能性にかかわる課題などが学習対象とされている。また，学習方法としては，資料に基づく考察や討議，ワークシートの活用，ゲストティーチャーの講話，施設等の見学体験，観察や実験・疑似体験，思考実験，芸術作品の鑑賞等が取り入れられており，主に総合的な学習，道徳・特別活動，生活科・理科・社会科等の授業，及びワークショップなどで実践されてきている。

第5節　「デス・エデュケーション」としての美術教育研究序説　　117

　一方，美術教育においては，デス・エデュケーションとしての授業実践や研究はほとんど見当たらない。ただし，広い意味では花や生き物の観察画，自然や平和・人権などをテーマにしたポスター制作などを含めることはできるだろう。鑑賞領域ではピカソの《ゲルニカ》が教材としてしばしば用いられるが，佐渡谷はゲルニカを「死の哲学絵画」として「最終的には怒りを超えて普遍的な《死》の意味を問う作品となっている」[7] と価値づけており，《ゲルニカ》の鑑賞授業はデス・エデュケーションになり得る。小林久美子は 2007 年頃より藤田嗣治の「戦争画」をテーマに，中学校での鑑賞教育の実践を続けている[8]。画面に描かれた死にゆく人々の様子や作品のエピソードなどから，当時の人々の精神状態や従軍画家の立場などを想像させ，戦争で死ぬことについて考えさせようとしており，生と死を見つめる授業になっている。

　1995 年の阪神淡路大震災，1997 年の神戸市須磨区の少年 A による殺傷事件などを契機に「心の教育」の重要性が唱えられ，あまつさえ青少年の自殺やいじめ，凶悪犯罪などの命にかかわる問題の深刻さがマスコミ等によって喧伝されるなか，いのちを考える教育への期待はますます高まってきている。

　しかし，依然として死をタブー視する傾向は強く，日本では宗教的な基盤が希薄なうえ，教師自身も明確な死生観を確立することが困難であるため，デス・エデュケーションの指導は容易ではない。

　また，道徳の教科化に伴い，デス・エデュケーションが，新教科道徳に取り込まれ，形式化していくことへの危惧がある。内容項目としての「生命の尊さ」「自然愛護」「感動，畏敬の念」「よりよく生きる喜び」などはデス・エデュケーションのねらいと重なるが，指導書やマニュアル書の内容・方法をなぞる授業が主となり，表層的な，つまりは評価可能なレベルに死の学習が収束する可能性は否定できない。「『命の大切さ』という言葉になってしまうと，実感させるのは非常に難しくなります。結局『命の大切さ』というのは基本的に言葉にできないものなのです」[9] と養老孟司も述べているが，生や死についての学習は体験を通して実感することが重要であり，これまでの授業観の転換が求められる。清水恵美子は，学校教育が「表現する力」に関心を寄せることと，

118 第Ⅱ章 教科教育学研究のストラテジー

教師が「感化する人間としての指導力」を身につける必要性を指摘しているが[10]，教師自身の死生観，人間観，教育観の問い直しが急務となろう。

3 美術における死

美術教育におけるデス・エデュケーションを検討するにあたり，まず美術史上で死がどのように扱われてきたのか，美術活動にとって死はどういった意味があるのかなどについて触れておきたい。

本稿冒頭で幼い子どもが小動物の墓標を作るという例を示したが，「人類が最初に『死の芸術』を生み出したのは，旧石器時代後期，すなわち紀元前50万年から20万年前といわれています。その『芸術』とは，とりもなおさず，『墓』です」[11]というように，弔いの気持ち＝死への感情は芸術の誕生とも不可分であった。文字の出現以降も，図像表現が「死への移行という神秘をまえにした人間の，もっとも濃密な，もっとも直接的な表現形式であり続けます」[12]と，アリエスは述べているが，死は，現代に至るまで美術表現の重要なテーマであり，表現の動機となってきたといえる。

中世ヨーロッパではペストの流行などにより身近に死が蔓延しており，「死を思え」（Memento mori）という言葉が流布され，死の意味を考えさせようとする《骸骨絵画》が教会の壁面に描かれたり，版画として出回ったりしていた。特に，《死の舞踏》図は，無常観を物語風に描いたもので，文字の読めない人のための説話代わりに用いられていたとされる。日本では，死体が朽ちていく経過を九段階にわけて描いた《九相図》や地獄の様子を伝える《地獄草紙》，地獄道・餓鬼道・畜生道・阿修羅道・人道・天道の六道を描いた《六道絵》や《病草紙》などの仏教説話画が同様の役割を果たしていたといえる。また。16〜17世紀のフランドルやネーデルランド（オランダ）では，「ヴァニタス」（人生の空しさの寓意）と呼ばれる静物画が盛んに制作された。骸骨（死の象徴）や砂時計（過ぎ行く時間），果物（腐りゆくもの）などを精緻に描くことで，いかなる繁栄もやがては朽ち果てるという虚栄のはかなさが表現されている。このよ

うに，死の絵画は人生の儚さを示し，死への覚醒を図ったり，死や死後の世界を説明するという宗教的な目的を持つものであった。

　一方，死の記録としての役割も絵画は担ってきた。古代エジプトの『ミイラ肖像画』などのように，棺桶や墓碑に故人の肖像（絵画・レリーフや彫刻など）を残すという装飾行為は古代より様々な場所に散見される。また，多くの戦争画は勝者の側からの殺戮の記録である。第二次世界大戦前後に描かれた日本の戦争画は敗戦へと至る死の記録でもあった。「無言館」に収蔵されている無名の戦没画学生の作品も貴重な記録となっている。現代美術においても，クリスチャン・ボルタンスキーの，「名も無き匿名の人々」の生死の記憶を記録した一連の作品や，心音を集めた《心音のアーカイブ》，デミアン・ハーストの動物の死体をホルマリン漬けにした作品などの評価は高く，死は重要なテーマとなっている。美術史における死について簡略な概観を試みた。では，一人の人間が自分の死を意識するとき，美術はどのような意味を持つのか。果たして絵を描くことで人は死を乗り越えることができるのだろうか。神谷恵美子は，エーゼンタールを参考に，不治の病にかかっている画家が医者の勧めで絵を描き始め「自分が死んでもこの絵は後に残る，ということが，一種の永生観を彼に与えたようにみえた」[13] という事例を紹介している。

　また，聖路加国際病院の日野原重明は特に末期の患者に絵を描くことを奨励しているが，これは次のような考えによっている。「死が近づくことで，人は自分の人生を深く内省します。その過程でさまざまな雑念が除かれていき，そうしていよいよ最期には，その人しか持ち得ない素直な気持ち，純粋な『心』があらわれてきます。いまわの際の言葉が，聞く人に重く響くのはそのためでしょう。その『心』が，絵を描く行為を通して解き放たれ，同時にかたちになって残るわけです」[14]。また，作品が残ることが遺族の癒しにも効果があるとしている。しかし，筆者がカルチャーセンター生徒を対象に行った調査では，作品を死後に残すこともさることながら，今を生きる自分の「生きがい」として制作活動を意味づけようとする傾向がみられた[15]。「鞆の津ミュージアム」の櫛野展正は「老境に達した多くの表現者たちの制作の動機が，悲惨な戦争体

120 第Ⅱ章 教科教育学研究のストラテジー

験や，これまで思い通りにいかなかった半生や，社会に対する反抗心に起因し
ているように思います。そのような自分の人生が『無』であることを避ける為
に，人生を通じて世界の存在全体へ何かを付け加えたりそれに変化を与えたり
したいという欲求が生まれるのでしょう」とし「その結果生み出された表現は，
残りの人生，つまり死に対する恐怖心ではなく，圧倒的な生への執着心であり，
個々の生の証なのです。ひとは日々老い，死に向かって生きています。人生の
限界と利那を自覚すればするほど，『いま』を生きていることの輝きを知るこ
とになります」と述べている(16)。死を意識することでよりよき生を生きると
いう，デス・エデュケーションのねらいと重なる。

4 デス・エデュケーションとしての美術教育の構想

　竹内博は，美術教育を学ぶ人のために「美術教育の存在理由は，造形的なア
プローチからの事物との交渉によって感性や創造性を培い，子どもや青年の発
達に寄与する点にある。それは価値の形成や生き方の探求を含むものであ
る」(17)と述べている。前にも触れたように，現代では死が日常生活から切り
離され，死や命が実感的にとらえにくく，死生観の確立が困難になってきてい
る。美術教育は，死を見据えいかに生きるかという視点から，生き方の方向を
や価値を示す必要があるのではないだろうか。

　一本の木を写生する，という活動に取り組んだ時，枝ぶりや葉の付き方，樹
皮の様子など，日頃は特段意識していなかった木の様態が次第に〝見える″よ
うになってゆき，そのうち木と自分とがスピリチュアルな次元で交感し合って
いるかのような経験をすることがある。表現を通した特別な精神の高揚体験は
年齢や画歴を問わず，誰にでも訪れうる(18)。美しく神秘的な風景と出会った時，
心惹かれる絵画と対面したとき，自然や人の営みの崇高さにうたれ，生きる喜
びや不思議を感じることもある。美術教育における〝表現と鑑賞″が求めてき
たものは，感性や感覚を通した，いのちへの気付きであり，いのちを見つめる
姿勢なのではないか。そして，死は，いのちを輝かせるための不可欠の条件で

あり，芸術の根源的な動機であるともいえる。

いのち有るものの形を造形的に表現することはもちろん，想像の世界では，魂の形や死後の世界，宇宙やいのちそのもののイメージなど，目に見えないも

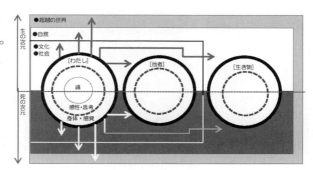

図 2-5-1　学習対象の構造

のを可視化することも可能である。また，いのちあるもの，ほろびゆくものへの共感性や生と死に向き合う感性を高めることも重要な課題となるだろう。

題材構成やプログラム編成の手がかりとして，学習対象の構造を図 2-5-1 のようにイメージした。私の身体と魂，他者，生き物，社会・文化，自然，超越の世界。図の上部は生の次元であり下部はその鏡像としての死の次元を表している。わたしの死，他者の死，生き物の死，死の文化，自然における死などである。図の最外層は「超越の世界」とした。蜂屋慶は「人間は〝技術の世界〟に住むものである，しかし，同時に〝超越の世界〟をもつものである」とし，教育荒廃の原因は超越の世界を軽視してきたためであり，「子どもをして超越の世界に触れさせること」が教育の目的の一つであると主張する[19]。「日常の世界である〝この世〟の向こうにある超越の世界は〝あの世〟である。あの世というと死後の世界のことと考えられるかもしれないが，超越の世界は死後に限らない。日常の世界の向こうにあって，人間の力ではどうにもならない世界，非日常の世界が超越の世界である」[20] としている。死後の世界そのものではなく，日常世界の向こうにあって，それを信じたり感じたりすることができるスピリチュアルな世界を想定する必要があると考えたからである。この構造図を基にテーマの選定，題材の構成を行う。

美術教育におけるデス・エデュケーションを構想していくための枠組みを示した。具体的な題材例として，これまでに筆者が授業やワークショップで実践してきた事例を以下に示し，本稿の括りとしたい。

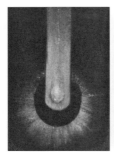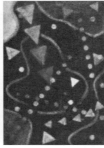

図 2-5-2　作例―たましいの形

図 2-5-3　作例―たましいのかえるところ

(1) たましいの形（図 2-5-2）
「魂の形」をイメージし，黒画用紙にパステルで描画する。
(2) たましいのかえるところ（図 2-5-3）
「魂が永遠に安らげる場所のイメージ」を，ミニレンガおよそ 100 個を用いて構成する。
(3) 自己物語絵（図 2-5-4，2-5-5，2-5-6）
①幼年期から現在までの人生の段階ごとのイメージを描いていく。
②続いて黒色画用紙に，①を反転させたイメージを描く。
③制作後に，自己物語の発表を行う。
＊図 5・6 は，現在までの人生イメージを描き，続いて死をむかえるまでのこれからの人生イメージを描き加えるという展開である。
(4) 胎内記憶画（図 2-5-7，2-5-8）
胎内もしくは出生時の記憶を，親子で語り合いながら描画する。

5　おわりに

晩年のキューブラー・ロスは，神聖なイメージをかなぐり捨て，神を呪い，

第5節 「デス・エデュケーション」としての美術教育研究序説　123

図 2-5-4　作例―自己物語絵

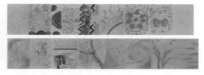
図 2-5-5（上）・2-5-6（下）　作例―自己物語絵

図 2-5-7　作例―胎内記憶画（4歳児）

図 2-5-8　ワークショップの様子

怒りや苦悩をありのままに表現しながら死んでいったとされる。「どんなに他人の命の価値を認める選択をしてきても，自分のこととなれば別だ。まったく存在価値のないと思われる自分を，無価値だと思わずに死ぬ瞬間までわがままを言い，自己主張し，卑下せず，良い子ぶらずに，自分らしく生ききれるだろうか。自信はないが，ロスの生き様を見ていると，勇気がわいてくるのだ」[21]と田口ランディは述べている。デス・エデュケーションの実践を行おうとする教師自身が，どのように自らの死と向き合えるのかはわからない。自分自身の弱さや迷いを隠すことなく，美術を通して共に支え合いながらよりよき生と死を探るといった姿勢が求められるのではないだろうか。今後はプログラムの編成およびワークショップや授業における実践を進めていきたい。

（初田　隆）

註

（1）『豊かなことば　現代日本の詩③　鈴木みすゞ詩集　不思議』岩崎書店，2009，等に収録。
（2）「death education」死生学や生命倫理学などを背景として，児童・生徒・学生，また医療・看護系の学生，教員やカウンセラーなどを対象に行われる「死についての教育」で

124　第Ⅱ章　教科教育学研究のストラテジー

あるが,「死への準備教育」「いのちの教育」「生と死の教育」「死を通して生を考える教育」「生と死から学ぶいのちの教育」などの訳語が,立場に応じて用いられている。本稿では,明瞭な立場を示す段階ではないので「デス・エデュケーション」としている。

（ 3 ）キューブラー・ロス,　川口生吉訳『死ぬ瞬間』読売新聞社,　1971

（ 4 ）フィリップ・アリエス,　伊藤晃・成瀬駒男訳『死と歴史』1983,　pp.204-247,　フィリップ・アリエス,　成瀬駒男訳『死を前にした人間』1990,　pp.501- 541

（ 5 ）　アルフォンス・デーケンは,　1975 年から上智大学で「死の哲学」の講義を始め,　1986 年に『死への準備教育』を編集発行している。

（ 6 ）深澤久『命の授業』明治図書,　1990 に詳しい。深澤はその後の法則化道徳を支えてゆく。

（ 7 ）佐渡谷重信『絵画で読む死の哲学』講談社,　1998,　p.55

（ 8 ）小林久美子「絵画と戦争～藤田嗣治の戦争画による美術鑑賞授業について～」「絵画と戦争Ⅱ～中学校美術科における藤田嗣治の戦争画≪アッツ島玉砕≫の鑑賞授業について～」,　いずれも『大学美術教育学会誌』に掲載（43 号 2011,　48 号 2016）

（ 9 ）養老孟司「『命の学び』への提言」,　兵庫・生と死を考える会編『子どもたちに伝えるいのちの学び』東京書籍,　p.150

(10)　清水恵美子『いのちの教育』法藏館,　2003,　pp.10-11

(11)　小池寿子『死を見つめる美術史』ポーラ文化研究所,　1999,　p.10

(12)　フィリップ・アリエス,福井憲彦訳『図説死の文化史』日本エディタースクール,　1990,　p.4

(13)　神谷美恵子『こころの旅』みすず書房,　2005,　p.199

(14)　日野原重明『アートでいきいき』実業之日本社,　2004,　p.53

(15)　初田隆,上浦千津子「成人中期以降における『生きがい』としての絵画学習」『大学美術教育学会誌』2007

(16)　鞆の津ミュージアム監修『シルバー・アート　老人芸術』朝日出版社,　2015,　pp.11-12

(17)　竹内博編『美術教育を学ぶ人のために』世界思想社,　1995,　p.2

(18)　50 名の画家を対象に「これまで制作中に特別な意識の高揚を体験したことがありますか」と問う調査を行った。結果ほぼ 7 割が「至高体験」に似た経験を語っている。筆者修士論文「魂をひらく美術教育」1991 年。

(19)　蜂屋慶「教育と超越」,　蜂屋慶編『教育と超越』,　玉川大学出版部,　1985,　p.11

(20)　同書,　P.19

(21)　田口ランディ「エリザベス・キューブラー・ロス」,　島薗進・竹内整一編『死生学 1』東京大学出版会,　2008,　p.206

第6節　質的評価の力量としての
　　　鑑識眼の意義と新たな可能性

1　活動論と評価論を乖離させない

　学習指導要領改訂を直前に控え，今後求められる学習像として「アクティブ・ラーニング」の必要性が教育マスコミを席巻している。かつて我が国では，このような新しい「学習活動論」への意識の集中が，往々にして「学力論」およびその学力に適合した「学習評価論」と乖離して進行し，学校教育現場では，求める学力とミスマッチを生じたまま学習評価が行われるような状況も見受けられた(1)。このような状況を回避するためには，単元や1単位時間の活動組織の在り方を注視することと並走して，その学習で培われる学力の内実に即した評価方法に焦点を当てた議論をしていく必要があるだろう。

　さて，学力に適した評価方法を検討する際，まずは対象とする学力が「量的」なものか「質的」なものかを判断する必要がある。「量的」な学力は，正誤の境界線が明確であり，数値化処理を行いやすいためペーパーテストで測定容易な学力である。この学力の評価は，評価論の全体構造においては，目標準拠評価（criterion referenced assessment）の中の領域準拠評価（domain-referenced assessment）として定位される。領域準拠評価は，漢字を書かせたり，計算の技能を確かめたり，県庁所在地を答えさせたりするなどの問題を出題して，数的処理による一定の割合ができれば「覚えた」と判定するものである。一方，「質的」な評価は，正誤の境界線が明確に規定できない分野の評価であり，読解力や表現力，思考力，資料活用力，問題解決力などがこれに該当する。この学力の評価は標準準拠評価（standard referenced- assessment）として定位され，正誤ではなく，ある特徴が見られればこのレベルである，という学力の「程度」

を評価することになる。

「量的」な学力にせよ「質的」な学力にせよ，子どもの表れを教師がみとり，その状況に必要な指導を学習プロセスに還流していくことこそが重要なのであり，教師が学習者の学びの姿をどうみるか，という論点は，活動保障と一体化した学力保障の問題に帰結するものである。とりわけ，「質的」な学力に対する評価においては，教師の「みえ方」によって差異が生じやすく，評価の信頼性を左右する状況に陥りやすい。質的な学力を対象とした教師の質的評価力の向上は，すべての教科教育の指導と評価の妥当性・信頼性を高める上で不可欠なものであるといえよう。

本稿では，教師の「みえ方」，すなわち，学びの「質」を捉える教師の質的評価の力量としての「鑑識眼」に着目し，その意義と内実，および，鑑識眼による評価の新たな可能性について国語科教育を視点として論じたい。

2 「鑑識眼」とは何か

「鑑識眼（Educational Connoisseurship）[2]」とは，E.W. アイスナーによって提唱された教育評価論で語られる教師の能力であり，子どもが見せる複雑で偶然性を潜めた活動の意味や価値を解釈し，臨機応変に適切な指導を行う教師に不可欠な能力である。とりわけ，授業は，経験によって蓄積された「実践的知識[3]」をもつ教師が，一人称で語られる子どもの活動の姿の意味を on-going に解釈しながら適宜必要な指導を行っていく営みであり，一つの授業は「鑑識眼」が発揮された教師の見え方の総体であるといえる。すなわち，優れた「鑑識眼」をもつ教師は，固有の子どもの姿の意味を即座に解釈し，指導すべき局面を察知して学びの価値性を高める臨機応変な働きかけを行うことができるのである。

さて，周知のように，1970 年代初めまでアメリカ合衆国の授業では，科学的アプローチが強い影響を与えてきた。ソーンダイク（E.L.Thorndike）によって創始された科学的アプローチは，優れた授業の技術をいつでも，誰でも，適用

できるような法則性や効率性を重視する考え方である。このような授業における科学的アプローチに対して，アイスナーは，授業における子どもの経験の質を重視し，授業過程に着目して，そこで「何が起こっているのか」という意味を明らかにしようとする質的評価の力量が必要視されると主張した。アイスナーは，授業においては個々人の文脈によって多様な特質を有することを教師が自覚化し，芸術鑑賞やワインの味利きのように子どもの経験の質を認識し，多様な質の差異を識別できる技巧をもつことを重視したのである。

　このようなアイスナーの質的な教育評価論は，専門的力量として，合理性や効率性，予測可能性を重視する立場よりも，教育活動の複雑性，偶発性，可逆性，教師や子ども個々人の特性の存在を重要視して，授業の固有の文脈において教師と子どもとの間で繰り広げられる事実を「鑑識眼」によって解釈し，状況に応じて臨機応変に対応していく柔軟性と創造性を重視する立場に立つものである。したがって，教師が専門家として成長する上で，厳密性や普遍性に重きをおく一般化された授業理論の存在に加えて，教科内容の特殊性，教室の文脈の特殊性，子どもの認知の特殊性，教師の特性等の固有性・特殊性の下で柔軟に機能する教師固有の実践的知識の存在が一層重視されるべきである。とりわけ，子どもと生活を共にしながら丸ごと成長を支援する小学校教師は，ジェネラリストとして全体的・総合的に子どもの姿の意味を解釈し，適宜必要な働きかけを行うという特徴的な専門性を有することから，「鑑識眼」の洗練は教師として成長する上で重要な要件であるといえよう。

3　質的評価力「鑑識眼」の諸相
―熟達教師と若手教師の差異に着目して―

　「鑑識眼」は，本来，経験的に高まっていく力量であり，教師固有の実践的知識に支えられた解釈によって機能している。以下，熟達教師と若手教師の「鑑識眼」の特性に着目した先行研究についてみてみよう。

（1） 熟達教師の「鑑識眼」の特質

　例えば，机間指導中の教師の即時的評価行動における教師の経験差による「鑑識眼」の特質に着目した研究では，授業中に子どもが見せる具体的事実（表現）に対する熟達教員の重層的な「みえ方」が特徴的に焦点化されている[4]。若手教師は熟達教師と比較して「体裁（文字や描写の丁寧さ，レイアウト等）」（指摘箇所全体の27％）や「内容（説明されている内容）」（同53％）への着眼の割合が高い。それに対して，熟達教師は「機能（説明の効果や論理性への着眼）」（同92％）への着眼の割合が高い。さらに，若手教師が子どもの記述を部分的・単層的に捉えて，その部分に見られる「機能」の有無や存在を確認しようとしているのに対し，熟達教師は子どもの記述を部分と部分あるいは部分と全体との関係性，さらには部分と既習事項との関係性の中で捉えて，記述の「機能」の質を解釈しようとしている。

　とりわけ，熟達教師の「みえ方」で特徴的なのは，「物語的な解釈」であり（研究事例では，文章表現の中で頻出する「おかあさんに」の文言への着目と，対象の子どもの生活実態との関係づけ），すなわちそれは，現時点に観察可能な複数の事象だけではなく，時間，場面，空間を隔てた事実の関係性・文脈性・物語性をも推察し，目前に表出する活動の姿の意味を解釈するということである（表2-6-1）。

　このような，教師の即時的評価行動における質的評価力の差異は，指導と評価の一体化を前提とする教科・領域の指導においては，学習プロセスにおける教師の形成的な働きかけの内容に直結するものであり，学力保障の観点からも教師の経験差が拡大する現状では看過できない点である。

表 2-6-1　熟達教師の鑑識眼による特徴的な「みえ方」

特徴	内容
多面的な解釈	ある事実を同時に多様な複数の視点から解釈しようとする
関係的な解釈	ある事実を他の事実と関係づけて解釈し，新たな意味を見出そうとする
価値的な解釈	ある事実を学習目標や教育的なねらい・願いに照らして解釈しようとする
物語的な解釈	時間・場所・対象が異なる複数の事実を文脈化し，事実を児童固有の成長の物語の一部として解釈しようとする

(2) 「鑑識眼」の視座となる実践的知識—洗練の契機の存在—

　また，熟達教師の「鑑識眼」による「みえ方」が，個々の熟達教師のどのような「実践的知識」によって生起したのかについて着目した研究では，熟達教師の「鑑識眼」が洗練されてきた契機として，例えば以下の点が焦点化されている [5]。①熟達教師は「児童理解に関わる実践的知識」「教科内容に関わる実践的知識」「教師の指導に関わる実践的知識」を相互に関連，連動させながら実践場面に立ち向かう②熟達教師の実践的知識は，教師自身の経験（過去の熟達モデル教師の存在，実践履歴における試行錯誤や失敗経験，公的研修や自主的研修での学びの内容等）が解釈のための価値化の方向を決定づける視座となって構築されていく③事実の価値化を図る熟達教師の重層的な解釈は，理論知単独で機能するのではなく，理論知が教師自身の経験を通ることによって実践場面に援用される経験知として自覚化される，の３点である。

　したがって，教師の「鑑識眼」を育成，洗練化していくためには，実践の解釈の場において具体的事実の個別性，文脈性，物語性を前提とした「重層的」な解釈を行う場の保障が必要視される。この点は，アイスナーの主張する，授業過程において起きている具体的な事実の意味を解釈する「鑑識眼」という質的評価の力量が，特殊性・固有性・文脈性を包含して獲得・蓄積されるという「実践的知識」の概念と合致するものである。実践経験の豊富な熟達教師と実践経験の浅い若手教師が協働的に「鑑識眼」の洗練と発展を目的視するならば，「鑑識眼」による自らの「批評」を公的に表現し合う「教育批評」の場として，多様な特性をもった教師たちが特定の授業の事実について語り合うことが可能な「授業事後研究会」の場が適用されるだろう [6]。

　授業事後研究会は，多様な年齢，多様な個性，多様な経験の教師が集い，それぞれの固有の「実践的見識」に基づいた「鑑識眼」によって意見交流がなされることから，「鑑識眼」の洗練化が多元的，複眼的に促進する場といえる。また，授業という多様な要素を含んだ固有のドラマを批評の対象にすることは，若手教師に重層的な解釈の視座を涵養する上で効果的である。「鑑識眼」を，評価論を下支えする必須の教師の力量と捉えるならば，個別の実践経験を通し

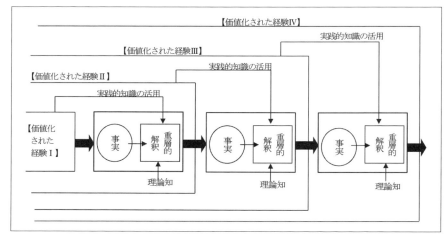

図 2-6-1　熟達教師と若手教師の「鑑識眼」洗練のための共同的な研修過程

て，熟達教師の関与を受けながら実践的知識の更新を繰り返す一連の重層的な研修システムとして，授業事後研究会が意図的に運用されることが重要である（図 2-6-1）[7]。

4　鑑識眼の新たな可能性―動的な鑑識眼評価―

　今後目指すべきアクティブ・ラーニングでは，互いの所有する知識を言語活動を通して交流・再構成しながら，課題の解決に最もふさわしい最適解を吟味する学習プロセスが重要であり，ペーパーテストで測定容易な知識の記憶・再生型の学力偏重からの脱皮が求められることとなる。換言すれば，今後求められる学習では，知識の「量」よりも，むしろその知識を活用した思考の「程度」「具合」「深さ」すなわち「質」の評価が重視されるのであり，「鑑識眼」の発揮される形成的な評価の在り方に一層留意する必要がある。

　以下，今後の国語科指導における鑑識眼の新たな可能性について，二点述べたい[8]。

（1）子どもと教師の共同作業としての評価へ

国語科では，指導する子どもの実態や願いを捉えた魅力あるひとまとまりの言語活動に，国語科として身につけさせたい言語能力や言語知識を内包させながら単元過程を組織する。そこでは，「他人事の学び」ではなく自律的・自己修正的な学習プロセスこそが重視されるべきであり，問題局面をよりよく解決するための言語運用のプロセスにおけるメタ的な経験が，「私の言葉によって私が私になり切る」自覚的成長に資するものとなる。

とりわけ，単元のプロセスで自らの言語運用のあり様を自律的にふりかえる評価主体としての子どもの評価活動への参画は重要であり，「評価のための（教師の）評価」から「評価することが学びの経験として価値をもつ（子ども自身もしくは教師との共同作業としての）評価」，すなわち「学習のための評価」として位置付くことの意義は大きい。判断基準が教師側にのみ隠蔽された評価，〈教師 - 児童・生徒〉のポリティクス（権力）の主体としての教師の評価観を転換することが重要である。

共同作業としての評価を実現するためには，ポートフォリオ評価における「対話（conference）」が示唆的である。それは，単に言葉を交わすという意味を越えた，学習状況を吟味・検討する場という意味を包含するものである。「対話」場面は，子ども自身のその時点での学びの様相を示す具体的な学習物を媒介にして，子どもと教師とが学びの意味の共有・確認・修正を語り合うことを通して共同でよりよい学びを創り出していくために意図的に評価を機能させる場である。そこでは，「課題の遂行の具合」について思考し，教師から学習改善に効くフィードフォワード情報が提供される。これは，竜田（2014）のいう目標の二重性を持つ国語科単元の課題を克服する「振り返る学習過程」「対話する学習過程」であり[9]，従前の我が国の学校教育現場で行われてきた「教師による外からの観察」という教師側の静的な評価として「鑑識眼」の役割を捉えるのではなく，子どもの学習の文脈に参加し協働的・相談的に学習プロセスに関与する「言語運用の促進に関与する動的な評価」として鑑識眼が発揮されるべきである

132　第Ⅱ章　教科教育学研究のストラテジー

このような国語科単元における子ども固有の言語経験の価値をひもとく評価は個別的であり，子ども個々人の成長の物語性に重ねた解釈をも内包する個人内評価の特質を持つ。したがって，言語活動の評価においては，尺度，測定，客観性といった実証主義的方法に偏することなく，子ども固有の事象の観察，解釈，洞察，理解といった人文学的方法を重視したい。その上でも教師の鑑識眼の重層性の洗練は不可欠なものとなる。

(2)「能力の行使の吟味」としての評価へ

自分にとって意味ある課題を，学んだ知識・技能を総合して解決するという目的的な活動の中で，国語科の言語活動における学びの真正性（authentic）は実現される。また，真正性のある学びの評価は，単元末のみの標準化されたペーパーテスト，文脈（具体的な目的・相手・状況・場面等）から切り離された知識再生型の設問ではなく，リアリティのある文脈に並走し，〈on-going〉に行われるべきである。このような学習プロセスについて，濱本（1997）は，単元学習においては自己学習力の育成が重要であるとして，「自己を対象化してモニターし，もう一人の自分の目で自分を教育する[10]」高次な力を育てるべきと主張している。すなわち，学習プロセスにおいて「何を学んだか（内容）」だけでなく，「どう学んだか」「どのように思考し解決してきたか（方法）」といった，文脈に照らした「能力の行使の吟味[11]」としての評価を形成的に行うことが重要なのである。

したがって，「鑑識眼」による学習状況の解釈と関与は，「学習者が何を学んでいるか」から，「学習者はどこに進もうとしているのか」「今，学習者はどこにいるのか」「学習者はどのように学習を進めていくのか」にフォーカスされるべきであり，それらが子どもの自律的（autonomy）な学習に内包されることによって，子どもが自らの学びの状況を把握するための評価として学習活動に還流させることが求められよう。

5 学習のための評価における「客観性」の問い直しを

「鑑識眼」による評価は，能力価値を判断する evaluation から，学びの過程に寄り添い個々人の思考過程や状況の真価を適切にみとる appreciation，学習プロセスにおいて次の学びに生きる情報を対話的・相談的に共有していく assessment へ，教師の指導性，役割の問い直しと連動するものである。

本来，「鑑識眼」による評価は，固有名の一人称で語られる子どもと教師が〈I と You〉の関係で織りなす評価であり，それは個人内評価も含めた子ども固有の文脈に対話的に寄り添う評価の「教育性」が特徴となるものである。換言すれば，「鑑識眼」による評価は，いかなる力を確実に付けたのかを公に問う評価の「客観性」と，個々の子どもの学習の文脈に還流する評価の「教育性」の矛盾の中で実践する状況を生むことになる。例えば，近年，話題となっているルーブリック（評価指標）は，評価の客観性や信頼性を高めるために「遂行の程度」を言語化した指標であるが，それが単なるチェックシートとして学びの外側からの教師の判定に使用される実践が一部見受けられる状況は，質的評価の「客観性」の要求によって「教育性」が乖離する危険性をはらむものである。

今後，子どもの学習の文脈に参加し協働的・相談的に学習プロセスに関与する「動的な鑑識眼評価」を目指すならば，実証主義的な「客観性」を保障することのみならず，固有名を持つ子どもと教師との対話的関係の中で生起する人文学的な解釈の在り方に着目したい。換言すれば，学習の質の向上を願う子どもと教師が，相互の主観を交換しながら学習に必要な事柄について合意し共有し合う営み，すなわち，評価における「間主観性」に注視する必要があるということである。

今こそ，評価の「客観性」をどのように考えるか，すなわち，「誰のための」「何のための」客観性なのか，学習者側の「学び」のフィールドから問い直し，評価の役割と教師の立ち位置について再考すべき時である。

（勝見　健史）

註

（1）例えば，戦後の国語単元学習批判，2000年前後の総合的学習に対する学力低下批判，2008年学習指導要領国語科における単元化の流れに対する活動主義批判等がこれに当たる。

（2）アイスナーの「鑑識眼」および質的評価論の詳細については，Eisner, E. W., Educational Connoisseurship and Criticism:Their Form and Functions in Educational Evaluation. In: Eisner, E. W., *The Art of Educational Evaluation*, 1985, pp.135-150 等を参照のこと。

（3）佐藤学「現職教育の様式を見直す」柴田義松・杉山明男・水越敏行・吉本均編『教育実践の研究』図書文化，1990, pp.234-247。

（4）勝見健史『ポートフォリオを活用した小学校教員の「鑑識眼」育成プログラムの開発』2010～2012年度科学研究費補助金（基盤研究（C）課題番号22530918）研究成果報告書，2013, pp.6-10。

（5）上掲書，pp.10-16。

（6）鶴田清司「E.W. Eisner の教育評価論の検討：『教育批評』（"educational criticism" の概念と方法を中心に）」『教育方法史研究・第3集』東京大学教育学部教育方法研究室，1986, pp.117-139。

（7）勝見健史「学びをみとる『鑑識眼』を磨く」『公開講座ブックレット5』全国大学国語教育学会，近日刊。

（8）勝見健史「自律的な言語運用に資する評価として—児童・生徒が参画するプロセス評価—」『国語科教育』第78集，全国大学国語教育学会，2015, pp.8-9。

（9）『構想力を育む国語教育』渓水社，2014, pp.143-156。

（10）濱本純逸『国語科新単元学習論』明治図書，1997, p.31。

（11）安彦忠彦『「コンピテンシー・ベース」を超える授業づくり』，図書文化，2014, p.66。

第7節　社会科教育におけるソーシャル・キャピタル（社会関係資本）の価値観育成

1　なぜソーシャル・キャピタルなのか

　ソーシャル・キャピタルの経済発展と貧困削減における役割についての研究は，1916年のハニファン（L.J.Hanifan）の The Rural School Community Center を嚆矢とする。彼はここでソーシャル・キャピタルの理論を現実の出来事に適合させた例をいくつか示している。その一つとして，ウエストバージニア州のある村で地域住民と共にソーシャル・キャピタルの開発を行った学校長を例に挙げ，ソーシャル・キャピタルの開発に長けたリーダーシップを持つ者は（この場合では学校長），結果的に学校内のコミュニティーだけではなく，地域住民にも利益をもたらすことを示した[1]。

　ハニファンの研究を皮切りに，その後多くの研究者によってソーシャル・キャピタルの理論は発展し，実務家たちによって貧困削減をめざした経済政策への応用が始まった。こうしたソーシャル・キャピタル理論は経済的社会的不平等問題に対処するために，人々が社会に参加・協力し，経済，社会，文化などの可能なリソースを利用しつつ問題に対処することを求めている。ソーシャル・キャピタル理論では，ソーシャル・キャピタルとは地域，国，そして世界レベルにおける経済と社会の両方の格差問題に対処するための概念的枠組み，そしてその応用であった。それ故，ソーシャル・キャピタルの価値観に基づいた社会科の授業では，社会科の重要な教育目標の一つである人々の生活を向上させる能力を生徒が身に付けることが期待される。本稿では，ソーシャル・キャピタルの理論や役割を整理し，社会正義と平等な世界の創造に必要な技能を持つ生徒を育むために，社会科授業の実践によって，いかにしてソーシャル・キ

136 第Ⅱ章 教科教育学研究のストラテジー

ャピタルの価値観を生徒に培うかについて論じたい。

2 ソーシャル・キャピタルとは何か

現在ではソーシャル・キャピタルという用語は様々に用いられ，日常的なものになっているが，元来，ソーシャル・キャピタルとは，社会学において使われる専門用語であった。この語を最初に使用したハニファンによると，用語に含まれている"資本（キャピタル）"は不動産，個人財産などといった本来の意味ではなく，一種の比喩として使われており，実際には，友情，相互尊重，そして社会的なユニットを構成するグループや家族内の個人間の社会的相互作用のような人間の生活に不可欠な無形の資産を意味している[2]。

彼は，社会の構築をビジネスにたとえ，大規模で近代的なビジネスを構築するには，まず多数の個人の資本蓄積がなければならないと述べている。大企業は膨大な資本を得るためには多数の個人の財源を集めることを必要とし，なおかつ効率的な組織の経営を行うことによってようやく消費者が満足できる鋼，銅，パン，衣類などの消耗品を生産することができ，又は交通設備，電気，道路などといったインフラを提供することができる。人々はその企業の製品によって毎日のニーズを快適に満たすことができ，一方でビジネスマンたちは公共へのサービス提供による報酬から金銭的利益を得ることができる。ハニファンは，このような相互関係と社会的共同の構築との間に次のような共通する要素があることを見出した。人は個人の力だけでは自分の問題を解決することは不可能であり，さらには家族という名の統合された団結でさえも個人の欲求を十分に満たすことはできない。通常，すべての個人は友人を持ち，家族より大きなグループの一部に帰属したいと思っている。個人が隣人と関係を持ち，そしてその隣人も他の隣人と関係を，そしてさらにまた他の隣人との接触を繰り返し，その関係が大きくなるにつれて，個人は社会的欲求をよりよく満たすことができる。このソーシャル・キャピタルの蓄積は個人の生活を改善するだけでなく，社会全体の改善をもたらす可能性を有する[3]。十分なソーシャル・キ

第7節　社会科教育におけるソーシャル・キャピタル（社会関係資本）の価値観育成　137

ャピタルが蓄積された時，ソーシャル・キャピタルに熟練した指導者がいれば，容易にコミュニティーの福祉の改善が実現できる[4]と彼は論じた。

　また，ブルデュー（P.Bourdieu）も，その著作 The Forms of Capital の中で資本（キャピタル）の概念を明確にした。ブルデューによるとソーシャル・キャピタルとは全ての存在する資源，そして強力な相互関係から出てくる潜在的な可能性である[5]。資本とは，経済資本だけでなく，文化資本とソーシャル・キャピタルの三つに分けることができる概念であり，全ての経済的な資本取引には常に文化資本とソーシャル・キャピタルという無形の，実際に目では見えない資本も伴っている。これらの概念の特徴として，まず経済資本は容易に現金に変換することができ，所有権という形で制度化することができる。一方，文化資本もソーシャル・キャピタルも現金に変換できない訳ではなく，ある条件の下で現金に変換することも可能である。したがって，ブルデューはソーシャル・キャピタルとは相互に既知であると認識しているグループが持っている実際に存在する資源や潜在的な可能性などといった全てのリソースであると定義した。そして彼はその機能は，グループのひとり一人のメンバーが所有するソーシャル・キャピタルの量，その個人がグループ内で形成したネットワークの質と量，そして個人でどの程度文化的，社会的，経済的資本を有するかなどの個々人の容量に依存しているとした[6]。

　一方，フクヤマ（F.Y.Fukuyama）はソーシャル・キャピタルという概念を多くの意味で解釈した。一つ目はソーシャル・キャピタルとは人々が自分自身を管理するために必要な能力と解釈した。フクヤマがイメージしたソーシャル・キャピタルはトクヴィル（A.Tocqueville）の『アメリカの民主主義』で示されたものと似ており，ソーシャル・キャピタルとはいわば団結する能力である。『アメリカの民主主義』の中でトクヴィルはアメリカ人が持ちうる団結力は芸術的にまで高く，アメリカの人々は何かと特定の目的のために有志団体を結成することが習慣として根付いていると述べている。現在のアメリカの政府と民主主義のシステムがうまく機能しているのは人々が政治や社会的な目的を持つ有志団体を集める器用さを持っているからであり，その意味でソーシャル・キャピ

タルとは自分自身を律する市民の能力の一つだといえるだろう。コールマン（J.Coleman）も同様にソーシャル・キャピタルとはすなわち個人が持ちうるグループ内での作業能力と定義している[7]。

　二つ目の意味として，フクヤマは，ソーシャル・キャピタルの概念をより広い観点からとらえた。それはグループのメンバーが共有する価値観やインフォーマルなノルマとしてである。共有された価値観とノルマはグループ内でのメンバーの協力的な行動につながる[8]。グループは，メンバーが互いに正直で信用できると判断することによって信頼し合うのであり，信頼とはまさにグループや組織の効率を高める潤滑剤である。ただし，フクヤマは，共有された価値観に問題がある場合，必ずしもグループ内で共有されている価値観やノルマなどは直接ソーシャル・キャピタルの蓄積につながるわけではないとも述べており，マフィア組織の規範やノルマはソーシャル・キャピタルとはいえないことを例に挙げている。なぜなら，それは市民の協力意識を呼び起こすことはできず，そして政府や経済発展に悪影響を及ぼすからである。その意味で，ソーシャル・キャピタルとなりうる価値観とは，正直さ，義務を果たす誠実さや，互恵の原則などのことを指す[9]といえる。

　三つ目にフクヤマが挙げるのは，誠実さや互恵の価値に基づいて社会的な協力関係を維持する能力としてのソーシャル・キャピタルである[10]。この意味で，ソーシャル・キャピタルとは人々のグループとの関係の中で根付いた協力の規範ともいえる。犯罪などといった地域社会の規範に違反した行動はソーシャル・キャピタルの欠如を示しており，フクヤマによれば，最良な犯罪防止の方法は警察の強力な抑圧的な力ではなく，市民が十代の若者たちを法律と規律に従うように教育したり，規律の違反者に対して市民が精神的な圧力をかけたりすることを通じて正しい道に導くことである[11]。

　上記の幾つかの定義から，ソーシャル・キャピタル理論の基本原理は，社会規範や文化，信頼（誠実さ）の意味を根づかせることの重要性と，協調性，互恵を構築していくために市民の役割と団結が最適化されることといえる。

3 社会正義と平等社会の創造に必要なソーシャル・キャピタルと規範の創出

　現在，国家間の平等と社会正義をもたらすため，そして，地域，国，および国際といった様々なレベルにおいてソーシャル・キャピタルを最適化するための努力が様々になされている。その一例が，ヨーロッパの共同コミュニティーの創設をめざす欧州連合（EU）や東南アジア諸国連合（ASEAN）などのような地域共同体であろう。しかし，ソーシャル・キャピタルを増加させる様々な取組が世界各地で注目を集めている一方で，ソーシャル・キャピタルの減少を示す出来事も各地で起きている。現在，最も深刻なものとして，世界各地で起きているテロリズムの問題がある。この問題は，大国の小国に対する恣意的な態度に対して，貧弱な組織が決して正当化できない方法で反発していることが原因となっている。例えば，2003 年のアメリカのイラク侵攻の場合，たとえイラクのサダム・フセイン政権の打倒が目的であったとしても，国際連合で定められた国連憲章を無視した恣意的なアメリカの態度は不信感を引き起こすのに十分なものであった。そして，その結果として，アルカイダや ISIS などの排他的なグループの活動が活発することになっていった。また，最近の人種差別問題の発生も例として挙げることができる。アメリカ社会の数十年にわたる努力によって改善しつつあった人種差別問題は，ダラス市で発生した白人警察官への発砲事件によって再浮上した。2016 年 7 月 7 日に起きたこの事件は，その前々日にルイジアナ州，前日にミネソタ州で発生した白人警察官による黒人への発砲・射殺事件に対する報復が動機であった[12]。

　フクヤマは彼の著作 The Great Disruption の中で，こうした問題に対処するには，ソーシャル・キャピタルのレベルを高めることのできる規範を創出する必要があると述べ，問題に直面した際，人は特定の規範を創造し，協働して解決する能力があると語った[13]。そして，フクヤマは規範が作られる際の四つの類型を示し，分析の枠組みとした[14]（図 2-7-1）。左上部分の型は合理的な選

140　第Ⅱ章　教科教育学研究のストラテジー

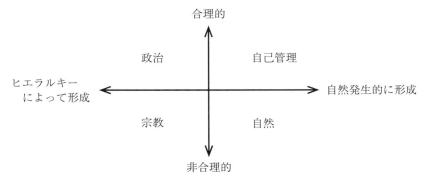

図 2-7-1　規範が作られる際の四類型

択とヒエラルキーによる規範としての「政治」，左下部分の型は非合理的なソースとヒエラルキーによって生まれた「宗教」，右上部分の型は合理的な交渉の結果から生まれた「自己管理」，そして右下部分型は非合理的なソースから生まれた「自然」となっている。この類型によると，伝統的な民族社会の規範の起源は左下部分の「宗教」となり，一方，より現代的な社会になっていくと下の部分に由来する規範は少なくなり，上方部分の「政治」「自己管理」に由来する規範が多く形成される。特に，現代においては「政治」による規範の創出が重要な位置を占めている。しかし，一方でフクヤマ自身は，右上部分に由来する規範を重視し，すべての社会問題が政府の政策によって対処することができるという従来の考え方に異議を申し立て，1960年代のアメリカでの犯罪率の上昇に，政府の政策が有効に機能しなかった例を挙げつつ，より高いレベルのソーシャル・キャピタルを実現するためには，「自己管理」に基づく規範の創出が重要であることを主張している[15]。

4　社会科教育においてのソーシャル・キャピタルの価値の育成

　インドネシアの学校教育においては，生徒が自分自身を確立し，個人やグループのメンバーとして，よりよい社会の発展に参加できるようになるため，社

第7節　社会科教育におけるソーシャル・キャピタル（社会関係資本）の価値観育成　141

会科を通じて「良き態度」「深い知識」「技術」が習得できるように構成されている。これは「相互依存の世界と民主的な社会において，文化的に異なった背景を持つ市民である若者たちが，社会問題に対応し，共通の利益の為に適切な意志決定を行うことができる能力を身に付ける手助けをする」という社会科教育の目的と合致する[16]。

　ソーシャル・キャピタルを発展させるための社会科学習のデザイン設計を行うには，授業で扱うソーシャル・キャピタルの価値を絞り込み，明確にすることが，まず求められる。ソーシャル・キャピタルの価値は，団結力，協調性，互恵，相互尊重，ネットワーク，そして多様性を尊重し維持する能力といったものであろうが，これらの中から価値を絞り込み，適切な授業方法を選択しなければならない。ここでは，その一例として格差の問題をとりあげ，問題解決の手法を用いた学習のデザイン設計を試みる。世界には多くの解決すべき問題がある。例えば世界各地で生じている社会的経済的格差の問題もその一つであろう。

　具体的な問題解決のプロセスは，トリフィンガー（Donald J. Treffinger）によって定義された以下の表2-7-1の6段階を用いて行うことにする[17]。この6段階による学習方法を授業に適応させると，次のような授業プロセスが想定できる。

　①の段階では，まず生徒がどのような社会問題について取り組むのか選択させる。その際，教師は，生徒が教科書や他の関連する資料や情報源を通じて様々な問題を見つけ出すことを支援する。この段階で，教師は社会的経済的格

表2-7-1　トリフィンガーの問題解決学習のプロセス

①生徒は様々な問題を探す。
②生徒は疑問を出し合い，その問題に関するデータを収集する。
③生徒は解決することができる問題を一つ選択する。
④生徒は問題を解決するために必要な仮説を立てる。
⑤生徒は一つの解決策を選択する。
　　　　　（例えば，複数提供された仮説から，一つを選び評価する）
⑥生徒は選択した解決方法に基づいて行動計画を策定する。

142　第Ⅱ章　教科教育学研究のストラテジー

差問題に関する写真や動画を生徒たちに見せたり，教科書等を読ませたりさせ
る。その後，教師は生徒に世界中で起きている社会的経済的格差問題の一覧表
を作らせる。生徒は一覧表を見て，問題を自分の身近な地域にある社会的経済
的格差問題に結びつけ，問題の比較を行う。②の段階では，生徒たちは疑問を
出し合い，その問題について考察するためのデータを収集する。この段階で，
生徒が疑問を持ち，問題を裏付けるデータを収集することは，生徒が次の段階
で彼らの疑問を解決するための調査をについて考えることを意味する。③の段
階では，前段階で作った問題の一覧表を見て，生徒はその中から解決できそう
な質問を一つだけ選ぶ。一つだけを選ばせるのは，生徒が何を興味深く思った
のかを教師が理解でき，生徒がより深いレベルで思考できるようするためであ
る。④の段階では，教師は生徒の問題解決のための仮説を立てる手伝いをする。
問題を解決する前に，生徒は仮説について自分なりの答えを出していく。仮説
は多ければ多い程良い。⑤の段階では，教師は生徒に前段階で立てた仮説の中
からひとつ，解決できそうなものを選択させる。選択の際は，生徒は必ず自分
自身が立てた仮説と，思いついた解決策を選ぶようにする。一方，教師は生徒
が自分の仮説を構築させることに専念させることもできるが，生徒らの仮説を
より明確にするために他の生徒との間で議論をさせることもできる。（議論にお
いては，教師は聞く立場に徹するのも良い）。⑥の段階では生徒に問題を解決する
ための行動計画を作成させる。そして生徒に問題解決の方策について作文を書
かせる。ここでは生徒のワークシートや新聞づくり，又は研究報告書という形
で行うこともできる。ここでは，生徒がより深く考え，意思決定をするために
利用したものを整理する学習活動を伴なう(18)。生徒が解決のための行動計画
を作成する際，教師は生徒にコミュニティーへの参加，グループ作業，ネット
ワーキング，相互関係などといったソーシャル・キャピタルの理論的枠組みを
与える。このことによってより生徒の解決策の焦点がより深まることになる。

5 民主主義はソーシャル・キャピタルと社会科教育の基本を成長させる最適な手段

　フクヤマの主張に基づくと，民主主義に基づいた政治的規範はソーシャル・キャピタルを開発し成長させるための重要な手段である。たとえ国民が国の最高決定権を有する民主主義国であっても，国民が教育不足や責任感を持ち合わせていないならばその民主主義は機能しない。社会科学習において生徒が個別に調査・研究活動を行ったからといって，民主主義教育を行ったということにはならないかもしれない。しかし，学校とは多様な生徒から（もちろん教師やスタッフも）成りたつコミュニティーである。学校という環境は民主主義の基本である社会問題，互いに協力し合う団結力などといった教育を生徒に提供する。社会科学習においての調査・研究活動は生徒のグループ内でのディスカッションや協力活動を必要とする。また，社会問題の解決策を模索する研究活動においては正に生徒の民主的な能力を育成する上で重要な活動である。生徒が情報に対して分析を行い，他人に振り回されないよう自身の意志決定で物事を進めることは民主主義の理に叶っているであろう。

　ここでの教育の基本的な原則は，どのようにして生徒のモチベーションを高め，生徒が自ら動くかである。モチベーションを高めるのは何も教師だけではない。生徒同士の共同作業を通じて，お互いにモチベーションを与えることもできる。社会科学習の主な役割は，生徒たちに相互関係を築かせることや，積極的に有益な活動を通じてお互いに影響を与える機会を提供することである。これは言い換えると社会科学習自体が民主的でなければならないということである。社会科学習は生徒にお互いの意見を交換しあう共同学習でのディスカッションの場や，クラス内の活動で様々な機会を生徒に与える必要があろう。公正かつ公平な世界秩序を形成するため，貧困削減の問題の解決は，我々すべての人間の義務である。社会科において，ソーシャル・キャピタルの概念を用い，活動という形を通して学習することで，生徒には平等な社会の創造に貢献できる能力が備わるはずである。

（ナスティオン Nasution）

144   第Ⅱ章　教科教育学研究のストラテジー

註

（ 1 ） L. J. Hanifan (1916), The Annals of the American Academy of Political and Social Science, Vol. 67, pp. 131.

（ 2 ） *Ibid.*, p. 130.

（ 3 ） *Ibid.*, p. 130.

（ 4 ） *Ibid.*, p. 131.

（ 5 ） Alejandro Portes, Social Capital: Its Origins and Applications in Modern Sociology. In: Annual Reviews. Sociology. 1998. 24:1-24 (p.3).

（ 6 ） Rusydi Syahra, Modal Sosial: Konsep dan Aplikasi. Jurnal Masyarakat dan Budaya, Volume 5 No. 1 Tahun 2003, p. 2-3. Lihat juga Bourdieu, Pierre [1983](1986) "The Forms of Capitl", dalam J. Richardson, ed. Handbook of Theory and Research for the Sociology of Education. Westport, CT: Greenwood Press, p. 249.

（ 7 ） James Coleman, in: Francis Fukuyama, Social Capital and Development: The Coming Agenda. SAIS Review vol. XXII no. 1 (Winter–Spring 2002), p. 23.

（ 8 ） Francis Fukuyama, Guncangan Besar: Kodrat manusia dan Tata Sosial Baru (Gramedia Pustaka Utama, 2005: 20).

（ 9 ） *Ibid.*, p. 21.

（10） *Ibid.*, p. 25.

（11） *Ibid.*, p. 34.

（12） Jawa Pos,9 Juli 2016,p.3.

（13） Fukuyama,F., *The Great Disruption*, 1999, p. 229.

（14） *Ibid.*, p.230.

（15） *Ibid.*, pp.158-159.

（16） NCSS. 1994. Expectation of Excellence: Curriculum Standards for Social Studies (Washington).

（17） Alison Sewell M., Sue Fuller, Rosemary C. Murphy, Barbara H. Funnel. "Creative Problem Solving: A Means to Authentic and Purposeful Social Studies", in: The Social Studies, July/August 2002, vol. 93, number 4 (pp. 176-179).

（18） 学習デザインに基づいた実践については，今後の研究において試みる。

第Ⅲ章

教科教育の本質に迫る授業研究

第1節　理論批判学習の射程
―アクティブ・ラーニングを越えて―

　今日，資質能力育成のための「アクティブ・ラーニング」の導入が叫ばれている。社会科，地理歴史科・公民科においてもその影響は大きい。教育界ではこれまでも様々な要請がマジックワードとともに出されてきた。本稿ではこのような状況を踏まえながら，原田智仁の「理論批判学習」を取り上げ，改めてその有効性と可能性，そしてその限界性を吟味していきたい。

　まず，今日的要請としてのアクティブ・ラーニングについて概観する。次に理論批判学習として開発された単元を具体的に取り上げ，その授業構成論について概観する。その後，アクティブ・ラーニングで求められる視点に沿いながら理論批判学習の有効性と可能性，そしてその限界性について吟味していきたい。

1　今日的要請としてのアクティブ・ラーニング

　アクティブ・ラーニングは，教育課程部会総則・評価特別部会資料「アクティブ・ラーニングの視点と資質・能力の育成との関係について―特に『深い学び』を実現する観点から―」（平成28年3月14日資料1-1）に次のように述べられ，不断の授業改善の視点として述べられている。

　○「論点整理」を踏まえ，学校現場では様々な取組が広がりつつある一方で，「この
　　型を取り入れなければアクティブ・ラーニングではない」「この方法を実施してお
　　けば見直しの必要はない」というような，「型」に着目した理解がなされていると
　　の懸念もある。「論点整理」にもあるように，アクティブ・ラーニングの視点は，
　　特定の学習・指導の型や方法の在り方ではなく，習得・活用・探究の学習過程全体
　　を見通した不断の授業改善の視点であることに留意する必要がある。

148　第Ⅲ章　教科教育の本質に迫る授業研究

（平成 28 年 3 月 14 日総則・評価特別部会資料 1-1）

教育課程実施における学習のあるべき姿を「主体的・対話的で深い学び」とし，これらを視点とした学びをアクティブ・ラーニングとしている。

2　理論批判学習の授業構成論とそのモデル
―単元「カースト制度の歴史構造」を事例にして―

理論批判学習は，原田智仁によって提案され，社会科教育学における開発研究の先駆けとして『世界史教育内容開発研究―理論批判学習―』（風間書房，2000 年）にまとめられ，その授業構成論と授業モデルが詳細な教授計画書とともに示されている。ここでは，そこに示された単元「カースト制度の歴史構造」を取り上げて理論批判学習の授業構成論の概要を述べる。

(1)　単元「カースト制度の歴史構造」の概要

単元「カースト制度の歴史構造」は 7 時間配当で構成され，単元の目的は，「カースト制度の歴史構造の探求を通して，インド史を構造的に把握するとともに，理論批判学習の方法を身につける。」[1] となっている。紙幅の関係があるので，ここでは，到達目標として位置付けられ構造化された知識の構造（表3-1-1）とカースト制度理論探求のための基本過程（表 3-1-2）を示すことで，学習内容としての理論と，授業展開における主な問いと事例を概観していく。

理論批判学習のめざすところは，"開かれた科学的社会認識"の形成にある[4]。そのため，理論批判学習の学習内容は歴史学・社会諸科学の理論に基

表 3-1-1　教育内容として選定されたカースト制度の知識の構造[2]

①　カースト制度とはヴァルナとジャーティからなるインドの一体化した社会制度をさす。
　○　ヴァルナとはインドで歴史的に形成された理念的な身分階層秩序をさす。
　　・ヴァルナはバラモン・クシャトリヤ・ヴァイシャ・シュードラと不可触民からなる。
　　・ヴァルナはジャーティを外から規制する大きな枠組みである。
　○　ジャーティとはインドで特定の地縁・血縁・職業などで結びついた社会集団をさす。
　　・ジャーティはその内部でしか結婚せず，身分は生まれによって獲得される。
　　・どのジャーティも四つのヴァルナないしアウト・カーストのいずれかに所属する。

第1節 理論批判学習の射程 149

② カースト制度はヴァルナを基盤に，諸要因の複雑な結合によって歴史的に形成された。
　○ ヴァルナはアーリヤ人の先住民征服に端を発し，国家建設の過程で社会の階層化と
　　固定化が進んだことにより，四種姓として成立した。
　○ アーリヤ人の地理的拡大とともに先住民との混血や新たな部族の同化が進み，社会
　　の細分化が進行した結果，各種の職業と結びついたジャーティが成立した。
　○ アーリヤ人社会の拡大とヴァルナ的秩序確立の過程で，未開部族民などヴァルナ社
　　会の周辺に住む人々が不可触視される傾向が生まれ，次第に不可触民と見做された。
③ カースト制度は上からのカースト化，下からのカースト化，ヒンドゥ教の下での生活
　規範化を主たる理由に，長期間存続してきた。
　○ インドの支配層は絶えずヴァルナ的階層秩序を温存・利用しようとした。
　　・下層ヴァルナは上層ヴァルナの慣行を取り入れることで社会的地位の向上を図った。
　○ インドの民衆は職業や地縁・血縁で結ばれたジャーティを維持しようとした。
　　・各ジャーティは分業・契約関係で相互に結ばれていた。
　○ カースト制度はヒンドゥ教と結びついて，生活規範化した。
　　・浄・不浄観念はバラモンを最清浄，不可触民を最不浄とする考えを生みだした。
　　・業・輪廻思想にもとづく徹底的宿命観は，ヴァルナを維持する役割を果たした。

表 3-1-2　カースト制度理論探求のための基本過程[(3)]

Ⅰ　事実認識と問題把握
（1）カースト制度の構造と機能【カースト制度（ヴァルナとジャーティ）の現状の事例】
　　「カースト制度とは何か」
（2）カースト制度の成立の由来【古代インド史（ヴェーダ時代～グプタ朝）の事例】
　　「カースト制度はどのように成立したか」
Ⅱ　理論の発見・創造
　○ カースト制度の存続理由に関する仮説の形成【事例なし】
　　「カースト制度が2000年も続いてきた理由をどう説明するのか」
Ⅲ　理論の吟味・検証
（1）古代におけるカースト制度への挑戦【バラモンとクシャトリヤの癒着の事例】
　　「カースト制度を否定する仏教が成立したのに，カースト制度が存続したのはなぜか」
（2）古代におけるカースト制度への挑戦【ヒンドゥ教の思想と仏教衰退の事例】
　　「なぜ仏教はヒンドゥ教に吸収されていったのか」
（3）中世におけるカースト制度への挑戦【イスラム勢力のインド支配の事例】
　　「600年も続いたイスラム支配下で，なぜカースト制度は衰退しなかったのか」
（4）近代におけるカースト制度への挑戦【イギリスのインド統治政策の変容の事例】
　　「近代原理に立つイギリスの植民地支配下で，なぜカースト制度は衰退しなかったの
　　か」
Ⅳ　理論の応用・発展
　○ カースト制度の未来予測【インドの近代化とカースト制度の事例】
　　「カースト制度はこれからどうなってゆくだろうか」

150 第Ⅲ章 教科教育の本質に迫る授業研究

づいた理論を仮説として中核に位置付け，学習過程はその仮説を批判的に吟味・検証させる過程となっている。事例としてあげた単元「カースト制度の歴史構造」においても，学習内容の中核となる理論は，インド研究からインド史ならびにカースト制度に関する基本文献を抽出し，①カースト制度の構造と機能，②カースト制度の支柱，③カースト制度の成立と展開という三つのカテゴリーで理論が探索されている[5]。しかも，学問的理論体系をそのまま注入させることがないよう，理論は，事例（資料）の有無，生徒の探求の論理についての考慮がなされた上で選択され，生徒の探求が可能なように教育的加工，再構成（構造化）され，表1に示すように，具体的な問いに対応して命題化されている。学習過程も，「カースト制度が2000年も続いてきた理由をどう説明するのか」（実際の授業展開では，「このように2000年も前に成立したカースト制度が，なぜ今日まで続いてきたのか。」という問いになっている[6]。）という単元全体を貫く問いに対して，①上からのカースト化，②下からのカースト化，③生活規範としてのカースト制度の三つの仮説を，吟味・検証していく過程として組織されている。理論（仮説）の検証の過程で，インドの歴史事象は事例として手段化され，カースト制度の理論を習得しつつインド史も学べるものとなっている。

(2) 理論批判学習の授業構成論

先の単元事例で見てきたように，理論批判学習の目的は，理論の学習にある[7]。

学習内容は，理論を中核とする。歴史は理論を学習するための手段とされる。その理論は，中範囲理論が選択される[8]。中範囲理論は，アメリカの社会学者R.K.マートンによって提唱された理論である[9]。中範囲理論は，事象の意味や構造を一定の地域（国）や時代を超えて一般的に説明する普遍理論，個別の事象を説明する個別理論の中間に位置する理論である。対象とする地域や時代を経験的検証が可能な範囲に限定する。そうすることで，理論と事実との乖離を防ぎつつ個別的問題にも対応し，一般化され説明される範囲は限定されるけれども事実に即した検証可能な説明を提供する。こうすることで，理論批判学習は理論の仮説性を受け容れることが可能となるのである[10]。ここが理論

批判学習の大きな特質といえる。この理論の仮説性が，学習過程を批判的に吟味・検証することを可能とする。

　理論批判学習の学習過程は，理論を批判的に吟味・検証する過程として組織される。理論の仮説性が，理論の一方的な教授ではなく，学習者自身による吟味・検証を可能とする。理論批判学習の基本的学習過程は，以下のようになる[11]。

- Ⅰ　主題に係わる事実認識を通して，問題を把握する。
- Ⅱ　問題の解答を直観的に予想し，あるいは何らかの歴史的事例の分析を通して，理論（説明的仮説）を発見・創造する。
- Ⅲ　発見・創造した理論を，別の歴史的事例で検証し，場合によっては修正する。
- Ⅳ　検証ないし修正した理論を，新たな歴史的事例に応用し，理論の発展を図る。

3　「主体的な学び」を保証する理論批判学習

　理論批判学習は，今日求められている「主体的な学び」の要請にどう応えることができるだろうか。これについては，大きく二つのことをあげることができよう。一つは学習者の動機付けとして学習対象に対する関心や課題意識を持たせることができるということ。そしてもう一つは，認識の科学性の追求としての主体性を保証することができるということである。

　前者については，先に挙げた単元事例における「このように 2000 年も前に成立したカースト制度が，なぜ今日まで続いてきたのか。」という問いが如実に表している。原田はこの授業を開発するにあたって，教科書に見られる項目に従った場合，「わが国の高校生が，ヒンドゥ～ムスリム諸王朝の攻防やインド古典文化を理解することに，果たしてどれだけの問題関心を示すだろうか」と述べている[12]。また，その原因についても，「われわれの生活との接点がほとんど感じられない」「学ぶことによってインド史のみならず現在のインド社

152　第Ⅲ章　教科教育の本質に迫る授業研究

会がわかる，あるいは日本社会がわかる，さらには自分の考え方や生き方が問
われる，といった緊張関係とは無縁の内容なのである」と述べている[13]。そ
のような中で，原田が開発した単元の「このように 2000 年も前に成立したカ
ースト制度が，なぜ今日まで続いてきたのか。」の問いは秀逸である。この問
いには，中学校でのカースト制度についての既有の知識への配慮，日本では士
農工商の身分制度は廃止されたのになぜインドでは現在まで強固に残っている
のか，という日本の歴史や社会との比較による関心意欲の喚起，インドの人た
ちはなぜ立ち上がらないのか，差別されても平気なのかと過去の問題としてで
はなく，現在の問題として考えさせようとする課題意識の醸成が詰まってい
る[14]。まさに，「主体的な学び」として動機付け，学習対象に対する関心や課
題意識を持たせる問いとなっている。

　それがなぜ可能か。それは，理論批判学習が理論を中核にし，歴史を手段と
しているからに他ならない。それは，この学習が一回性の個別の事実を学ぶ学
習ではなく，ある地域や時代の構造史理論を学ぶものとなっており，習得され
た理論は見方・考え方として活用可能となっているからである。問いは，理論
を探求させる「なぜ」の問いとなり，学習者に探求を促す。

　このことは，さらに後者の認識の科学性の追求としての主体性を保証する。
いくら優れた理論であっても，理論の注入では学習者の主体性は保証できない
し，活用できる理論の習得は不可能である。「なぜ」という問いに対して，直
観的に発見した理論を事例を通して批判的に吟味・検証する学習過程をとって
こそ，学習者の主体性は保証され，習得した理論も活用可能となるのである。

4　「対話的な学び」を保証する理論批判学習

　「対話的な学び」についてはどうであろうか。何度も述べているように，理
論批判学習では，学習過程は理論の吟味・検証過程となる。そのため，授業に
おける学習活動は，仮説の吟味・検証をめぐって討論となる。ただし，理論批
判学習での討論は，「指導された討論」となる[15]。討論は，学習者の主体性を

重視するあまり学習者任せの討論になると，例えば，争点を絞り込めばより高次の認識へと発展しそうな発言があっても，教師がそれを示唆しなかったために各々が自らの立場に固執し，学習集団としての認識の発展が見られなかったり，せっかく誰かによって新しい視点が提起されてもその意義に気づかずに終わってしまったり，認識が誤っていてもそのまま討論が続行したりするなど，深まりのない討論となりがちである[16]。この場合，せっかくの討論は恣意的になり，ひいては認識の科学性は保証されないこととなる。このようなことを正し，理論の批判的な吟味・検証を間主観的に行わせるようにできるのは，教師しかいない。事実に基づいた厳しい間主観的な批判的吟味による討論こそが真の「対話的な学び」を保証するのである。教師はそのために積極的に指導に入ることを躊躇ってはならないだろう。

5 「深い学び」を保証する理論批判学習

これまで述べてきたことを踏まえると，理論批判学習が「深い学び」を保証することが見えてくるだろう。先に挙げた単元「カースト制度の歴史構造」においても過去を知って今を知ることのできる「深い学び」を保証していた。社会諸科学に基づいた理論を中核とし，事実に基づいた厳しい吟味・検証過程を学習過程とする理論批判学習は，内容的にも方法的にも学習者に知的に挑戦する「深い学び」を保証する。

6 アクティブ・ラーニングを越えて

さらに理論批判学習の有効性と可能性はどこにあるだろうか。一つには，歴史の大観学習への可能性を開く。なぜなら，理論批判学習では，理論を構造史理論によって設定することが可能だからである。理論をある主題（視点）からの構造史によって設定することで，ある時代を構造として大観することができ，他の時代の構造と比較することが可能となる。具体的には，「権力」という視

点から日本の中世を大観させる授業を提案している原田の別稿を参照されたい[17]。

　加えて，理論批判学習は，理論の設定の仕方によって，さらなる学びの主体性を拡げることが可能である。それは，社会史による理論の設定である。すでに原田は「ハーメルンの笛吹き男」を題材とした授業を開発している[18]。これまで歴史の学習は，時の支配層から捉えたものとなりがちであった。民衆側から捉える社会史は，事例の面白さだけでなく，当時の民衆の心性にも触れることになり，学習者の学びの主体性をさらに拡げるものとなろう。

　さらに，当時の人びとの心性を扱う際には，「歴史的エンパシー」を取り入れた理論批判学習が有効であろう[19]。この場合，「現代の私たちでは理解できないのに，なぜ，当時の人びとは○○することができたのだろう」といった複文形の問いを契機に，当時の社会背景，社会構造へと探求を誘うことが可能となる。

　このような理論批判学習を年間を通して続けること。ここに理論批判学習が持つもっとも大きな可能性を見いだすことができるだろう。それは，民主的な性向を育成する可能性である[20]。先に述べてきたように，理論批判学習は，中範囲の理論を中核とする。それゆえに，事実との理論との間における理論の吟味・検証を保証し，理論の仮説性を保証する。つまり，理論の吟味・検証過程は，学習者に常に「なぜ，そうなのか」「本当にそうなのか」と問い続けることを求める。その吟味・検証過程は「指導された討論」となり，「反対意見に耳をかたむけ，自分が誤っていれば，それを素直に認め，より間違いの少ない意見，理論があればそれを受け容れていくという態度」[21]，すなわち，「開かれた心」と「知的廉直」を育てることとなろう。そして理論の仮説性は，ある単元において理論を習得して授業が終わったとしても，習得した理論はいつ反駁されるかわからない仮説として「他の理論に変わるかもしれない」と開かれた状態で他の理論を受け容れる構えをつくることとなるだろう。もちろん，理論批判学習を行えば，このような性向が身につく，とは言いいきれないだろう。しかし，これら性向は開かれた価値多元的な社会において必要とされる資

第1節　理論批判学習の射程　　155

質であり(22)，理論批判学習が年間を通して繰り返して行われることによって
育成されていくのではないだろうか。

　いずれにしても，これらは教師の主体的な教育内容開発を必要とする。理論
批判学習は，社会諸科学の成果に基づいた理論の選択，目の前の学習者を想定
した理論の再構成・構造化（教育的加工），事例の選択，吟味・検証過程の組織
化など，教師による自主的・自立的な教育内容開発が求められる。まさに，カ
リキュラム・メーカーとしての教師の主体性が求められていると言えよう(23)。
理論批判学習が抱える限界性として課題を挙げるならば，この教師の主体性の
保証が，教師の教材開発能力の形成とともに課題となろう(24)。

　理論批判学習は今や「新しい」とは言えない学習論かもしれない。しかし，
「主体的・対話的で深い学び」が求められる今こそ，マジックワードに惑わさ
れることなく，探求を保証する理論批判学習による授業開発が求められるので
はないだろうか。

（中本　和彦）

註及び引用文献
（1）原田智仁『世界史教育内容開発研究―理論批判学習―』風間書房，2000 年，p.274
（2）同上書，p.60
（3）同上書，p.61
（4）同上書，p.5
（5）同上書，p.54
（6）同上書，p.281
（7）同上書，p.149
（8）同上書，pp.118-121
（9）R・K・マートン著，森東吾・森好夫・金沢実訳『社会理論と機能分析』（現代
　　社会学体系 13）青木書店，1969 年。
（10）原田智仁（2000 年），前掲書，p.150
（11）同上書，p.151
（12）同上書，p.271
（13）同上書，p.271
（14）同上書，p.272

156 第Ⅲ章 教科教育の本質に迫る授業研究

（15）同上書，p.143

（16）同上書，pp.106-111

（17）原田智仁「歴史を大観する学習の単元構成論―日本と英国の事例分析を手がかりにして―」『社会科研究』第78号，2013年，pp.1-12

（18）原田智仁（2000年），前掲書，pp.425-460
社会史による開発研究として，梅津正美『歴史教育内容改革研究―社会史教授の論理と展開―』風間書房，2006年がある。

（19）「歴史的エンパシー」については，以下のものを参照。

・キース・C・バートン，リンダ・S・レヴィスティク著，渡部竜也・草原和博・田口紘子・田中伸訳『コモン・グッドのための歴史教育―社会文化的アプローチ―』春風社，2015年

・原田智仁「人物学習の基礎・基本②―めざすはシンパシーではなくエンパシー」『社会科教育』明治図書，2014年4月号，pp.112-115

（20）性向については，佐伯胖『学力と思考』第一法規出版，1982年，pp.23-38を参照。

（21）森分孝治『社会科授業構成の理論と方法』明治図書，1978年，p.165

（22）原田は，政治的社会化の文脈において開かれた価値多元的社会に必要な資質について述べている。原田智仁（2000年），前掲書，pp.88-89

（23）スティーブン・J・ソーントン著，渡部竜也・山田秀和・田中伸・堀田諭訳『教師のゲートキーピング―主体的な学習者を生む社会科カリキュラムに向けて―』春風社，2012年参照。

（24）まさに，この課題の克服こそが，原田の提案した教育内容開発における教授計画書の作成であった。しかしそのための教師の主体性については，原田も「（…略…）果たして一人の教師にできるのかというきわめて現実的な質問である。これに対しては，その気になればできるし，またしなければならないと答えるしかない。」（原田智仁（2000年，前掲書，p.63）と述べているにとどまっている。このような教師の主体性の課題の克服については，近年，それを支援するものとして米国のNCSSスタンダードの機能が論じられている。詳しくは，堀田諭「教師のゲートキーピングを支援する社会科スタンダードの構成原理―米国における新旧NCSSカリキュラムスタンダードの機能の原理的転換―」『社会科研究』第82号，2015年，pp.25-36参照。

第2節　小学校中学年社会科における
多文化的歴史教育の授業開発
―単元「南京町の年中行事とその歴史」を通して―

1　問題意識

　日本社会がグローバル化し，教室が多国籍化・多民族化する中，歴史教育の
あり方が問われている。マイノリティにとってもマジョリティにとっても平等
で公正な社会を実現するための歴史教育はどうあるべきか。本稿では多文化的
概念[1] を学びながら，多文化的コンピテンシーを育む多文化的歴史教育に着
目したい。松尾知明の考えに基づけば，多文化的コンピテンシーとは，(1) 構
築主義的な見方への転換，(2) 不平等社会の脱構築，(3) 日本社会の再構築，
と言い換えることができる[2]。つまり，(1) 物事には本質的な実体があると
捉える見方から，歴史的社会的に形成されてきたあり様を捉える見方へ転換す
ること，(2) マジョリティのもつ目に見えない文化実践，自分や他者を見る視
点，構造的な特権などから構成される「日本人性」を可視化すること，(3) 多
文化共生の理念を追究し，新たな社会のあり方を模索していくことである。本
稿では，松尾のいう (1) や (2) を視野に入れた多文化的歴史教育の授業開発
を目的とする。対象学年は先行研究のない小学校中学年である。なお，多文化
的歴史教育を展開するためには，J.A. バンクスの変換アプローチが重要となる。
そこでまず変換アプローチとそれに基づく授業構成を明らかにし，単元「南京
町の年中行事とその歴史」の開発を行う。

2 変換アプローチに基づく授業構成

バンクスによると，多文化教育には，カリキュラム改革のための4つのアプローチがある。①貢献アプローチ（諸民族集団の英雄や祝祭日などに着目する方法），②付加アプローチ（既存のカリキュラム構造を変えずに諸民族集団の内容等を付加する方法），③変換アプローチ（多様な民族・文化集団の視点から既存のカリキュラムを変換する方法），④社会的行動アプローチ（変換アプローチをさらに発展させ意思決定し社会問題を解決するのに必要な能力を身につけさせる方法），である[3]。貢献アプローチや付加アプローチは，カリキュラムの基本的な構造を変えることは

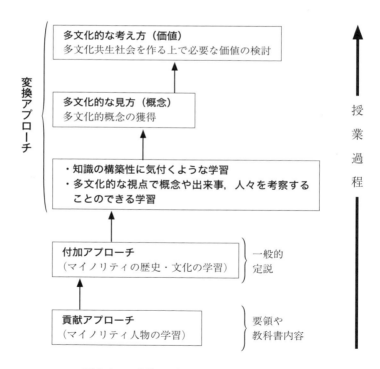

図3-2-1　変換アプローチに基づく授業過程

なく，支配的な文化の規範や価値が反映される。これに対し，生徒が多様なエスニックや文化の視点によって概念や出来事，人々を理解し，知識を社会的に構築されたものとして理解することを促すのが変換アプローチである。バンクス自身は，貢献，付加，変換アプローチが何であるのかについては述べていても，それぞれのアプローチの関連性や授業過程については述べていない。そこで太田満は図3-2-1のような変換アプローチの授業過程の仮説を立てた[4]。

　図3-2-1にあるように，まずマイノリティ人物の貢献の学習を行う（貢献アプローチ）。次に，マイノリティの歴史・文化の学習を行う（付加アプローチ）。その上で知識の構築性に気付かせ，多文化共生社会を創る上で必要な価値を検討する（変換アプローチ）。

　学習内容はこれに即して配置されることになる。まずは要領や教科書に基づく歴史学習内容を配置する。次に，教科書に登場しない一般的定説としてのマイノリティの歴史学習内容を配置する。その上で，知識の構築性に気付くような学習内容，または多文化的な視点で概念や出来事，人々を考察することのできる学習内容を配置する。最後に多文化共生社会を創る上で必要な価値を検討する学習内容を配置する。

　学習過程は，多文化的歴史教育の評価方法に基づき，知識の獲得，知識の意味理解，知識の活用・創造（使える），の三段階で考える[5]。これをそれぞれ，導入部，展開部，終結部しておこう。導入部は，基礎知識の獲得過程であり，要領や教科書内容に即した問いが組織される。展開部は，社会的探究過程であり，マイノリティの社会生活を探究する問いや人々の考え方が歴史的に形成されたことに気付く問いが組織される。終結部は，価値的探究過程であり，学習者が自身の価値に気付くような問いが組織される。なお，単元の内容によっては，終結部で価値探究を行わず，学習の振り返りをする場合もある。（本単元はその例である。）

160　第Ⅲ章　教科教育の本質に迫る授業研究

3　中学年歴史単元「南京町の年中行事とその歴史」の授業開発

(1)　単元設定の理由

　本単元で取り上げる南京町とは，神戸南京町 [6] を指している。南京町には，季節ごとに様々な年中行事が開催されている。旧正月を祝い，一年中で最高の盛り上がりを見せる春節祭，旧暦の 8 月 15 日に合わせて一年で一番美しい満月を一家団欒の象徴として祝う中秋節は，その代表である。これらは，子どもにとってはもの珍しい行事に映るかもしれないが，「地域の生産活動や町の発展，人々のまとまりなどへの願い」（要領）が込められたものである。そのような願いと年中行事は，子どもたちが暮らす地域や家庭の暮らしの中にも受け継がれている。異なる文化の年中行事を調べ，自らが住む地域の年中行事を調べれば，そこに込められた願いの共通性が見えてくるはずである。その意味で，中華街で見られる祭りは，年中行事に対する人々の普遍的な願いを見せる教材となる。

　南京町を捉えることは，自分たちの住む地域の「多文化」を捉える教材ともなる。南京町は，北野町同様，1868 年の神戸開港をきっかけに，移住した外国人らによって形成されたまちである。それらは現在，神戸でも有数の観光地であるが，1970 年代においては，南京町は，外人バーが立ち並ぶ「裏通り」となった。これを神戸市と地域住民が協力してまちづくりを行った結果，現在の姿になっていったのである。南京町の年中行事はそのプロセスの中で誕生している。

　南京町といえば，子どもは素朴に，今も昔も中国人が住む所というイメージをもちやすい。だが，1970 年代当時，華僑が経営する店は，南京町全体の 61件中 3 分の 1 程であり，「南京町商店街振興組合」のメンバーのうち，中国関係の商売をするものは 2 割もいなかったのである [7]。現在の南京町は，華僑と日本人とが協力して新しい「チャイナタウン」を一から作るという取り組みの下につくられたまちである。まちの取り組み，まちの形成に国籍・民族を超

えた協力があったという事実に着目することは重要である。日本人も外国人も共に，という協働の営みに気づくことは，チャイナタウンは中国人がつくったまちという本質的なものの見方を改めるきっかけになると考えられる。

（2）内容構成

　まず，南京町でみられる年中行事を調べる。その後に子どもたちが住む地域の年中行事を調べる。その後で両者を比較する（表3-2-1参照）。比較すると違いもあるが，共通する点も見られる。例えば獅子舞である。日本の獅子舞の原型は「北方獅子」といわれているが，南京町で舞っているのは「南方獅子」である。この事実を通して，獅子舞の多様性とルーツを知ることができる。また獅子舞を通して，「招福駆邪」への願いの共通点も理解することができる。

　次に，南京町の年中行事がいつごろから始まったのか，そもそも南京町はどのようにして現在に至るのかについて調べる。特に着目させたいのは，戦時中に空襲の被害にあい，戦後は雰囲気の悪い場所になったのが，現在は神戸有数の観光地になった事実である。この間に誰が何をしたのかを予想させたい。国際理解教育研究において，小学校低中学年段階における文化理解は輪郭の明瞭なものが理解しやすい（されやすい）と言われている[8]。1970年代以降の南京町において，華僑と日本人とが協力してまちをつくるという取り組みがあったことに目を向けさせ，チャイナタウンは中国人がつくっているというものの見方を再考させたい。

表3-2-1　南京町と子どもが住む地域の年中行事の比較例

	南京町（中国での過ごし方）	子どもが住む地域（例）
正月 旧正月	・「獅子舞」や「龍舞」で祝う。 ・前日の大晦日の夜から爆竹を鳴らし餃子を食べる。 ・家の玄関をランタンで飾る。対句を書いた赤い紙や「倒福」を貼る。	・獅子舞で祝う。 ・前日の大晦日は年越しそばを食べる。 ・初詣に出かける。 ・門松を立てる。鏡餅をおく。しめ縄を飾る。
秋祭り	・月餅を食べる ・「夜光龍」，「獅子舞」や「龍舞」	（十五夜）団子を食べる （秋祭り）神輿，お囃子

（3）学習過程の組織化

　導入部はパート１「南京町の現在」，パート２「南京町の年中行事」，パート３「地元の年中行事」，パート４「年中行事への願い」が位置づけられる。導入部では，「南京町はどんな所だろうか。」「南京町でみられる年中行事にはどんな意味があるのだろうか。」「自分の住んでいるまちの年中行事にはどんな意味があるのだろうか。」「年中行事に込められた意味や願いにどんな共通点があるだろうか。」等と発問し，学習指導要領に示されているように，年中行事の意味やそこに込められた願いに気付かせるようにする。

　展開部はパート５「南京町の歴史」が位置づけられる。展開部では，「南京町の年中行事はいつから始まったのだろうか。」「南京町はどのようにして今のまちになっただろうか。」等と発問し，住民が協力して年中行事を誕生させていったことやまちづくりのプロセスを探究する。

　終結部はパート６「振り返り」が位置づけられる。終結部では「なぜ南京町は中国人が作り上げたまちと思い込んだのだろうか。」「北野町はどのようにして現在のまちになったのだろうか。」等と発問し，自らの本質主義的な考え方を振り返ると共に，北野町の事例についても考えるように促す。

時	パート	ねらい	主な問い	子どもに獲得させたい認識
			【導入部】（10時間）	
1〜5	1. 南京町の現在	まちの様子を調べるために，見学する計画を立て，実際に見学する。	南京町はどんな所だろうか。	南京町は中国風の店や屋台がたち並んでいるところ。
6〜7	2. 南京町の年中行事	南京町で見られる年中行事の意味や願いを調べる。	南京町でみられる年中行事にはどんな意味があるのだろうか。	（例）中秋節は旧暦の８月15日に合わせて一年で一番美しい満月を一家団欒の象徴として祝う行事である。
8〜9	3. 地元の年中行事	地元の年中行事の意味や願いを調べる。	地元の年中行事にはどんな意味や願いがあるのだろうか。	（例）秋祭りは神様に豊作を感謝するために開かれている。
10〜11	4. 年中行事への願い	様々な地域で受け継がれている年中行事の意味や願いを発表し合い共通点を考える。	年中行事に込められた意味や願いにどんな共通点があるだろうか。	（例）地域に古くから伝わる行事を次の世代に残したい。たくさんの人に参加してもらって楽しんでもらいたい。

第2節　小学校中学年社会科における多文化的歴史教育の授業開発　　163

			【展開部】（1時間）	
12	5．南京町の歴史	南京町の年中行事がいつどのように始まったのかを調べる。	南京町の年中行事はいつから始まったのだろうか。	春節祭は1987年に始まった。南京町にある様々な物も1980年代以降に完成している。
		南京町の過去と現在の様子，ならびに現在のようなまちになったわけを調べる。	南京町はどのようにして今のようなまちになっただろうか。	南京町は戦時中に空襲の被害にあい戦後は雰囲気の悪い場所になったが，1970年代以降，住民が協力して現在のようなまちをつくり上げていった。
			【終結部】（1時間）	
13	6．振り返り	自分の本質主義的な考え方を振り返り，他のまちの事例について考える。	なぜ南京町は中国人が作り上げたまちと思い込んだのだろうか。	（各自の考え）
			北野町はどのようにして今のようなまちになったのだろうか	（各自の考えと調査）

4　授業計画

（1）単元目標

　南京町の年中行事と自分の住んでいる地域のそれとを比較しながら，その意味やこめられた願いの共通点を考えたり，華僑と日本人との協力があってできた南京町の歴史について調べたりして，自らの本質主義的な考え方を相対化し，北野町の事例についても考えようとする。

（2）単元の評価規準

	知識・技能	思考・判断・表現	関心・意欲・態度
知識の獲得（知っている）	・南京町や自分の住む地域には，年中行事が開かれていることが分かる。 ・資料から春節や中秋節の意味を調べることができる。	・南京町や自分の住む地域で開かれる年中行事に込められた意味を説明することができる。	・南京町や自分の住む地域で開かれる年中行事に関心をもっている。
知識の意味理解（わかる）	・南京町で開かれる年中行事は1980年代以降に始まったことが分かる。 ・年表の読み取りができる。	・南京町は華僑と日本人が協力してできたまちであることを説明できる。	・自分の考えが，国という枠組みで構成されていることに気付いている。

知識の活用・創造（使える）	・北野町も南京町と同様，神戸開港以降にできたまちであることが分かる。	・北野町がどのようにして現在のようなまちになったのかを説明できる。	・外国人が関わるまちに対する自分の見方を構築することができる。

（3）単元の展開の概略（全13時間）

	主な教材	問い（主発問◎）	子どもに獲得させたい知識［児童の反応］
1 南京町の現在	南京町の写真	◯ここはどこだろうか ◯南京町はどんなところだろうか。 ◯南京町がどんなところか見に行ってみよう。そのために見学の計画を立てよう。	・南京町。 ・JR元町駅のすぐそばにある中華街。 ［中華料理屋さんがたくさんある所だよ。］ （省略）
2 南京町の年中行事	春節の写真 ①	◯これは何をしているところだろうか。 ◯なぜ龍舞をするのかな。 ◯南京町では春節の他にどのような年中行事が開かれているのだろうか。 ◯それぞれの年中行事にはどのような意味があるのだろうか。	［獅子舞のようなものが踊っている。］ ・春節を祝っている。 ・新しい年が来たことを祝っているから。 ・新しい年での幸せを願っているから。 ・中秋節。 ・春節は新しい年が来たことを祝う意味がある。中秋節は地の神に収穫を感謝する共に円満，幸福，平和を願う意味がある。
4 年中行事への願い	児童が用意した年中行事の写真	◯自分たちが調べた年中行事を紹介しよう。 ◯年中行事にどのような意味や願いが込められていただろうか。 ◯年中行事の意味や込められた願いにおいて，南京町にも自分たちが住んでいる町にも共通することは何だろうか。	（省略） ・秋祭りはその年の収穫を神に捧げ感謝する意味。夏祭りは死者を弔い，災いを起こす神を送り出す意味。 （例）秋の収穫を祝うという意味。地域に古くから伝わる行事を次の世代に残したい，たくさんの人に参加してもらって楽しんでもらいたいという願い。
5 南京町の歴史	② ③	◯南京町で開かれる春節はいつから始まったのだろうか。 ◯年表からどのようなことがわかるだろうか。 ◯南京町は戦後どのようなまちだったのだろうか。 ◯どのようにして今のようなまちになったのだろうか。	・1987年。 ・1868年に神戸港開港とともに現在の南京町周辺に市場が誕生する。 ・空襲で焼けてしまい，治安が問題となる場所だった。 ・日本人と華僑の住民が協力して現在のようなまちをつくり上げていった。

		○南京町は中国人が作り上げた まちと思い込んだのだろう か。 ○北野町は昔から今のようなま ちだったのだろうか。 ○北野町はどのようにして今の まちになったのだろうか。	（例）中華街というと中国人しか住んでい ないイメージがあるから。 （省略）
振り返り			

※パート3は教師の支援の下，児童が各自で調べる学習であるため割愛した。

資料　①南京町公式ガイドブック「熱烈歓迎　南京町」（南京町商店街振興組合事務局発行）②南京町の歴史（前掲の南京町公式ガイドブック p.6），③呉宏明・高橋晋一編著（2015）『南京町と神戸華僑』松籟社 pp.47 ～ 49

（太田　満）

註

（1）James A Banks, Teaching Strategies For Ethnic Studies 7th ed, Allyn and Bacon, 2002, p.59. なお，本稿では多文化カリキュラムのキー概念を略して多文化的概念とする。

（2）松尾知明「多文化共生社会の実現に向けて―日本社会の脱構築と再構成のプロセス―」松尾知明編著『多文化教育をデザインする　移民時代のモデル構築』勁草書房，2013 年，pp.237-242

（3）James A Banks, An Introduction to Muiticultural Education 4th ed, Allyn and Bacon, 2008, pp.47-49

（4）太田満「多文化共生社会で求められる小学校歴史学習の内容構成―J.A. バンクスの変換アプローチを手がかりに―」社会系教科教育学会『社会系教科教育学研究』第 27 号，2015 年。

（5）多文化的コンピテンシーを育む多文化的歴史教育の評価については，原田智仁の議論を参考にした。（原田智仁「社会科教育学は国家とどう向き合うか―今，教科教育学の存在理由が問われている―」全国社会科教育学会第 64 回全国研究大会シンポジウム資料集，2015 年，pp.11-12）原田はコンテンツ・ベースからコンピテンシー・ベースへのカリキュラム改革に向けた表（枠組み）を提示している。同表は，多文化コンピテンシーが形成されたかどうかをみとる評価の枠組みとしても使えると考え，本稿でも活用した。

（6）南京町は正式な地名ではなく，神戸市中央区の元町通と栄町通にまたがる狭いエリアの通称名である。

（7）呉宏明・高橋晋一編著『南京町と神戸華僑』松籟社，2015 年，pp.47-49

166　第Ⅲ章　教科教育の本質に迫る授業研究

（8）大津和子「国際理解教育の目標と内容構成」，日本国際理解教育学会編著，『グローバル時代の国際理解教育　実践と理論をつなぐ』明石書店，2010 年。

第3節　ヒストリー・リテラシーを意識した
高校世界史授業

1　暗記教育，詰込み教育

　否定形で語られてきたため，よく考察されることなく見過ごされてきた問題
群がある。たとえば暗記教育をめぐる諸問題。「世界史は暗記教育」と語られ
てきた。しかしこのように語られる時，暗記教育は否定の対象であって，考察
の対象になってこなかった。

　どのような学習にも暗記的要素はあり，暗記そのものは非難されるべきもの
でない。世界史のそれが非難されるのは，量が多すぎること，また質的に低級
な暗記，汎用性のない単なる暗記とみなされてきたからであろう。何より暗記
がうまくいっていない。うまくいっていれば暗記教育は問題にされない。論理
的には，詰め込めていないことが問題にされるべきであるが，世界史教育が議
論されるとき，(1) 教授内容の量的精選，それに関連して (2) 汎用的知識の
抽出という内容の質的精選，あるいは，(3) 暗記教育の否定形として歴史的思
考力の育成が歴史教育の目標として持ちだされ主題とされてきた。

　しかし，世界史教育に長く携わってきて，これらの議論の立て方に疑問を持
ってきた。

　(1) の内容の精選について，この問題の解決の主導権は入試を課す大学側に
ある。高校現場で出来ることは，大学側に対して「丸暗記で対応できない問題
をお願いします」と言うぐらいのことで，できることは限られている。

　(2) の汎用的知識が抽出できるのかという問題を考えはじめると，やはり世
界史叙述は個性叙述に意味があるという結論に落ち着いてしまう。一般化でき
ない点にこそ意味を持つのが個別のできごとである。そこから概念的な知識を

取り出そうとする試みは，科目そのものの否定にならないだろうか。

　また（3）の歴史的思考力の育成については，こういった議論，あるべき世界史教育の提示—歴史的思考力をどう育成するか—からはじめられる提案は，その多くが論者の理想を語ることで終わってきたことの意味を問い直すべき時だと思う。歴史教育では，戦後一貫して歴史的思考力の育成が目的として掲げつづけられてきた。掲げられ続けてきた，という事実が，これは議題設定そのものが間違っている，と物語っている。

　全国の教室で現実に行われているのは暗記教育である。そのことへの考察がほとんど行われず，実現可能性の少ないことに議論が費やされてきた。そのことで少なくない問題が見過ごされてきたように思う。その一つが小稿で問題にするヒストリー・リテラシーの育成である。

2　世界史教育の現状

　世界史が高校生から忌避されて，世界史Ｂを履修する高校生は急速に減っている。世界史Ｂ履修者が存在する進学校でも，リーマンショック（2008）以降は理系進学希望者が膨らみ，文系進学者数は萎んでしまった。どの学校でも世界史Ｂを選択する生徒は各校で多くて２クラス程度である。世界史教師の仕事は，お荷物科目とみなされる必修世界史Ａの担当が主で，あとは年ごとに人手の足りない科目の応援にはいる，といった具合である。世界史の授業の中では多くの栄枯盛衰が語られてきたはずだが，その世界史教育が自壊寸前にある。歴史から学ぶことの難しさを象徴する皮肉な事態である。

　とはいえ，世界史を学ぶことは無意味でない。学ぶことで物事の考え方に少しは深みがでる。私たちが生きる現代を，立体的にとらえる能力，過去からの延長線上に現在をとらえる力が多少なりともつく。これが大切だと信じて暗記学習，知識注入という批判にひるまず，一方通行型講義授業，チョーク＆トークの19世紀型授業を続けてきた。授業という外形だけから判断されれば，いま大はやりの能動的（アクティヴ）学習（ラーニング）からはずいぶんと遠い。

けれども生徒の頭に知識を詰め込んでいくこともまた大切な仕事であると考えてきた。知識といっても後述する物語り論に依拠すれば，歴史的知識は３つの要素—時間，場所，「誰の視点」—によって定位される３次元の複雑な知識であり，思われるほど簡単ではない。理解のためには時間把握力，空間把握力—先ほど述べた，立体的に現在をみる力，のほかに言葉への繊細な感覚—これは後述するヒストリー・リテラシーそのものである - が必要となる。

3　実用レベルの思考

　高校世界史教師の仕事は，スーツケースのパッキングみたいなものである。所与のケースの容量に応じて，膨大な量から必要最小限のものをうまく取捨選択して，収納しやすい形にして詰め込んでいく仕事である。板書，プリント，授業のデザインを工夫して，膨大な過去に関する知識を収納しやすい形に成形して詰め込んでいく。問題はこの成形のありかたである。

　いま取り組んでいる事案と，過去の一見関係なさそうに見える事案の間に共通項を抜き出すこと，似ているけど両者は違う事案である，と分析すること。弁護士に求められるこの能力と歴史教育で身につけることが実社会で期待されている実用的な思考力は似ているように思う。

　私が教室で実際にしていることも，生徒の暗記の助けにするためであるが，「あれとこれとをまとめて理解するとよい」，「あれとこれは同じ言葉を使っているけど違う」といったアドバイスをすることである。この手の参考になる“引き出し”を小出しすることで生徒を惹きつけ続けるのが教師の技術である。

　ただしこの過去の理解をまとめる引き出しとして提示する実用レベルの思考枠組みは文字に起こすことが憚られる内容であり，おおよそ歴史学的なチェックには耐えられない。けれども，少しものごとを考えることができている人は，こういう引き出しをいくつも持っていて，しかしそれを絶対視することなく，柔軟に修正していける人なのだろう。これは「分ける」が「分かる」であるとの理解に基づいた，比較行為である。どう「分けても」「分ける」行為は主観

170 第Ⅲ章 教科教育の本質に迫る授業研究

的，恣意的でしかありえない。この「分ける」問題をめぐる授業での取り組みについては小稿では言及しないが，暗記主義と全否定する前に考察すべき問題群がここにも存在する。

4 物語り・物語り語—世界史学習という浅瀬の思わぬ深み

　先ほど，歴史の知識は，場所・時間・「誰の視点」の三つの要素で定位される三次元の知識という理解が，「物語り」論から導かれるとした。

　ここで簡単に，「物語り」，「物語り語」について説明しておきたい。

　「物語り文」として，よく取り上げられるのは「三十年戦争は1618年にはじまった」という文である。これは，1648年に戦争が終わったことを知っている1648年以降の人間にしか書けない文章，であると指摘される。端的に言えばこれだけのことである。しかし，このような物語構造を持つ文で世界史教科書叙述が構成されている，と意識するだけで授業は変わる。実際の授業では，「1618」年という時間情報に，「ドイツ」という場所情報を加えて教授する。物語り文であるということを意識すれば，「1648年以降の人間」の視点—「誰の視点」を意識させなければ定位できない，理解したことにならない知識だと分かる。

　基本的に，物語りの視点は「いま・ここ・わたしたち」にある。「世界史」とは名ばかりで，教科書に書かれているのは，主要国民国家の統一史，政治史の集合体であり，各国の「いま・ここ・わたしたち」の視点を束ねたものである。それはこの国家がなければ個人の生活が成り立たない「いま」の反映であり，「ここ」「わたしたち」という国民を重要とみなす価値観の反映である。先ほどの「ドイツ」という場所情報も，「いま・ここ・わたしたち」の国境線で，近代以前を照射して，過去を整序していこうとする理解であり，当時「ドイツ」が存在していたわけではない。カウンターナラティヴとしてグローバルヒストリーが強調されるが，世界史はこのようなナショナル・ヒストリーを束ねたものから脱することはできていない。

第3節　ヒストリー・リテラシーを意識した高校世界史授業　171

そのことが「誰の視点」かに着目することでわかる。世界史教科書は，モンゴルの侵攻を撃退したベトナムの陳朝を肯定的に取りあげる。教科書叙述は「ベトナム」国民史を教えている。教えている教師も学んでいる生徒も，同じ陳朝がチャンパーを滅ぼしたこと，に嫌悪の感情を重ねない。いまは存在しないチャンパーの視点は教科書に存在しない。後者の叙述に出会ったときに，前者との関連が連想されないとすれば，読み手は物語りに誘導されている。

「物語り文」を単語レベルに縮減したのが「物語り語」である。ここで使った例では「三十年戦争」が物語り語である。世界史教科書は物語り文を基本に，多くの物語り語を使って叙述されている。

このことを認識しなければ世界史教科書はきちんと読めない。物語りを意識しながら歴史教科書を読む力がヒストリー・リテラシーである。

世界史は，これまで間口は広いが深みがない，と言われてきた。しかし浅瀬に思わぬ深みがある。思わぬところで足を取られないように言葉への感覚を磨かなければいけない。

小稿では紙幅の都合で，「物語り語」に絞って，その深みのいくつかを例示することで暗記教育に考察すべき多くのことがあることを示しておきたい。

5　考察されてこなかった暗記教育―「詰め込み」「知識の羅列」

「知識詰め込み」の失敗が問題にされなくてはいけないのに，暗記教育が全否定されてしまう背景には，それらの知識が「単なる知識」，「単なる羅列」とみなされてきたことも関係している。

しかし実際には「単なる知識」は存在しない。

たとえば「先の戦争」をどう呼称するかは強い解釈の地場の中にあり，「太平洋戦争」，「太平洋・アジア戦争」，「十五年戦争」，「大東亜戦争」―どの言葉（物語り語）を選んでも，特定の歴史解釈を受け入れることになる。これはわかりやすい例である。「先の戦争」もまた物語り語である。「先の戦争」は価値中立的に見えるが，あれから戦争が起こっていない「いま・ここ・わたしたち」

の地点からしか述べることのできない典型的な物語り語である。一見「中立」に見える言葉もあるが，「中立」とは「そういうものがあることとする」虚構，必要な虚構であり，世界史教科書で使われているのはすべて物語り語である。ちなみに物語り論に基づく世界史教育理解では，すべては虚構（フィクション）という認識をとる。しかし虚構だからといって問題とは考えない。虚構だからしっかり教えなくてはいけないと考えるのである。紙幣はただの紙切れであるが，「これを価値あるものとみなすことにする」という虚構に支えられている。この虚構が経済の発展，生活水準の向上を支えてきた。「人権」という虚構と並んで，維持していかなくてはいけない虚構である。ただしリアルさを失った虚構が使い続けられていることは問題にしなくてはいけない。「歴史的思考力」もその一つだろう。ここにも考察すべき問題群がある。

　物語り語を並べてもそれは「単なる羅列」でない。それが「物語り」を作りだす。「単なる羅列」もまた存在しない。

　容量が限られる教科書では多くの事項を羅列せざるを得ない。その際に多くのことが端折られており，それを教師が補って読んでいくことが世界史授業の中心である。社会的影響力を持った人間の死は同時代の人々に大きなニュースであったが，「いま・ここ・わたしたち」にとって意味はない。教科書に登場するのは基本的にすべて故人。その一方で「ヒトラーの死」「スターリンの死」「毛沢東の死」など書かれている死がある。これらは解説読みする必要がある。独裁者に対しては抵抗が難しい，その死を待たないと次の時代へすすめなかった，と教科書は控えめに書いている。逐次このような解説を加えていくのが世界史教師の仕事である（解説読み）。

　並べた方（羅列）とは価値観であり，そのことに気づかずに暗記しているだけ，と思っているとある価値観，考え方を受け入れてしまうことになる。

　羅列の典型例はたとえば中国王朝の変遷として王朝名を読み上げること，「殷・周・秦・漢…明・清」とまとめること。この羅列は，同じ範疇に入れるべきでないものを並べることで，同じ範疇として受けいれさせる操作でもある。殷（邑制国家）と秦（領域国家），また同じ領域国家といっても秦と唐，唐と宋

第3節　ヒストリー・リテラシーを意識した高校世界史授業　　173

などは，そのあり方も規模も違う。同じ範疇で括れない。それらを「羅列」することで作り，受け入れてしまっているのは，中国二千年の歴史─「中国史」というイデオロギーである。また元の後に明を続けることで，「モンゴル（元）・ティムール・ムガル」という流れを見えにくくしている。羅列とはこのように見なさいという誘導である。

　物語り文で構成される教科書はこの種の誘導だらけである。

　中国二千年史という時の「中国」も物語り語である。この用語を 19 世紀以前の叙述に用いるのは好ましくないが，ほかに適当な言葉もない。ここで中国史は例としてとりあげただけで，このことはすべての地域の語り方にあてはまる。できることは，歴史叙述とはそういうものだと理解させて，「いわゆる」読みをさせることである。「いわゆる」と心の中で呟かせて「中国では」と声に出させる読み方である（いわゆる読み）。

　特に列においてはどこに置くかで意味は違う。意味はそれ自体になくコンテクストの中にある，とみるのが「物語り」論のベースにある構築主義的理解である。

6　「物語り語」を暗記するとは

　世界史教科書は固有名詞ばかりである。その漢字の連打にやられる生徒，カタカナの連打に打ちのめさせる生徒，多くの犠牲者を生んでいる。それらを覚えようとするが，固有名詞とは何か，名前とは何か，自分が覚えようとして挫折したものがいったい何だったのかを考える時間は与えられていない。

　「コロンブス，コルテス，ピサロ他，多くの殺りく者の名が残ったが，殺された者の名は誰も知らない…」（ダーハム『コロンブス・デー』）。殺した側の人間の名前を覚えさせて，殺された側の人間の名前は覚えない。そういう記憶のあり方を学校の歴史教育はすすめてきた。結果として「悪名は無名に勝る」という価値観を歴史教育を通じて社会に定着させてきた。

　功名を求める一人の将軍の功績の裏にどれだけの人生が犠牲となっているか。

174 第Ⅲ章 教科教育の本質に迫る授業研究

それを目の当たりにした曹松は「一将功成りて万骨枯る」と嘆じた。高校世界史が覚えさせるのは，この一将の名前，当初は黄巣の乱軍にありながら唐側に寝返って名を遂げた朱全忠である。

7 「満州か満洲か」── 私の問い

古い文学作品などの掲載にあたって，「本書には今日の人権意識に照らして不適切と思われる語句がありますが，歴史的背景を考える上でそのまま掲載しました」といった断り書きが添えてあることがある。ところが歴史教科書にそのような断り書きは見当たらない。事態は逆だからである。先ほど「中国」表記で過去を綴ることを問題にしたが，世界史教科書叙述は，現在の概念を使って過去を叙述する。

マンジュという音の当て字が満洲である。日本のようなカタカナを持たない漢字文化圏では，意味が発生しないように漢字を選んで綴る。クマラジーヴァを鳩摩羅什と音訳して綴る。そうして表記された満洲が日本の世界史教科書では満州と表記される。現代日本語に「洲」がないため「州」で代用される。すると「州」の意味に引きずられて意味が発生する。「満」という州があるように錯覚する生徒がでてくる。

「満州と満洲，どちらを使うべき」──授業で私が発する質問はこの次元の質問である。当初，生徒は当時の言葉「満洲」で叙述する方がいいと考えるが，こちらがいろいろな事例をあげていくと，すべての世界史叙述をこの原則で貫くことが不可能であることに気づくようになる。歴史教科書はかなり注意して読まないと読まされてしまうことに気づくようになる。

たとえば「全権委任法」。ヒトラーが政権掌握後に議会を通過させた法律「民族および国家の危難を除去するための法律」の「物語り語」である。それはこの法律が果たした役割を知っている後世の視点からの物語り語である。このような名称の法律だったらおそらく議会は通らない。独裁はこのような名前では近づいてこない。この言葉を単なる知識として教えていたら肝心なことを

教え損ねたことになる。

　教師がひと言添えることで，読み開いておく必要のある「物語り語」は多い。ヒストリー・リテラシーとは，言葉に誘導されない力でもある。苦労して言葉を暗記した生徒が，そのことで知らず知らずに何かのイデオロギーに荷担してしまうことを避ける手だてとなるものである。

8　物語り語による誘導

　清朝を扱うとき，"文字の獄"という思想弾圧があったと強調する。このような強調は，歴代王朝が思想を弾圧してきたことから注意をそらす。まるで他の王朝では思想弾圧がなかったかのようなイメージを作る物語り語である。世界史教科書では"何々問題"と問題の所在が示される。示される問題は当該社会が解決できないでいる問題である。例えばユダヤ人問題。しかしこれはユダヤ人の問題ではなく，それを解決できない"非ユダヤ人問題"である。アメリカでの黒人問題は，黒人の問題ではなく"白人問題"，在日朝鮮人問題は"日本人問題"である。きちんと「反転読み」をしてことばを開いておかないと読まされてしまう物語り語がある（反転読み）。

9　なぜ自分の誕生曜日を知らないのか

　物語り語をしっかりと開いておかないと，単なる知識として扱ってしまうと，言葉による誘導を許してしまう，とした。過去の振り返り方自体，知らず知らずに誘導されている。

　必ずする質問がある──「あなたの誕生曜日は何曜日」。ほとんどの生徒が答えられない。「あなたの誕生日はいつ」なら全員が答えることができる。重ねて「なぜ君は自分の誕生曜日を知らないのか」と問う。「そのように過去を振り返るようには教えられてこなかったから」以外の答えは見つけにくい。この質問をすることで，では「どのように過去を教えられてきているのか」──この

ことを意識させたいと考えてきた。こういったことを意識できる力がヒストリー・リテラシーである。

知ればその曜日が愛おしくなるが，誕生曜日を知る必要はない。「ではなぜ誕生日は知っておく必要があるのか」と問いを反転させていくと，誕生日を知っているという記憶のありかたが近代国家の要請であることに気づく。

印象に残る言葉は暗記しやすい。その結果，教科書だけでなく教授現場では多くの「最古」「最大」と強調された言葉が並ぶ。これらは暗記しやすくするための注意を引くためのマーキングであり，こういうのも「補い読み」「反転読み」させなくてはならない。「遊牧社会最古の突厥文字」を受け取るときに，「いま発見されている中で」とするのが「補い読み」である。世界史叙述の「最古」は世界史叙述では「史料が現存する中では」「いまのところ」と補い読みする必要がある（補い読み）。

10　世界史教科書の読み方

ごく一部の例示にとどまったが，歴史教科書の一字一句が「物語り語」であり，一行一行が「物語り」である。それぞれの背後に控えているものがある。基本的に世界史教師の仕事は詰め込むために端折られてしまった事項を補っていく「解説読み」だが，時に行間を読む指導が必要となり，時に行間を読ませないための指導など，さまざまな読みの指導が必要になる。

物語り文，物語り語に，躓きながら（躓き読み），留保を加えながら（いわゆる読み），時に行間を読んで（補い読み），時に行間を読まないように（見だし読み），表面通りには受け取らず（反転読み），物語の始点と終点の両方向を意識しながら（複眼読み），自分の読み方に反するように（戒め読み）とそれぞれの読みに独自の名前をつけて注意を促してきた。すべてに気を配らせるのは認知的負荷をかけすぎることになるが，世界史教科書には「物語」が書かれている——そのことを理解させておくことが必要だと考えてきた。

（安達　一紀）

第4節　社会科におけるアクティブ・ラーニングの可能性

　学習指導要領改訂の作業は，中央教育審議会が「幼稚園，小学校，中学校，高等学校及び特別支援学校の学習指導要領等の改善及び必要な方策等について（答申）」（以下，「答申」と略記する）を取りまとめ（2016.12.21），新学習指導要領の正式な公示を待つばかりとなった。今次改訂の眼目の一つに，アクティブ・ラーニング（以下，ALと略記する）の視点からの学びの実現がある。既に，学校教育の世界ではALに関する言説があふれ，学校現場は「AL」というカタカナ語で表記される特別な学習法が実在すると思い込み，何とかそれを見つけ出して導入しようと，右往左往している。本稿では，ALを操作主義的に捉え[1]，今次改訂で求められている「ALの視点」を社会科の授業実態や固有性に即して読み解き，中等社会科[2]に焦点をあてて「ALの視点」をふまえた授業改善のあり方を検討する。

1　ALの由来とその問題状況

　そもそも，ALは大学の大衆化，学生の多様化に対する大学教育の教授法の改善策として語られていた。そうしたALが俄然耳目を集めるようになったのは，中央教育審議会の答申「新たな未来を築くための大学教育の質的転換に向けて」（2012.8.28）において，大学教育の質的転換の具体策として取り上げられたことによる。答申ではALに「能動的学修」という言葉があてられ，答申に付けられた「用語集」でALを定義づけている。

　大学教育に登場したALは，学習指導要領改訂に関する中教審への「初等中等教育における教育課程の在り方について」の諮問（2014.11.20）で，初等・中等教育に下りてくる。諮問文では，ALを「課題の発見・解決に向けて主体

的・協働的に学ぶ学習」と表現し，その具体的な在り方，そうした学びを充実させていくための学習・指導法などの検討を，中教審に要請している。この諮問に対する答申の審議過程において，教育課程企画特別部会はそれまでの審議をまとめ，「論点整理」(2015.8.26)を発表したが，そこでは「学び全体を改善」する視点という形で次の三つをあげ，婉曲的に「ALの視点」を説明している。こうして，各学校・教師は「ALの視点」をふまえた授業改善の課題に直面することになったわけである。

（ⅰ）習得・活用・探究という学習プロセスの中で，問題発見・解決を念頭に置いた深い学びの過程が実現できているかどうか
（ⅱ）他者との協働や外界との相互作用を通じて，自らの考えを広げ深める対話的な学びの過程が実現できているかどうか
（ⅲ）子供たちが見通しを持って粘り強く取り組み，自らの学習を振り返って次につなげる，主体的な学びの過程が実現できているかどうか

ALは大学教育において先行しているわけであるが，大学教育の研究者として知られる松下佳代は，ALの能動性を内的活動の能動性と外的活動の能動性とに区別することによってALの諸授業を捉え，ウィギンズとマクタイの「双子の過ち」を引用して，現在の大学教育におけるALの問題状況を指摘している[3]。外的能動性とは"身体がよく動く"ということ，内的能動性とは"頭がよく働く"ということであるが，それらの二つの能動性を縦軸／横軸にしてその強弱を二次元的に描くと，図3-4-1のようになる。また，「双子の過ち」とは「網羅に焦点を合わせた指導」と「活動

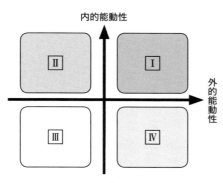

図3-4-1　学習の能動性による授業の位置づけ
〔注3の文献により筆者作成〕

第 4 節　社会科におけるアクティブ・ラーニングの可能性　　179

に焦点を合わせた指導」とを指している。前者はテキストや講義ノートの内容を網羅的に教えよう，後者は授業を聴く以外の様々な活動への参加によって学ばせよう，とするものである。図では，「網羅に焦点を合わせた指導」は $\boxed{\text{III}}$，「活動に焦点を合わせた指導」は $\boxed{\text{IV}}$ に位置づけられる。松下は，AL は「網羅に焦点を合わせた指導」に対するアンチテーゼとして登場したが，結局，その振り子は $\boxed{\text{III}}$ から $\boxed{\text{IV}}$ へ振れただけで，$\boxed{\text{I}}$ には至っていないと，AL の現状を捉えている。そして，AL の導入による知識（内容）と活動の乖離の問題を指摘し，$\boxed{\text{I}}$ に位置づけられる「ディープ・アクティブラーニング」への AL の再構築を主張している。

2　「AL の視点」をふまえた授業改善の実践課題と手がかり

　何をどうすれば，「AL の視点」をふまえた授業改善になるのだろうか。

　まず，大学教育における AL の問題状況についての先述の松下の所論を参考に，社会科における具体的な実践課題について検討していきたい。松下はウィギンズとマクタイの「双子の過ち」を引用しているが，「活動に焦点を合わせた指導」「網羅に焦点を合わせた指導」というと，社会科において従前から指摘されてきた初等・中等社会科授業が抱える問題を想起する。「活動に焦点を合わせた指導」は初等社会科によく見られる "這い回る" と揶揄されるような活動重視の授業，「網羅に焦点を合わせた指導」は中等社会科によく見られる "断片的知識の詰め込み" と批判される知識伝達の授業にあたり，事ある毎にそれらの改善が主張されてきた。

　そうしたことをふまえて，初等・中等社会科の授業実態を，一般的な傾向として先の図 3-4-1 に位置づけると，初等社会科は $\boxed{\text{IV}}$，中等社会科は $\boxed{\text{III}}$ に位置づけることができる。授業改善は授業実践の省察から出発するが，初等・中等社会科における「AL の視点」をふまえた授業改善の具体的な実践課題をこの図で示すと，初等社会科では $\boxed{\text{IV}} \rightarrow \boxed{\text{I}}$ へ，中等社会科では $\boxed{\text{III}} \rightarrow \boxed{\text{I}}$ への授業の転換として示すことができる。これを学習の内的能動性と外的能動性とで説明

180　第Ⅲ章　教科教育の本質に迫る授業研究

すると，初等社会科では内的能動性の活性化，中等社会科では内的能動性と外的能動性の両方の活性化が，「AL の視点」をふまえた授業改善の具体的な実践課題であるということができる。このように，初等社会科と中等社会科では，その実践課題は異なっているわけである。

　次に，「AL の視点」をふまえるとは具体的にどういうことかについて，検討していきたい。先述のように，「論点整理」は（ⅰ）～（ⅲ）をあげ，遠回しに「AL の視点」を示している。（ⅰ）では〈深い学び〉，（ⅱ）では〈対話的な学び〉，（ⅲ）では〈主体的な学び〉の過程が示されているが，そうした過程を提示しただけでは「AL の視点」をふまえた授業改善の手がかりとしては不十分で，実際にそうした過程を組み込んだ授業をつくることは難しい。

　今次改訂の担当者の一人である澤井陽介（現視学官）は，（ⅰ）～（ⅲ）について，以下のような読み取りを指摘をしている。澤井は，学習指導要領改訂における教育課程の趣旨という観点から，AL は［AL が求められる背景］［AL の意義］［AL の方向性］に整理して「論点整理」を読み取ることが大切であるとして，それぞれを三点にまとめ，その三つが「求められる資質や能力→教育課程の見直し→ AL（学習プロセス）と，…の軸で概ねつながっていることが分かる」と述べている(4)。これにしたがって「論点整理」を読み取ると，「求められる資質や能力」の三つの柱と「AL（学習プロセス）」の三つの学習プロセスとはそれぞれ対応している，ということになる。つまり，《知識・技能》は（ⅰ）の，《思考力・判断力・表現力等》は（ⅱ）の，そして《学びに向かう力，人間性等》は（ⅲ）の各学習プロセスによって，それぞれ習得・育成・涵養される，というわけである。こうした読み取りを「AL の視点」をふまえた授業改善の手がかりとすることができる。

3　社会科が育成を目指す資質・能力と「AL の視点」

　前項では「AL の視点」をふまえた授業改善の手がかりを確認したが，そこで想定している資質・能力はジェネリックなものである。これらを教科レベル

第4節　社会科におけるアクティブ・ラーニングの可能性　181

表3-4-1　社会科が育成を目指す資質・能力の具体

知識・技能	・社会的事象等に関する理解などを図るための知識 　※（「事実等に関する知識」と「概念等の関する知識」の区別） ・社会的事象等について調べまとめる技能
思考力	(A)（社会的な見方・考え方を用いて，）社会的事象等の意味や意義，特色や相互の関連を**考察する力**
判断力	(B)（社会的な見方・考え方を用いて，）社会に見られる課題を把握して，その解決に向けて**構想する力**
表現力	(a) 考察したことを**説明する力**，考察したことを基に**議論する力** (b) 構想したことを**説明する力**，構想したことを基に**議論する力**
学びへ向かう力，人間性	・主体的に学習に取り組む態度 ・多面的・多角的な考察や深い理解を通して涵養される自覚や愛情など

(筆者作成)

で捉え直さなけらばならない。社会科が育成を目指す資質・能力の具体について，「答申」の説明を整理すると，表3-4-1のようになる[5]。《知識》については，「社会的事象」を対象とし，それらに関する《知識》を「事実等に関する知識」「概念等に関する知識」の二層で捉えている。また，《思考力・判断力・表現力》については，「社会的事象」と「社会に見られる課題」とを対象として挙げているが，前者を対象に（A）「考察する力」，後者を対象に（B）「（解決を）構想する力」の育成をめざし，さらに，それら（A）（B）をふまえて，(a)「考察を説明する力，考察を基に議論する力」，(b)「構想を説明する力，構想を基に議論する力」をそれぞれ身に付けさせようとしている。これら四つの力のうち，（A）は《思考力》，（B）は《判断力》，(a)(b)は《表現力》にあたると推察される。

　（A）（B）を育成する活動は思考（判断）活動，(a)(b)を育成する活動は言語活動であり，《思考力・判断力・表現力》を「思考（判断）活動＋言語活動」によって育成しようという意図が読み取れる[6]。そのことは，《思考力・判断力》と《表現力》とでは，「ALの視点」が異なるということを意味している。また，私たちは，既有の知識の中から「社会的な見方・考え方」を用いて思考（判断）し，それを通して新規の《知識・技能》を習得し，《思考力・

表 3-4-2　社会科が育成を目指す資質・能力と「ＡＬの視点」の関係

（ア）社会科が育成を目指す「資質・能力」		（イ）AL の視点
知識・技能	・社会的な事象等に関する「個別の事実に関わる知識」や「概念などに関わる知識」 ・社会的事象等について調べまとめる技能	深い学び の過程
思考力	（A）社会的な見方・考え方を用いて，社会的な事象等の意味や意義，特色や相互の関連を**考察する力**	
判断力	（B）社会的な見方・考え方を用いて，社会に見られる課題を把握して，その解決に向けて**構想する力**	
表現力	（a）考察したことを**説明する力**，考察したことを基に**議論する力** （b）構想したことを**説明する力**，構想したことを基に**議論する力**	**対話的な 学びの過程**
学びへ向かう力，人間性	・主体的に学習に取り組む態度 ・多面的・多角的な考察や深い理解を通して涵養される自覚や愛情など	**主体的な 学びの過程**

（筆者作成）

判断力》を身に付けている。つまり，《思考力・判断力》の育成と《知識・技能》の習得とは相即不離の関係にあるわけである。これらのことを考え合わせると，《知識・技能》の習得と《思考力・判断力》の育成は〈深い学び〉の過程，《表現力》の育成は〈対話的な学び〉の過程にそれぞれ対応していると考えられる。以上のことをふまえて，社会科が目指す資質・能力と「AL の視点」との関係をまとめると，表 3-4-2 のようになる。

4　中等社会科における「AL の視点」をふまえた授業改善の可能性

　中等社会科の「AL の視点」をふまえた授業改善は，図 3-4-1 において Ⅲ から Ⅰ への授業の転換として位置づけられる。その道筋には，Ⅱ を経由するものと，Ⅳ を経由するものが考えられるが，大学教育の授業改善が Ⅳ に止まっているという AL の問題状況は，中等社会科に前者の道筋による授業改善を示

唆している。中等社会科においては，まず $\boxed{\text{Ⅲ}}→\boxed{\text{Ⅱ}}$，次に $\boxed{\text{Ⅱ}}→\boxed{\text{Ⅰ}}$ という二段階で授業改善に取り組むことになる。$\boxed{\text{Ⅲ}}→\boxed{\text{Ⅱ}}$ を実現する方法が〈深い学び〉の過程であり，$\boxed{\text{Ⅱ}}→\boxed{\text{Ⅰ}}$ を実現する方法が〈対話的な学び〉の過程で，〈主体的な学び〉の過程もこれに係わる。以下，こうした二段階の授業改善について，社会科の在り方に即して検討していきたい。

(1) 授業改善の第一段階

第一段階の授業改善では $\boxed{\text{Ⅲ}}→\boxed{\text{Ⅱ}}$ への授業の転換が求められるが，$\boxed{\text{Ⅱ}}$ の授業は，どんな授業だろうか。前掲の表 3-4-2 から考えると，(A) の育成を目指す場合は「なぜ」という問いを，(B) の育成を目指す場合は「どうしたらよいか」という問いを，それぞれ追究する授業であることがわかる。本稿では，前者の授業について検討していく。それは，後者の授業の「社会に見られる課題を把握する」過程はほとんど前者の授業の学習過程と同じであり，前者の授業が社会科授業の基本であると考えるからである。

「なぜ」を追究する授業といっても，「何を対象として，どんな視点から，何を追究するのか」により，様々なものが考えられる。それは社会科の固有性とも深く関係している。社会科の固有性は「社会」を対象にしていることにあるが，筆者は，それを［出来事］［行為］［認識・主張・信念］の三つに分けて捉えている。(A) の育成を目指す授業の対象である「社会的事象」はその内の［出来事］や［行為］にあたる。「何を対象とするか」は「どんな視点から，対象の何を追究するのか」を示唆している。それらを整理したものが表 3-4-3 である[7]。$\boxed{\text{Ⅱ}}$ の授業は，［出来事］［行為］を対象に「なぜ」と問い，観察者・関係者あるいは当事者の視点から原因（背景や条件）や理由（意図）を追究する授業である，ということができる[8]。

これらの授業を〈深い学び〉の過程として組織するには，どうしたらよいのだろうか。「答申」は「課題を追究したり，解決したりする活動の充実が求められる」と述べて，課

表 3-4-3 「なぜ」追究の対象・視点・目標物

対象	視点	追究すること
出来事	観察者	原因（背景）
	関係者	原因（条件）
行為	当事者	理由（意図）

（筆者作成）

184　第Ⅲ章　教科教育の本質に迫る授業研究

表3-4-4　社会科におけるＡＬの視点をふまえた授業改善

授業の指導過程	（カ）Ⅲ→Ⅱの授業改善〈深い学びの過程〉	（キ）Ⅱ→Ⅰの授業改善〈対話的・主体的な学びの過程〉
学習課題の把握	・事実（Ｘ）に対し，それと矛盾する驚くべき事実（Ｃ）が観察される。 ・発問「（Ｘであるにもかかわらず，）なぜＣなんだろうか。」	・学習課題とそれを解決する手順とを確認し，書かせる。
仮説構築	・既有の知識や経験に基づき，仮説を思いつくままに列挙させる。	・各自の考えを書かせる。
	・仮説を絞り込み，最良の説明を与える仮説を暫定的に選択させる。※	・グループで議論してまとめ，まとめたことを書かせる。→全体で議論してまとめ，まとめたことを書かせる。
学習課題の再把握	・懐疑「本当に，その仮説は成り立つのだろうか。」	・学習課題「仮説を理由づける事実を見つける」を確認する。
仮説検討	・仮説が成り立つなら，仮説からどんな具体的な事柄が導き出せるか，予測する。	・各自の考えを書かせる。 ・グループで議論してまとめ，書かせる。→全体で議論してまとめ，まとめたことを書かせる。
仮説検証	・予測に関係する事実を探索し，予測した事柄と事実が一致するかテストする。 〔一致しない場合は，※に戻り，他の仮説を選択し，仮説検討・仮説検証を繰り返す。〕	・グループで議論しながら，資料を調べる→資料を使い説明をまとめ，まとめたことを書かせる。 ・グループのまとめをプレゼンして全体で交流し，多様な解を共有する。
学習の振り返り	・仮説が成り立つことを確認する。	・プレゼンをふまえ，これまで書いたことを振り返りながら，自分の考えをまとめ，書かせる。

(筆者作成)

題把握‐課題追究‐課題解決の学習過程を例示し，「探究」型の授業を示唆している。筆者は，アブダクションを科学的発見の方法として高く評価するC.S.パースの知見に注目し，探究の過程を「仮説構築―仮説検討―仮説検証」というふうに捉えている[9]。仮説構築はアブダクション，仮説検討は演繹，仮説検証は帰納の推論にもとづいて，それぞれの過程が展開する。そうした探究の過程を授業の指導過程を構想する際の指標として翻案したものが，表

3-4-4 の（カ）欄である。こうした指導過程を想定して，探究の過程を組織することによって〈深い学び〉の過程が実現し，授業は Ⅲ から Ⅱ へと改善される。

（2）授業改善の第二段階

　第二段階の授業改善では Ⅱ → Ⅰ への授業の転換が求められるが，それを示したものが表 3-4-4 の（キ）欄である。（キ）欄には，（カ）欄の〈深い学び〉の過程に〈対話的な学び〉の過程，〈主体的な学び〉の過程を盛り込む形で，その方略を示している。〈対話的な学び〉の過程や〈主体的な学び〉の過程は，〈深い学び〉の過程においてなされた思考（判断）の外化として「書く・話す・発表する」などの活動[10]を行うことによって，実現しようとしている。〈対話的な学び〉としての「話す・発表する」活動は「考察・構想したことを説明する」「考察・構想を基に議論する」に対応しているが，それらの活動は個人・グループ・全体の三つを単位として適宜行い，グループや全体で多様な考えを共有するとともに，他者との協調的問題解決[11]によってより広く深い学びを実現しようとしている。〈主体的な学び〉は，学習の「方向づけ」と「振り返り」を通して学習者に自己の学習活動をメタ認知させることによって，実現しようとしている。学習の「振り返り」は「書く」活動を通して行われ，授業の各段階では前に書いたことを「振り返り」ながら「書く」活動が行われ，授業の終わりには全体の「振り返り」が行われる。以上，〈対話的な学び〉の過程や〈主体的な学び〉の過程は，〈深い学び〉の過程においてなされた思考（判断）の外化を伴う「書く・話す・発表する」などの言語活動によって実現し，授業は Ⅱ から Ⅰ へと改善される。

　学校現場はアクティブ・ラーニングというカタカナ語の惹句に踊ってはいないだろうか。本稿では，中等社会科における「AL の視点」をふまえた授業改善の可能性について，二段階の授業改善にあることを示してきた。それを社会科の慣用的な言い方を用いてまとめると，第一段階は社会認識の深化，第二段階は社会認識の外化による社会認識の交流，というふうになろう。

（森　才三）

186 第Ⅲ章 教科教育の本質に迫る授業研究

註

（1）こうした捉え方は，溝上慎一『アクティブラーニングと教授学習パラダイムの転換』（東信堂，2014）pp.7-23 を参考にした。

（2）中等社会科とは，中学校の社会科と高等学校の地歴科・公民科を指している。本稿では，制度的な教科名に拘わらず，「社会認識の形成を通して，公民的資質の育成をめざす」教科を社会科とよぶ。

（3）松下佳代「ディープ・アクティブラーニングへの誘い」，松下佳代・京都大学高等教育研究開発推進センター編著『ディープ・アクティブラーニング―大学授業を深化させるために―』勁草書房，2015，pp.4-6，18-19

（4）澤井陽介「教育課程の趣旨を実現する『学習プロセス』として」，『社会科教育』No.680 号（2015 年 12 月号），明治図書，2015，pp.4-5

（5）表 3-4-1 は，「答申」の第 2 部・第 2 章の「2. 社会，地理歴史，公民」で示されている「目標のあり方」をまとめたものである。また，表中の※は「指導内容の示し方の改善」から読み取ったものである。

（6）「思考（判断）の精神活動＋言語活動」の捉え方は，現行学習指導要領を主導した中教審答申（2008 年 1 月）で示されている「思考力等をはぐくむ知識・技能を活用する学習活動」においても見られる。

（7）こうした整理については，拙稿「社会科授業における『なぜ』発問の実践方略―　『問いの対象』と『問いの観点』に注目して―」（『社会科研究』第 82 号，2015）を参照されたい。

（8）Ⅱ の授業のこうした捉え方について，筆者は「説明」や「理解」を方法原理とする社会科授業を念頭に置いている。

（9）拙稿「社会系教科授業における思考力育成の実践方略―パースの『アブダクションの論理学』に注目して―」（社会系教科教育学会『社会系教科教育研究』第 28 号，2016）を参照されたい。

（10）こうした捉え方は，前掲（1）pp.7-12 を参考にした。

（11）「協調的問題解決」の考え方は，三宅なほみらの「建設的相互作用」の考え方を参考にした。三宅なほみ・齋木萌木・他「学習者中心型授業へのアプローチ―知識構成型ジグソー法を軸に―」（『東京大学大学院教育学研究科紀要』第 51 巻，2012）

第5節　数学的表現とメタ認知を育てる
算数科の授業づくり

1　算数科の授業づくりにおける数学的表現

　算数科の授業においても数学的思考力・表現力の育成や言語活動重視の観点
から，話し合い活動を取り入れた授業が多くなされている。しかしそれらの中
には，単なる話型の指導や意見を発表するだけの場になっているなど，算数教
育の目的達成に十分つながっていないものも見られる。数学的概念や原理の児
童による構成をめざした算数科の授業では，一般的に現実的場面から始まり，
数学的抽象を経て最終的には数学的記号の理解，活用に至ると考えられるが，
その間にレベルの異なるさまざまな数学的表現が介在することになり，しかも，
それらの数学的表現は学習の内容ともなり，さらに学習の方法ともなる（中原，
1995，p.193）。つまり，算数教育においては，数学的概念や原理を児童が構成
する際に，数学的表現力が大きな役割を担うといえる。したがって，算数科授
業による話し合い活動が算数教育の目的達成につながるためには，様々な数学
的表現を用いて問題解決を行える力を育てるとともに，それらの数学的表現を
関連づけることで数学的概念を豊かに育てることが重要であるといえる。
　その一方で，数学的表現の学習指導の困難性も指摘されている。たとえば，
与えられた問題状況にふさわしい図的表現を活用して問題解決を行うことがで
きない児童の実態も多く報告されている（Diezman & English, 2001; 川又，2006 な
ど）。筆者は，様々な数学的表現を自ら活用し，それらを関連づけながら問題
解決を行うためには，自らの認知活動についてモニターしコントロールするメ
タ認知を働かせることが重要であると考える。そこで本節では，自分の学習状
況を把握し，それに応じて適切な数学的表現を活用したり関連づけることがで

188　第Ⅲ章　教科教育の本質に迫る授業研究

きるようになるための算数科の授業づくりについて考察する。

　加藤（2009）は，数学的表現の中でも特に数直線の利用について小学生がどのようなメタ認知的知識を有しているのか実態調査を行い，その状況を踏まえて数直線の利用にかかわるメタ認知の実態を検討した。その結果，数学的表現の規約的な側面に不安を感じているとともに，数学的表現が数学学習で有効に機能した学習経験が十分ではないということが明らかになった。このように，数学的表現の学習指導においてはそれにかかわるメタ認知の学習指導と併せて検討することが必要である。そこで本節では，算数科の学習指導における数学的表現とそれにかかわるメタ認知の一例について，小学校算数科の授業場面を挙げて述べることとする。

2　数学的表現の特徴

　ここでは，数学的表現を「現実的表現」「操作的表現」「図的表現」「言語的表現」「記号的表現」に分けて捉える立場に立つ（中原，1995）。算数科では，式などの記号的表現を用いた学習指導を最終目標とすることが多いが，その過程における図的表現の重要性について，様々な研究で指摘されている（川又，2006）。特に小学校算数科においては問題状況を図的表現で捉えられる力を育てることが，記号的表現の豊かな理解には不可欠であると筆者も考えている。図的表現は形相性・視覚性ゆえに直観性に富み，一般にわかりやすい表現ではあるが，準備的な指導無しにすぐにその情報が理解されるという性格のものではない（中原，1995，p.248）。したがって，図的表現から情報を読み取ったり図的表現に追記したり（本節ではこれらを図的表現との相互作用とよぶ）しながら，図的表現を豊かに理解すること，それを記号的表現につなげていくことが必要になる。

　ここでは，中原（1995）が指摘している記号的表現・図的表現・操作的表現の関係性に関する指摘の中で，特に操作的表現を媒介として図的表現と記号的表現を関連づけることに着目する。このことは，図的表現は問題状況の数量関

第5節　数学的表現とメタ認知を育てる算数科の授業づくり　189

係全体を統合して同時的に表すことが多いのに対して，記号的表現はその問題
状況の活動性を抽象しているため，他の表現に比べて時間的な連続性を含んで
いるという指摘がある（中原，1995）。その一方で，操作的表現はそれらの中間
的位置にあり，時間を追った連続的な変化を示したり，ある視点に焦点を当て
た分析的な表示も可能であると述べられている（中原，1995）。

　具体的に次のような文章題を考えてみよう。「13個のあめをもっています。
友だちに8個あげました。何個残っていますか。」この問題状況を記号的表現
で13－8と表す際，この式は13個から8個取り除くという活動性を抽象して
いる。また，13－8を計算する記号的表現には，13を10と3と表したり，8
を3と5と表したりといった，分析的な特徴がある。しかし図的表現では，13
個のあめを13個の丸で表し，そのうちの8個に斜線をひくなどして，「あめを
友だちにあげた」ことを表すが，完成した図的表現は全体を統合したものを同
時的に表している。一方，この問題状況を操作的表現で表すと，たとえばおは
じきやブロックを使って13個のあめから8個のあめを取る操作を経て答え5
個を求めることができる。この操作的表現では，そのプロセスを時系列に表す
ことができるのである。またその操作的表現は，13個を10個と3個に分けて
考え，10個から8個を取ることと，3個から取って10個から5個取ったりす
ることを比較検討することもできる。したがって同時的－継時的，統合的－分
析的という視点では，図的表現，操作的表現，記号的表現の順で同時的・統合
的特徴が弱まり継時的・分析的特徴が強くなるといえる。

　以上のように操作的表現は，図的表現と記号的表現をつなぐ役割を果たすこ
とから，図的表現を操作的表現と関連づけることで，図的表現を活用可能にし
て記号的表現につなげていく。つまりその図的表現と相互作用し記号的表現を
理解していくことができると考えられる。したがって次小節では，操作的表現
の特徴を活かし，操作的表現を図的表現に変換したり図的表現を操作的表現に
変換したりすること（ここでは，これを操作的表現と図的表現の翻訳とよぶ）をめざ
した算数科の授業づくりについて，そこで働くメタ認知の様相を考察すること
とする。

3 数学的表現の翻訳とメタ認知

　和田（2009）は，数学の特徴として抽象と一般化が挙げられることを指摘し，中原（1995）による反省的思考に関する考察をもとに，数学的活動を直観的活動と反省的活動で捉えている。直観的活動とは，具体的な対象や問題に対する活動を行うものであり，反省的活動とは，直観的活動の過程と結果を対象とした反省的抽象や一般化，論理化等を行うものである。さらに和田（2009）は，ある数学的表現から他の数学的表現への翻訳における数学的活動のかかわりを，直観的活動と反省的活動の視点から指摘している。具体的には，ある数学的表現の構成とその操作までを直観的活動と捉え，他の数学的表現への解釈とそれから導かれる新たな数学的表現への翻訳までが反省的活動と捉えている（和田，2009，p.18）。メタ認知は反省的活動と密接にかかわっていると考えられるので，特に数学的表現の翻訳における反省的活動を検討することによって，メタ認知の様相を考察することができると考える。

　では，数学的表現の翻訳が生じるような反省的活動とはどのようなものなのか。その一つとして和田（2009, p.18）は，ある数学的表現の限界を認識することによって新たな数学的表現への翻訳が生じると指摘している。したがって本節では，図的表現を用いる際にその数学的表現の限界を認識できるような場面を設定することで，そこで働くメタ認知を検討しその様相を考察することが，数学的表現の翻訳に関与するメタ認知を検討することにつながると考える。以上の考察をもとに，数学的活動における数学的表現とメタ認知との関連を図示

図3-5-1　数学的表現の変容とメタ認知

第5節　数学的表現とメタ認知を育てる算数科の授業づくり　191

したものが，図3-5-1である。この図では数学的表現①から数学的表現②への変容過程を示している（図中の「表現」とは「数学的表現」の略記である）。

　なお本節では，個人内の心的活動であるメタ認知研究への示唆を得るために，授業における児童同士や児童と教師との社会的相互作用における数学的表現の翻訳を分析する。すなわち，個人間の認知的活動における数学的表現の翻訳を分析することによって，個人内の数学的表現の翻訳とメタ認知に対する示唆を得ることをめざすものである。

4　算数科授業における数学的表現の翻訳とメタ認知

(1)　課題の概要

　ここで扱う課題は，操作的表現と図的表現を用いることで解決できるものとした。なお，実施の都合上，対象学年は小学校3年生とした。

課題　紙テープを何回か折り，折ったままで真ん中を切ると，いくつの紙片に分かれるでしょうか？　折った回数が，1回，2回，3回，4回，……のとき，紙片の数を求めましょう。(坪田他，1996)

　この課題は，折る回数（ここではnを用いる）が少ない場合は具体的表現や操作的表現（実物を切る活動）によって解決はできるが，nが大きくなると折ることができないため図的表現が必要となる。なお，関数学習の素地として変わり方に目を向け，記号的表現への発展も可能であるが，小学校3年生での実施ということから考えると本時で記号的表現までめざすことは難しい。さらに，紙テープを折って切るという空間的な活動である操作的表現を図的表現という平面的な活動に翻訳する際には，空間的思考力が必要になってくる。

　以上のことからこの課題を用いた授業では，児童が操作的表現と図的表現を行き来しながら解決を行うことで空間的思考を行い，それぞれの表現のよさと限界を知る可能性があると考える。そのような授業を通して，操作的表現と図

192　第Ⅲ章　教科教育の本質に迫る授業研究

的表現の翻訳におけるメタ認知を分析・考察する。なお，中原（1995）も指摘しているように，どのような課題においてもそれぞれの数学的表現を明確に区別できるものではない。この課題における紙テープとそのモデルは明確に区別できないため，操作的表現と現実的表現はほぼ類似した内容となる。そのため，それらをここでは操作的表現とよぶこととする。

（2）授業の概要

授業は 2012 年 2 月 17 日，A 小学校　第 3 学年の児童を対象に行った。授業者は植田悦司教諭である。学習内容は，特設単元「図を使って考えよう」である。本時の目標として，以下の 3 点を設定した。

①操作的表現と図的表現を行き来することで，空間的思考力を育てることができ，数量関係を把握することができる。

②児童同士がそれぞれの考えを聴き合い，数学的表現を精緻にすることができる。

③教師は，多様な表現を徐々に関連づけるように指導することで，児童たちが空間的思考力を育て，数量関係を把握するように促すとともに，変わり方へ視点が向くようにも促す。

本時の学習の流れを以下に示す。特に次小節で考察した個所については，教師と児童の発言を記載している。

［導入場面］　1 回折って切った際の，紙片の個数を考える。
　　①　結果を予想する。
　　②　図をかいて考える。
　　③　お互いの考えを聴き合う。
［展開場面 1］　2 回折って切った際の，紙片の個数を考える。
　　④　自発的に結果を予想し，お互いの考えを聴き合う。
　　⑤　紙テープに切り込みを入れたものを操作しながら（操作的表現），状況を理解する。
　　⑥　紙に切り込みを入れなくても求められることを説明しようとする場面。

第5節　数学的表現とメタ認知を育てる算数科の授業づくり　　193

T：「先生，切らんでもわかる」っていう人が出てきてな，一生懸命説明してくれてるから，ちょっとそれを聴いてみてくれ。C1 くんからどうぞ。
C1：この紙を，2 回折って，で，ここの紙が 3 枚あって，こっちには，中と外が 2 枚あるから 5 枚ってわかる。（紙片を持って説明）【1】
Cs：えー？
T：うーん…こういう場で伝えるの難しいな【2】
C2：かく！
T：かく？ C2 くんどうぞ。
C2：まず，えーっと，Vの字にしたら，こうなって，こうなってるから，ここを切ることになるから，ここで，1・2・3で，ここで，4で，ここでもう一回。5になる。（右図を板書しながら説明）【3】

Cs：一緒！
T：なるほどねぇ。かかれるとよくわかるねぇ。【4】
　　でこの図，どういう図かわかるか？【5】
C3：わかる！
T：はい，C3 さんどうぞ。
C3：えっと，このVの字はこうなってて，【6】
T：ははぁ，同じようにもってごらん？　折った紙をこう見てるんやな。
C3：ここは，ペラペラ？つながってない方で，こっちがつながってる方で，で，その一つ目は，ここをこう切って，1 枚 2 枚 3 枚で，切って別々になってるから，ここの 4 枚で，あとここの外側。
T：うん，まずこの紙は折ったのをこう，上から見た…上から見たってわかる？折ったのを上から見たような図で描いて，この子たちは切って数えたということやな？

［展開場面2］　3 回折って切った際の，紙片の個数を考える。
　⑦　結果を予想する。
　　C：7 枚。2 つ増えるから。
　　Cs：9 枚。（大多数の児童）
　⑧　図を使って，9 枚になる理由を考える。

194　第Ⅲ章　教科教育の本質に迫る授業研究

［まとめ場面］　変わり方を考える。
　⑨　4回折って切った際の，紙片の個数を各自で考える。
　⑩　変わり方に目を付けて予想したり，図をかくことで解決しようと
　　　する。

(3) 授業の分析と考察

　上記の授業実践を通して，図的表現と操作的表現の翻訳の様相や，数学的表現とメタ認知様相について，［展開場面1］を中心に考察する。なお，以下で指す授業の個所を【番号】で表した。

　［展開場面1］では，教師が紙テープに切り込みを入れずに説明しようとする児童を取り上げて，操作的表現と図的表現を関連づけようとした。【1】で児童C1は操作的表現（実際に紙テープを折る表現）を用いて説明したが，その表現では他の児童に考えが伝わらなかった。その際，【2】で教師は「T：うーん…こういう場で伝えるの難しいな」と，その児童C1の説明では伝わっていないと指摘している。これは，教師がその児童に対して他者の理解状況をモニタリングしているといえる。

　続いて【3】では，その児童C1に続いて他の児童C2が「かく！」と発言し，操作的表現から図的表現へ翻訳を行っている。この児童の説明が終わった段階で教師は，【4】「T：なるほどねぇ。かかれるとよくわかるねぇ」と，表現の翻訳が理解を促進することを価値づけている。これは，個人内活動に置き換えて考えると，自己評価にかかわるメタ認知であるといえる。

　その発言に続けて教師は，他の児童たちが図的表現を解釈できていない状況を捉え，【5】「T：この図，どういう図かわかるか？」と問いかけ，各自の理解状況をモニタリングする役割を果たした。それに他の児童C3が応えて，【6】「C：えっと，このVの字はこうなってて」と説明しながら，図的表現の横で紙テープを折って切る振りをする操作的表現を再度行った。さらに教師が「T：同じようにもってごらん」と，他の児童に対しても図的表現と操作的表現を再度翻訳することを促した。以上の内容を図示すると，図3-5-2のようになる。

第5節 数学的表現とメタ認知を育てる算数科の授業づくり　195

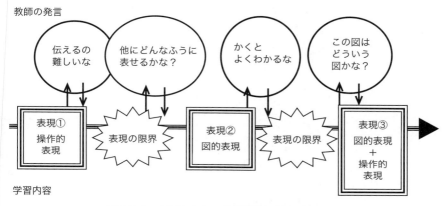

図 3-5-2　事例における数学的表現の翻訳の概要

　上述の授業場面では，学習内容に対応する教師の発言が重要な役割を果たしている。児童 C1 の操作的表現では他の児童に説明が伝わりにくい状況において，その操作的表現で説明することの限界つまり操作的表現の限界を教師が指摘し，その後 児童 C2 によって図的表現への翻訳がなされた。さらに他の何人かの児童が十分に理解できていない状況，つまり何人かの児童においての図的表現の限界を教師が見とり，「この図はどんな図だろうか？」という教師の発言に対応して，児童 C3 が先の操作的表現を若干修正した操作的表現へと翻訳した。

　それらの詳細をメタ認知に着目すると次のように解釈できる。ここではまず，操作的表現を用いた説明に対する理解状況をモニタリングし，その結果，その操作的表現では分かりにくいという自己評価のメタ認知を行うことができ，その操作的表現の限界を認識した。その後，操作的表現を図的表現に翻訳した。その結果，この図的表現で問題状況を十分に理解できたかどうかモニタリングした。その結果，やや分かりにくい点があったと自己評価したため，さらにその図的表現に対応する操作的表現へもう一度翻訳し，その理解状況をモニタリンしている。つまり，授業で実際に行われた一連の教師の発言は，児童たちに対するメタ認知的な支援であると捉えられる。授業における教師のメタ認知的

196　第Ⅲ章　教科教育の本質に迫る授業研究

支援と児童の数学的表現とが相補的に重なり合い，表現の翻訳が可能となった事例であったといえる。今後は，このような授業場面が数学的表現の学習指導に寄与し，教師のこのようなメタ認知的支援が児童同士のメタ認知的支援に移行すること，さらには個人に内化する授業づくりについて考察することによって，数学的表現におけるメタ認知の育成を可能にする授業づくりを検討したい。

（加藤　久恵）

謝辞

本研究にご協力頂きました植田悦司先生，児童のみなさん，校長先生をはじめ教職員の皆様に心よりお礼申し上げます。なお本研究は，科学研究費補助金 基盤研究（B）課題番号 23330268 および基盤研究（C）課題番号 24531129 の助成を受けている。

引用・参考文献

Diezman, C. M. & English, L. D.,Promoting the Use of Diagrams as Tools for Thinking, *The Roles Representation in School Mathematics*, 2001, pp.77-89.

加藤久恵，数学学習における数直線の利用とメタ認知，日本数学教育学会，第 42 回数学教育論文発表会論文集，2009, pp.235-239.

川又由香，数直線を用いた児童の学習活動の関する研究―小学校 5 年生小数の「乗法」を事例として―，日本数学教育学会，第 39 回数学教育論文発表会論文集，2006, pp.253-258.

中原忠男，算数・数学教育における構成的アプローチの研究，聖文社，1995.

坪田耕三・高橋昭彦・柳瀬泰，パターンブロックで創る楽しい算数授業パート 2，東洋館出版社，1999.

和田信哉，表現からみた数学的活動，日本数学教育学会誌 第 91 巻 第 9 号，2009, pp.15-20.

第6節　音楽的感覚の育成を基盤とした
音楽表現活動の指導

1　音楽科で育成すべき能力と〔共通事項〕との関係

　2008年に告示された第8次学習指導要領では，音楽科の指導内容に〔共通事項〕が新設された。〔共通事項〕の内容は，ア「音楽を形づくっている要素（（ア）音楽を特徴付けている要素，（イ）音楽の仕組み）」を聴き取り音楽の本質に迫る感受と，イ「音符，休符，記号や音楽にかかわる用語」についての理解であり，従前からの指導内容である表現領域および鑑賞領域の学習を通して指導することが求められている。その背景には，第8次学習指導要領の改訂の経緯に示された，基礎的・基本的な知識・技能の習得，思考力・判断力・表現力等の育成が関連しており，音楽科も他教科と同様に，育成すべき能力を明確に示すために，〔共通事項〕を拠り所とした音楽科授業の改善が図られることとなった。

　2013年に第6学年児童を対象として行われた小学校学習指導要領実施状況調査[1] の結果をふまえて挙げられた音楽科の分析・改善点より，〔共通事項〕の扱いを再考する時期に来ていることが示唆された。そこで筆者は，音楽科教育に関する唯一の全国誌である『教育音楽小学版』[2] の「私の教材料理法」に2013年4月から2015年3月まで掲載された実践事例を対象として，各学年で〔共通事項〕がどのように取り上げられているかについて検討した。表3-6-1はその一部をまとめたものである。

　〔共通事項〕のアの（ア）音楽を特徴付けている要素については，全学年の合計の上位3項目が「旋律」「リズム」「拍の流れやフレーズ」である。しかし「拍の流れやフレーズ」に関しては，その殆どが「拍の流れ」あるいは「フレーズ」

198　第Ⅲ章　教科教育の本質に迫る授業研究

表 3-6-1　学年別〔共通事項〕の数[3]

学年		音楽を特徴付けている要素								
		音色	リズム	速度	旋律	強弱	拍の流れやフレーズ	音の重なり	音階や調	和声の響き
2013年度	1	5	2	6	1	8	9	0	1	0
	2	4	8	3	3	5	4	0	0	0
	3	2	9	1	8	0	3	3	0	0
	4	2	5	0	10	1	7	1	0	0
	5	2	7	3	8	2	2	4	1	3
	6	6	6	5	11	4	2	2	0	0
2014年度	1	5	3	1	2	2	4	0	0	0
	2	4	5	2	8	3	7	0	0	0
	3	8	8	1	8	2	0	1	0	0
	4	3	1	0	6	1	8	2	0	0
	5	2	6	2	7	2	2	3	2	2
	6	6	2	0	12	3	3	3	0	0
合計		49	62	24	84	33	51	19	4	5

を扱った事例であり，両方を扱ったのは 2 例のみであった。また，「拍の流れ」を〈拍子〉に置き換えた実践が 2 例あった。このことから，「拍の流れやフレーズ」は，他の要素に比べてそのとらえ方が不明確であることがわかった。また，教材曲のどの部分が「拍の流れやフレーズ」の特徴を表しているのかについて，楽曲分析や教材解釈が適切に行われていない現状が明らかとなった。

　音楽科では，鑑賞領域の学習を通して音楽を聴き取る・感じ取る能力を育成し，その能力を生かして表現領域（歌唱，器楽，音楽づくり）の学習における音楽表現の創意工夫をめざす。これが，表現と鑑賞の関連を図る授業構成である。その実現のためには，音楽活動の基礎となる音楽的感覚（均等な基本拍，拍節感，リズム感，音高感，音程感，和声感など）[4]の育成を目的とした音楽活動を設定する必要がある。例えば〔共通事項〕の「旋律」や「リズム」との関連に着目し，その楽曲における「拍の流れやフレーズ」の特徴を把握するために，音楽的感

第6節　音楽的感覚の育成を基盤とした音楽表現活動の指導　199

覚を働かせる。また，〈拍〉のまとまりから「リズム」が生まれることを基に
して〈拍〉と「リズム」の関係性をとらえることによりはじめて，言葉の意味
としての〔共通事項〕ではなく，音楽の構成要素である〔共通事項〕を手がか
りとした学習が成立するのである。

2　教科書にみる〈リズム〉の指導の系統性

(1)　なぜ《さんぽ》を歌うのか

　小学校音楽科で使用される教科書には，教育芸術社発行『小学生の音楽』，
教育出版発行『音楽のおくりもの』がある。『小学生の音楽1』では5月，『音
楽のおくりもの1』では4月の教材曲として《さんぽ》（中川李枝子作詞，久石譲
作曲）が掲載されている。児童が乳幼児期から慣れ親しんだ楽曲であるため，
小学校音楽科の入門期の授業に対する関心・意欲を高める効果が期待される。
実際に第1学年の授業で《さんぽ》を取り上げると，前奏が鳴った瞬間から多
くの児童が身体反応をし，歌詞を覚えていて躊躇なく歌う光景が見られる。し
かし，それだけで活動を終えて次の曲へ移ってしまうと，《さんぽ》を学習す
る本来の目的が達成されなくなってしまう。

　表3-6-2は，各教科書に掲載された《さんぽ》の記述内容をまとめたもので
ある。両書には複数の共通点がある。第一に，歌や音楽に「あわせる」こと，
第二に「てをうつ」「てびょうしをする」こと，第三に「足踏み」「行進」をす
ることを促している点である。音楽の世界において「合わせる」行為は，複数
のパートから成る楽曲を演奏する際の基本である。「合わせる」対象は，〈拍〉
〈音高〉〈音程〉〈リズム〉〈速度〉〈強弱〉など音楽の諸要素であるが，すべて
は〈拍〉から始まるといっても過言ではない。《さんぽ》は，旋律の冒頭「あ
るこう」の部分が4分音符のリズムシラブル「たん」と一致していること，旋
律にスキップのリズム♩♪♪が含まれていること，さらに伴奏が4分音符を
強調する動きになっていることから，児童が「〈拍〉とは何か」を学ぶことが

200　第Ⅲ章　教科教育の本質に迫る授業研究

表 3-6-2　第 1 学年《さんぽ》の記述内容

	『小学生のおんがく 1』 （教育芸術社，pp.10-11）	『音楽のおくりもの 1』 （教育出版，pp.2-3）
挿絵が示す 情景など	・子どもと動物の行進 ・川，小道，トンネル，花や木	・複数の子どもの行進 ・川，小道，花や木，動物
題材名	「はくをかんじてあそぼう」	「あつまれ！おんがくなかま」
めあてに関 わる記述	・おんがくにあわせてからだをうごか 　しましょう。 ・おんがくにあわせててをうったりあ 　しぶみをしたりしましょう。	・うたにあわせて，あしぶみやこうし 　んをしよう。 ・てびょうしをしてもたのしいよ。

（下線は筆者による）

できるという点で，優れた楽曲であると言える。教科書の記述内容から，教師がこのような楽曲の構造上の特徴を理解した上で，《さんぽ》に内在する楽曲の面白さや良さを児童に「わかる」「できる」「かんじる」学習活動を展開するという，編集意図がうかがえる。したがって，単なる動作としての「手拍子」「足踏み」「行進」に終わるのではなく，伴奏を聴き，それに合わせて歌ったり身体反応をして，音楽の世界における「合わせる」ことを学ばせるとともに，《さんぽ》の学習を生かして他の曲についても〈拍〉を意識しながら聴いたり演奏したりできる力を身につけさせたい。

(2)〔共通事項〕にある「拍の流れとフレーズ」の意味

　第 1 項で述べた，〔共通事項〕の一つである「拍の流れやフレーズ」の指導課題を解決するために，この要素が最初に取り上げられる第 1 学年の学習内容を検討する。ここでは，教育芸術社発行『小学生のおんがく 1』における〈拍〉と〈リズム〉の扱いに着目する。

　『小学生のおんがく 1』では，〈均等な基本拍〉の学習を出発点として，〈拍〉と〈リズム〉に関する内容が配列されている。これらの学習は，歌唱共通教材《かたつむり》（pp.14-15）を除き，10 〜 25 ページにわたり連続して取り上げられている。表 3-6-3 に示すように，《さんぽ》の次の《なまえあそび》では，〈拍〉に焦点を当てつつも 4 拍ずつの「問いと答え」により拍のまとまりを意識させ，《じゃんけんぽん》と《みんなであそぼう》は，旋律に含まれている

第6節　音楽的感覚の育成を基盤とした音楽表現活動の指導　　201

表 3-6-3　『小学生のおんがく 1』に示された〈拍〉と〈リズム〉の系統 1

教材または教材曲	示された〈拍〉〈リズム〉 ●は拍，●は音符，○は休符	教材曲との関連
pp.10-11 《さんぽ》 4/4 拍子	●●●●●●●●	〈均等な基本拍〉 ・4/4 拍子における 4 分音符の連続
pp.12-13 《なまえあそび》	●●●●｜●●●●	〈拍〉 ・4 拍ずつの「問いと答え」 ○○さん (ウン)，はあい (ウン)
pp.16-17 《じゃんけんぽん》 2/4 拍子	たんたんたんうん ● ● ｜ ● ○	〈4 拍のリズム〉 ・旋律にあるリズムに対応
pp.18-19 《みんなであそぼう》 2/4 拍子	たんたんたんたんたんたんたんうん ● ● ● ● ｜ ● ● ● ○	〈8 拍のリズム〉 ・旋律にあるリズムに対応
pp.20-22 《しろくまのジェンカ》 2/4 拍子	たんうんたんうんたんたんたんうん ● ○ ● ○ ｜ ● ● ● ○	〈8 拍のリズム〉 ・曲全体を支えるリズムに対応

リズムを打つ活動へと続いている。さらに，《しろくまのジェンカ》では，旋律ではなく楽曲全体に流れるリズムフレーズを抽出してリズム打ちをすることにより，旋律と合わせて演奏するためのスキルの素地を身につけることをねらいとしている。

　表 3-6-4 に示した 2 曲のリズムは，教科書では表 3-6-3 にあるように○などを用いて示されているが，その内容から楽曲の特徴の具体を指していると判断し，ここではリズム譜や五線譜で表す。《ぶんぶんぶん》以降は，〈リズム〉そのものの学習へと移行する。《ぶんぶんぶん》は，1 小節目から 4 小節目までの旋律を，4 拍ずつのまとまりから成る 8 拍のリズムフレーズとして示している。この旋律は 9 小節目から 12 小節目と同じである。こうした旋律の特徴こ

表 3-6-4 『小学生のおんがく 1』に示された〈拍〉と〈リズム〉の系統 2

	示された〈拍〉〈リズム〉と教材曲との関連
pp.22-23 《ぶんぶんぶん》 2/4 拍子	〈8 拍のリズム〉　・旋律のリズムフレーズに対応 たん　たん　たんうん　　た　た　た　た　たん　うん （楽譜）
pp.24-25 《ことばでリズム》	〈4 拍のリズム〉〈4 拍＋4 拍のリズム〉・リズムに合う言葉 （楽譜）「たまご」 （楽譜）「めだまやき」 （楽譜）「ばなな」「ばなな」 （楽譜）「とまと」「おむらいす」

そ，〔共通事項〕にある「拍の流れやフレーズ」が指す音楽の構造上の特徴である。《ことばでリズム》も，言葉のもつリズム感を生かすことは重要であるが，それが言葉の扱いに終始するのではなく，音楽のまとまりとしてのリズムが拍の流れに伴ってどのように聴こえるのか，また拍の流れにのってどのように演奏するのか，という指導を経てはじめて「拍の流れやフレーズ」を学ぶことになる。「拍の流れやフレーズ」の学習は，演奏スキルの習得，すなわち児童が楽曲全体の雰囲気を聴き取ったり感じ取ったりしながら旋律やリズムを演奏し，それを同時に聴いて自分の演奏を調整すること，を可能にするために行われるべきであると考える。

3　音楽的感覚の育成—〈拍〉から〈拍子〉，〈拍子〉から〈リズム〉へ—

　第 2 項で示したような〈リズム〉の学習を円滑に行うためには，児童が保有している音楽的感覚の様相を把握した上で，〈リズム〉の演奏スキルを身に付けるための学習を設定しなければならない。この時，〈拍〉から〈拍子〉へ，

〈拍子〉から〈リズム〉へという、〈リズム〉の構成原理に則った次のような学習を継続的に行うことが有効である。

まず、一人1拍リレーから〈拍〉の学習をスタートさせる。児童が並んでいる順に一人1拍だけ手をたたき、リレーする。この時「拍と拍の間が同じ間隔に聴こえるように」と指示をする。この間隔を決めるのは2番目に演奏する児童である。図3-6-1は、アよりイの間隔が狭いため、結果として速いテンポに聴こえることを表している。一人1拍ずつ、同じ間隔でよどみなく演奏することは簡単ではない。そこで、1回の授業で何度もやり直しを求めるよりも、授業の導入時に継続的に行うようにし、通算の演奏回数を増やすほうがよい。演奏順を変えて全員が2番目に演奏する経験をすると拍間の感じ方がわかるようになり、均等な基本拍の獲得や拍節感の育成が可能になる。

図3-6-1　一人1拍リレー

次に、〈拍〉のまとまりを学ぶ過程を図3-6-2に示す。黒板に12個の○を提示し、これをウの〈均等な基本拍〉として演奏した後、「2つずつの拍のまとまりに聴こえるためには、どんなたたき方をすればよいか」と問いかけ、考えさせる。児童から意見が出ない時は、「行進する時のかけ声」などのヒントを与えてもよい。何度か試みるうちに、2つずつのまとまりに聴こえるようになった時、1拍目が強くなっていることに気づく。そこでエのように、2つの○ごとに縦線を入れる。これが2拍子を示している。その後、オ「3拍ずつのまとまり」、カ「4拍ずつのまとまり」を考えさせ、手拍子で演奏させると、自

ウ（均等な基本拍）	○ ○ ○ ○ ○ ○ ○ ○ ○ ○ ○ ○
エ（2拍子）	○ ○｜○ ○｜○ ○｜○ ○｜○ ○｜○ ○
オ（3拍子）	○ ○ ○｜○ ○ ○｜○ ○ ○｜○ ○ ○
カ（4拍子）	○ ○ ○ ○｜○ ○ ○ ○｜○ ○ ○ ○

図3-6-2　〈拍〉から〈拍子〉へ

ずと 3 拍子, 4 拍子を理解することができる。

このように,〈拍〉のまとまりから〈拍子〉を見つけさせることにより, 児童はその先を考えるようになる。この学習を行うと必ず,「5 拍子ってあるの?」という質問が出される。そこで《テイク・ファイブ》など 5 拍子の曲を聴かせると, 児童の〈拍子〉に対する関心が一層高まる。

歌唱, 器楽, 音楽づくりのいずれの活動でも,〈リズム〉の指導のため, 難しい箇所を取り出して何回も繰り返す練習が必要な場合がある。しかし〈リズム〉の間違いやずれの修正にはまず, 均等な基本拍の獲得を礎とする拍節感を育成することが必須となる。この学習は, 低学年のみならず, 全学年で行いたい。これにより, 音楽科の授業が, 声や音がぴったり合った時の快感を味わうことができる貴重な機会となり, そうした音楽経験の積み重ねが, 児童の音楽能力の伸長を保障すると考える。

4 音高・音価に着目し, 曲の特徴をとらえて音楽表現に生かす学習指導

中村恭子氏 (2015) は, 中学年以降で行う本格的な視唱の前段階として, 図形譜 (図 3-6-3) を用いて第 1 学年《きらきらぼし》の指導を行った[5]。この図形譜は,《きらきらぼし》の音高 (音の高さ) と音価 (音の長さ) を簡略に示したものである。旋律は音高と音価の並びによって形づくられているので,〔共

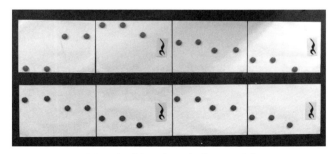

図 3-6-3 《きらきらぼし》の図形譜

第6節　音楽的感覚の育成を基盤とした音楽表現活動の指導　　205

通事項〕の〈旋律〉〈リズム〉〈拍の流れやフレーズ〉を手がかりとして楽曲の
特徴を大まかにつかみ，鍵盤ハーモニカの演奏に生かすことをねらいとしている。
　この図形譜を見て，《きらきらぼし》の音楽的な特徴について考えさせたとこ
ろ，以下の①②③のような注目すべき発言があった。

---

①「1段目は山のようになっている」
②「1段目と3段目は同じだ」
③「2段目はすべり台が2つある」

---

　①は，1小節目から4小節目までのフレーズとしてとらえ，音高の変化に着
目した発言である。②は，教科書に掲載された3段の楽譜と対比させて理解を
深めた発言である。③は，2段目を2小節ごとのまとまりでとらえた結果，下
降音型を見つけた発言である。2段目については，前半2小節と後半2小節が
同じ旋律の繰り返しであることに気づいた発言もあった。
　また，中村氏は，次時の学習で鍵盤ハーモニカの練習を行った際，以下の④
⑤の発言があったと報告している。

---

④「1段目の2小節目の終わりにはウン（休符）があるのに，みんな伸ば
　して吹いているよ」
⑤「全部，2小節ごとにウン（休符）があるんだね」

---

　④は，自分たちの演奏上の課題を，図形譜で確かめた旋律の音価に着目して
とらえた発言である。この発言をきっかけとして，「4分休符の前の音の長さ
に気をつけて吹く」という演奏上の留意点を確認することができた。また⑤は
④に関連して，「4分休符の長さを正しく取る」こと，すなわち《きらきらぼ
し》においては，2小節ごとの〈拍の流れやフレーズ〉を感じ取りながら演奏
する指導に生かすことができた。

（河邊　昭子）

註

（1）津田正之「学習指導要領実施状況調査，音楽科の分析と改善点」『初等教育資料』第 932 号，東洋館出版，2015，pp.10-19。

（2）『教育音楽』は 1946 年 12 月に創刊された月刊誌。小学版と中・高版がある。毎号，学年別に指導事例を紹介する記事があり，「私の教材料理法」がそれに当たる。

（3）次の論文に掲載した表から抜粋して示した。河邊昭子「小学校音楽科における〔共通事項〕に関する研究－『教育音楽小学版』にみる実践内容を中心に－」『教育学研究紀要』（CD-ROM 版）第 61 巻，中国四国教育学会，2016，pp.500-505。

（4）三村真弓「音楽的感覚と聴覚力を基盤として感性を育てる音楽科」日本教科教育学会編『今なぜ，教科教育なのか　教科の本質を踏まえた授業づくり』文溪堂，2015，pp.64-65。

（5）授業研究の詳細は次の冊子を参照されたい。『提案要項・学習指導案集「子ども－文化－教師」をつなぐ（2 年次）―学びにひらく子ども―』兵庫教育大学附属小学校，2015，pp.106-110。

参考文献・資料

小学校音楽科教科書『音楽のおくりもの 1』教育出版，2015。

小学校音楽科教科書『小学生の音楽 1』教育芸術社，2015。

日本音楽教育学会編『音楽教育実践ジャーナル』第 23 号，日本音楽教育学会，2014。

文部科学省『小学校学習指導要領解説　音楽編』教育芸術社，2008。

第7節　小学校英語教育における音声指導の課題と展望

1　問題の所在と目的

　2020 年度から実施予定の次期学習指導要領より，小学校において外国語活動は中学年での実施となり，高学年では教科として，文字指導を含み，年間 70 時間の単位時間が確保される。寺沢（2015）は，このような政策が印象論の域を出ないものや限定的な根拠に基づいて決定されている点を指摘している。長谷川（2013），植松（2014），青木・井長（2016）も，英語学習開始を早めてもリスニングをはじめとする英語学力や技能への有意な効果が認められなかったことを報告している。今一度，中学校以降での英語音声の学びの礎となるための，英語学習初期にあたる小学校段階における音声指導のあり方を検討する必要がある。

　本稿では，小学校英語教育での音声指導の課題と教科化へ向けての展望について，以下の構成から論考する。まず，分節音と超分節的要素における日本語母語話者の課題と，リスニング及びスピーキングの指導や活動の一般的な傾向を整理する。次に，この内容を踏まえながら，外国語活動の具体的なつまずきの場面を取り上げ，音声学音韻論上の要因を検討する。最後に，これらの課題克服と今後目指されるべき音声指導の方向性について，言語習得における「分からなさ」と「気づき」の重要性に着目して論じる。

2 英語音声の特徴

(1) 英語の発音と韻律

　音素とは，音韻論における音の最小単位であり，特定の意味を表す音声情報を構成するために他の音と区別される機能を有する。同じ音素でも，単語内での位置や強勢の有無などにより，調音のされ方，響き方，聞こえ方などの客観的な性質は異なる。また，言語毎に母音や子音の数も違う。このため，日本語にない音を聞き取れない，日本語の音と置き換えて聞く，調音の仕方が分からない，日本語の音を転用する，などの課題が混在する。

　1つの母音を中心としてその前後に子音が付帯すると，音節が形成される。音節は長さ，高さ，強さ（大きさ）を与えられてアクセントを有することで無強勢の音節と明確に区別される。そして，強勢間の距離が一定に保たれて繰り返されることで，言語のリズムが生成される。この性質のため，英語では弱音節が単純化され，弱化，同化，連結，脱落などの音韻現象が起こり，聞き取りや発音の困難が生じる。また，英語は閉音節言語であるのに対し，日本語は開音節言語であるため，日本語母語話者は子音の後に不要な母音を挿入しがちになり，子音結合を滑らかに発音できないことも多い。しかし，母音の不要な挿入は，音のまとまりの数を変えるだけでなく，強弱音節の区別を困難にする。さらに日本語母語話者は，アクセントを付帯させようとする際に，音高を変化させるだけであったり，短母音に促音を挿入して音節を短くしてしまったりする。上山（2003）の研究では英語習得の進んだ学習者でも英語の音節構造認識に対して母語である日本語の影響を受ける傾向があることが明らかにされており，これらの課題の重要性が示唆される。

　一方，英語のイントネーションは，話者の意図を音高の変化によって表現するものである。発話全体の中で音高の変化と語全体の伸長が最も大きいものがイントネーションの核となるが，Mori（2006）の実験では，日本語母語話者の英語は全体の音高の変化が非常に緩やかであり，核の音高も際立って高くなら

ないという結果が示されている。加えて Mori（2005）の調査では，強勢がない文頭の機能語を後続の内容語より高く発音する "initial high pitch" という特徴が明らかにされている。イントネーションや核の配置が適切でないと，話者が意図しない意味で理解されてしまう可能性がある。

(2)　リスニング

　竹蓋（1984）は，言語コミュニケーションの約75%が音声言語によるものであり，その大半が聞くことで占められることに触れ，言語音知覚行動の重要性を指摘している。そして竹蓋（1984）はその特質を，「完全なものがそこにあって，受け入れれば良いのではなく，きっかけだけがそこにあって，聞き手がそこから能動的に想像，または推測しなければならない」（p.46）と述べる。また高梨・高橋（2009）は，リスニングにおける学習者の困難を発話の速度や語彙レベルを統制できないことであるとし，聞く行為を「聞き取れない部分，誤りである部分，言及されなかった内容などを補正しながら全体を理解し，情報を取捨選択するという能動的な営み」（p.74）と位置づける。渡辺（2000）の調査でも，フォーマルなスタイルで話される演説に比べてインフォーマルなスタイルで話されるインタビューの方が，話す速度が速くその変化が大きいこと，文末音調が多様であること，休止が少ないこと，言い間違いやためらいによるリズムの乱れがあることが明らかになっている。

　授業の中での英語に関してはこれとは異なり，語彙，文法，速さなどが学習者の理解可能な範囲に統制されている。だからこそ，学校教育の枠を超えた場面での英語の使用について，様々な困難が感じられることになると考えられる。また，疑似的なコミュニケーションを行う活動，言い換えれば仮想場面を設定して学習対象である対話表現を模倣する活動では，コミュニケーションタスクを遂行するために意味に焦点が当てられる。その一方で，必ずしも韻律や話し方が伝える話し手の意図や思いには言及されない。しかし，前述した英語音韻の各要素は語の弁別や話者の意図（情報の軽重）の把握などの意味理解に不可欠なものであり，コミュニケーションを円滑に遂行することと，音声そのものをできるだけ正確に聞き取ることとは切っても切り離せない関係にあるといえ

る。

(3) スピーキング

　母語話者のような発音ではなく誰にとっても分かりやすい発音を目標とする
考え方は，Abercrombie（1947）や Jones（1956）らによってこれまでにも言及さ
れてきた。そして近年では，"World Englishes" や "English as a Lingua Franca"
などの概念の広まりを背景とし，スピーキングにおいて "intelligibility" を重
視することが主流となっている。ただしこの概念は，話者の発した音が「その
とおりの音」として聞かれているか，発話の内容がどの程度理解されているか，
などの複数の定義が区別されず，複合的な意味合いで捉えられている（大和，
2012）。なお，何が "intelligibility" に影響を与えるか，ということについては，
分節音を支持する研究と超分節的要素を支持する研究があり（勅使河原，2014;
山根，2015），それぞれの要素についても具体的に何を習得すべきかについては
意見が分かれる。いずれにせよ，日本語音韻の影響を受けた発音は，英語母語
話者はもちろん非英語母語話者にとっても理解しづらいことが明らかになって
いる（Broersma, Aoyagi and Weber, 2010）。

　日本語母語話者に対する Dickerson（1975）の実験によると，自由会話，対話
文の朗読，単語リストの音読の順で発音の誤りが多くなる。授業においても，
単語の練習や ALT の発音の模倣に比べて，教師と児童生徒での対話練習や児
童生徒同士でのコミュニケーション活動の際には，日本語音韻の影響を強く受
けた，いわゆる「カタカナ発音」になってしまう様子が見られる。だが，以下
の事情からこのような発音は必ずしも修正されない。まず，児童生徒や教師は
概して，「カタカナ発音」を容易に理解することができる。また ALT も，習
得の途上にある発音に慣れていたり寛容であったりする。加えて，過度な発音
の修正が児童生徒の学習に対する不安や発音への抵抗感を高めてしまうことを
避けるという教師の意図もある。しかし，系統的な指導が可能なはずの中学校
や高等学校でも適切な音声指導がされないため，結果として「カタカナ発音」
が定着している現状がある（手島，2011）。

3 つまずきの事例の検討

(1) 挨拶の場面

　授業開始時，あいさつの一環として "How is the weather today?"，"What day is it today?"，"What is the date today?" という定型表現を用いたやり取りが行われることは多い。何度も聞いたり話したりしているにも関わらず，児童がうまく答えられない要因として，次の2点が考えられる。1点は，曜日と日付を問われている2つの質問について，"day" と "date" を混同している場合である。発音は /déɪ/ と /déɪt/ であるが，語末の /t/ はほとんど聞こえないため，この部分のみで2つの単語を聞き分け，意味を区別することは難しい。もう1点は，視覚的な補助として文字が示されている場合や日本語の影響を受けた発音に慣れてしまっている際に起こる。この場合は，音韻現象のある自然な速さの発音を聞いても，児童が予想した音や聞き慣れた音と全く別の音声情報として聞き取られてしまう。

(2) 歌の場面

　歌は，外国語活動の中で最も多く使用されている教材のうちの1つである。用いられる歌の種類や活用の仕方は様々であるが，児童は歌詞を読むことができないために聞き取りと模倣に依ることとなり，「英語が速い」，「歌詞が長い」などの理由で歌えないと感じることがある。あるいは，歌詞を提示している場合に，ローマ字学習や日常生活で触れる外来語などの既有知識を手掛かりとして，歌詞をカナ読みしようとしてしまう児童がいる。

　窪薗・溝越（2000; p.97）で指摘されるように，英語の歌において音節構造やアクセントの仕組みは，歌詞と旋律や拍，小節との対応に明確に反映されている。つまり，不要な子音を挿入したり，無強勢の音節や単語を強勢があるものと同様に発音したりすると，旋律上に与えられた音符の数に歌詞を乗せることができなくなってしまうのである。単純化されやすい模倣と反復の活動に音楽的な要素を取り入れることで楽しさをもたらし，言語音声の特質を帰納的に体

212 第Ⅲ章　教科教育の本質に迫る授業研究

得し得るのが教材としての歌のよさである。しかし，音節や音韻現象を適切に発音できないまま活動を繰り返しても，「実際にはうまく歌えていないまま，なんとなく真似をしているだけ」という状態になってしまいがちである。

(3) コミュニケーション活動の場面

　コミュニケーション活動を行う際，児童はしばしば『Hi, friends!』で扱う語彙や表現を超えて，自分自身にかかわることを話したり発表したりすることになる。以下は，どちらも筆者自身が携わった小学校 6 年生の外国語活動にて，児童が発音するのにつまずいた表現である。

　　(a)　　I read books at 7:00 pm.
　　(b)　　I want to see Iguazu falls.

(a) では /r/ が，(b) では /l/（いわゆる「暗い L」）が，それぞれ日本語の音素にないために，どのように調音してよいか分からないのである。そのため，何度聞いても自信を持って発音することができない。あるいは，児童が自分 1 人で話す時のために音を覚えるための補助としてフリガナを使おうとする際にも，カナ表記ができないために戸惑ってしまう。その対処として日本語のラ行に置き換えたり，前者は /w/，後者は日本語の「ウ」や「オ」のような音を代用したりして，「その場をやり過ごす」ことはできるものの，児童が達成感を抱くことができるかについては疑問が残る。

4　音声指導の方向性

(1)「分からなさ」の共有

　小学校段階においては，現状に鑑みて，必ずしも音声学音韻論上の厳密な正確性を伴う指導は求められない。しかし，上記の例からは，「聞こえた音を聞こえたとおりに真似する」ことは児童にとっても容易ではなく，「音声面に関しては，児童の柔軟な適応力を十分生かすことができる」（文部科学省，2008，

p.13）との認識は見直すべきであることがうかがえる。いずれの事例でも，児童が英語音声を聞き取って実際に発音するまでの間に，日本語と英語の音韻体系と調音の明確な差異に起因するつまずきが確認できるからである。

　しかし，このようなつまずきを共有することが学びの契機にもなる。学年が上がるにしたがって，分からないことやできないことが，児童にとって否定的なものとして捉えられてしまいがちである。しかし，個人のつまずきが表出され，全体の場で共有されることで，同様につまずいていた児童の不安が軽減されるだけでなく，つまずきが克服されるための重要な発端にもなる。音素，音節，アクセント，リズムが日本語の影響を受けると「滑らかさ」がなくなってしまい，「発音しづらい」，「思ったとおりに発音できない」と感じられる。教師の発音を模倣し，個人もしくはグループやペアなどで何度も練習する中で，うまく発音できないところはどこかということをまず見つける。そしてそのつまずきを共有し，「なぜ発音できないか」，「どうすれば発音できるか」ということを考え，試行錯誤する。その過程で，上手に発音できている児童に「発音のコツ」を説明させたり，教師が調音の仕方や音韻現象を明示したりしながら，後述する「気づき」に結び付けるのである。

(2)「気づき」の意義

　第二言語習得に対する「気づき」の重要性について Schmidt（1990）は，インプットに対して意識的に注意が向けられ，理解されたものだけが学習者に内在化されると説く。また Swain（1995）も，アウトプットを通して自分が伝えたいことと実際に伝えられることとのギャップや自分ができることの限界を認識することが，新たな知識の獲得や既有知識の強化を促したり，言語形式の正確さに貢献したりすると主張する。これらの仮説から，つまずきを契機に，音そのものの特徴，つまり英語音声にはどんな仕組みと現象があるのかを焦点化することで「気づき」を促すことが必要であると考えられる。

　英語音声の特徴への焦点化については，学習者の誤りの模倣（アバクロンビー，1969）が有効な手段のうちの1つとして考えられる。つまり，意図的に「カタカナ発音」を聞かせるのである。これまで述べたように，児童は聞き慣れない

音をそのまま真似することが困難な場合がある。特に，音韻現象によって曖昧に聞こえる音を曖昧なまま発音することには慣れていない。しかし「カタカナ発音」が「自然な英語」と著しく異なることに気づくことはできる。そこで，両者のどのようなところが違うのかに注意を向けさせるのである。すると，口や舌の動かし方が違うことや，音がつながるところや縮まるところ，聞こえないところがある，などの気づきが生まれる。

イントネーションについては，音高の変化を聴覚以外の情報を用いて示すことを提案する。イントネーションは通常，音高を相対的に4つの段階に分けた数値や音調曲線などで表記される。このような表記を取り入れることで，聞き比べるだけでは分かりづらい音高の違いを視覚的に理解することが可能となる。また，簡単な動作で音高の変動を表現すると，視覚的な情報とともに身体的な実感が得られる。

5　結び

小学校英語教育では，コミュニケーション能力の素地の育成が目指され，意味伝達や内容理解が重視されてきた。活動を行うために特定の単語や表現を繰り返し聞いたり話したりすることを通して，その音声情報の大まかな発音や意味，使用場面は児童に「慣れ親しむ」という形で定着したといえよう。他方，英語音声の学びや指導は，児童の自然発生的な「気づき」に委ねられてきた。そして，「なんとなく聞ける」，「なんとなく話せる」ようにはなっても，必ずしも児童が英語音声の特徴を捉えていたわけではなかった。そのため，その場での模倣はできても，自分がやり取りをする際に注意して聞いたり発音したりすることにまで結び付きづらいことがあった。確かに，英語の聞き取りや発音は，英語に触れる機会の少ない児童にとっても，英語に自信のない学級担任にとっても，扱いが容易なものではない。しかし，発音や韻律は語彙の判別の手掛かりや発話の内容，話者の感情などの様々な情報の理解の基盤となる。また，英語音韻の理解や日本語との音韻比較も児童の興味の対象となったり，後の学

習につながったりするものである。英語と日本語，英語と「カタカナ発音」を
具体的に対照する中で，舌や唇の使い方や口の開き方の違い，声帯や鼻の奥な
どの部位が振動する感覚などとともに，自らが発した音がどのように聞こえ，
どのような動きで流れるのか，という実感と，「難しいけどできると楽しい /
分かると面白い」という達成感が得られる授業展開が望まれる。

（和田　あずさ）

引用文献一覧

Abercrombie David. Teaching pronunciation. *ELT Journal*, 3, 1947: pp.113-122.

アバクロンビー・デイヴィッド著，宮田斉・田辺洋二訳『英語教育の原理と問題』
第4版．東京：松柏社，1969. Abercrombie David. *Problems and Principles in Language Study*. London: Longmans Green and Co., Ltd, 1956.

青木基容子・井長洋「小学校での英語学習経験が中学入学後の英語学習に及ぼす影響
について」『中等教育研究紀要』62, 2016: pp.43-58.

Broersma Mirjam, Aoyagi Makiko, & Weber Andrea. Cross-linguistic Production and Perception of Japanese- and Dutch-accented English.『音声研究』14. 2010: pp.60-75.

Dickerson Lonna. The learner's interlanguage as a system of variable rules. *TESOL Quarterly*, 9, 1975: pp.401-407.

長谷川修治「小学校英語の開始学年と指導形態の及ぼす効果：熟達度テストと意識調
査による比較検証」『JES journal』13, 2013: pp.163-178.

Jones Daniel. *The Pronunciation of English*. Cambridge: Cambridge University Press, 1956.

窪薗晴夫・溝越彰『英語の発音と英詩の韻律』東京：英潮社，2000.

文部科学省『小学校学習指導要領解説外国語活動編』東京：東洋館出版社，2008.

Mori Yoko. The initial high pitch in English sentences produced by Japanese speakers. *English Linguistics*, 22, 2005: pp.23-55.

Mori Yoko. Phonetic realization of syntactic boundaries in English discourse produces by English vs. Japanese speakers.『音声研究』20, 2006: pp.71-82.

Schmidt Richard. The role of consciousness in second language learning. *Applied Linguistics*, 11, 1990: pp.129-158.

Swain Merrill. Three functions of output in second language learning. Cook Gui& Seidlhofer Barbara. (Eds.), *Principle and Practice in Applied Linguistics*. Cambridge: Cambridge University Press, 1995: pp.125-144.

高梨庸雄・高橋正夫『新・英語教育学概論』東京：金星堂，2009.

竹蓋幸生『ヒアリングの行動科学―実践的指導と評価への道標―』東京：研究社出版，1984.

寺沢拓敬「英語教育学における科学的エビデンスとは？―小学校英語教育政策を事例に」『外国語教育メディア学会（LET）中部支部外国語教育基礎研究部会2014年度報告論集』2015: pp.15-30.

勅使河原三保子「日本語母語話者の「通じる」英語発音とは：intelligibilityに関する研究の整理」『駒澤大学外国語論集』17，2014: pp.39-54.

手島良「日本の中学校・高等学校における英語の音声研究について―発音指導の現状と課題―」『音声研究』15，2011: pp.31-43.

植松茂男「特区における小学校英語活動の長期的効果の研究：6年間の継続調査のまとめ」『京都産業大学教職研究紀要』9，2014: pp.17-38.

上山基子「第二言語習得における音節構造認識：日本語と英語の場合」『音声研究』7，2003: pp.84-100.

渡辺和幸「英語におけるフォーマル・スタイルとインフォーマル・スタイルのイントネーション」『音声研究』4，2000: pp.70-76.

山根繁「日本人学習者の目指す明瞭性（intelligibility）の高い英語発音とは」『関西大学外国語学部紀要』13，2015: pp.129-141.

大和知史「L2 speech研究における発音の『明瞭性』の取り扱い：明瞭な評定のために」『外国語教育メディア学会（LET）関西支部メソドロジー研究 部会2011年度報告論集』2012: pp.41-49.

第Ⅳ章
教科教育におけるカリキュラム・マネジメント

第1節　社会科の本質に迫る
カリキュラム・マネジメント

1　求められるカリキュラム・マネジメント

　カリキュラム・マネジメントとは，経営学における PDCA サイクルを援用して，教育課程の編成（計画）・実施・評価・改善行動に至る一連の活動である。1998（平成 10）年の学習指導要領の改訂で，「教育課程の大綱化，弾力化」や「学校の裁量拡大」という経営環境が変化したことで，学校の自主性や自立性，創意工夫を生かした学校改善への取組が可能になり，マネジメント management という考え方が浸透してきたことによる[1]。これまで，教育課程については，「維持・管理」というイメージが強かったが，「経営」という用語が使用されるようになり，現在では，カリキュラム・マネジメントという用語がスタンダードになっている。学校の子どもの姿や学習経験から創り出された学校の教育目標は，その学校の目指す子ども像である。各学校が切磋琢磨して優れた教育実践を創造することに消極的であってはならない。特色ある学校づくりを通じて，ボトム・アップでコモン・ベーシック（共通の基礎・基本）common basic を創造することが意識的に追究されなくてはならない。
　カリキュラムを編成する際に活用できるのが学校の SWOT 分析である[2]。SWOT 分析とは，目標を達成するために意思決定を必要としている組織や個人のプロジェクトを評価するのに用いられる戦略計画ツールである。強み（Strengths），弱み（Weaknesses），機会（Opportunities），脅威（Threats）の頭文字を取って，SWOT 分析と呼ばれ，次のような手順で行われる。

220 第Ⅳ章 教科教育におけるカリキュラム・マネジメント

①学校の内部環境要因を分析する。
○それぞれ学校の強み S（+），学校の弱み W（−）として，記入する。
②学校を取り巻く外部環境要因を分析する。
○支援的に働く場合を O（+），阻害的に働く場合を T（−）として，それ
　ぞれの欄に記入する。

　表4-1-1 は，兵庫県内の加西市立 H 小学校を対象として SWOT 分析をした
事例である。カリキュラムを編成するには，学校を取り巻くマクロ分析を全教
職員参加で取り組み，目指す子ども像の設定から始めなければならない。

2　R-PDCA サイクルによるカリキュラム・マネジメント

　学校がその目標に向かっていくためには，教職員が，R-PDCA サイクルと
いうマネジメント・サイクルを通して，自らの教育活動を向上させていくこと
が必要である。R-PDCA サイクルとは，R（Research: 実態把握）を組み込んだサ
イクルである。カリキュラムを編成する上で，重要なことは，学習者である子
どもの発達や興味・関心の扱いである。子どもの発達段階や興味・関心を抜き
に，教育を語ることはできない。そのためには，学校は，日頃から児童，保護
者，地域社会の住民のニーズを把握しておかなければならない。

　魅力的な授業を構想しようとするならば，学習指導要領の内容だけではなく，
教科の親学問にあたる必要がある。社会科ならば，社会学や経済学，歴史学，
地理学など社会諸科学の理論がベースになる。そして，教育内容にあたる単元
を決め，単元プランを構想していく。特に，社会科におけるカリキュラム・マ
ネジメントでは，「単元で創る」意識が必要で，学習の流れや系統性を重視し
なければならない。さらに，子どもの論理や子ども理解といった側面から，学
習内容を再構成する必要がある。子どもの興味・関心はどこにあるのか，社会
情勢や子どもの生活の実態などを把握した上で，授業づくりの中核となる教材

強み（Strength）	弱み（Weakness）
・児童は明るく活発で、指示されたことに対しては真面目に取り組む児童が多い。 ・各学年は、指導力のある中堅教諭を中心に学年集団が組織され、円滑な学年経営がなされている。 ・校内研修では、ミドルの教諭がリーダーシップをとり、研究を進めている。他の教諭も熱心に研修に励んでいる。 ・学級担任の平均年齢が2才上がり、学級経営に対して保護者の信頼も厚い。 ・生徒の問題行動に対しては、学年団や生徒指導担当、時には管理職も入って対応しようとする支持的な風土がある。 ・ベテラン教諭の中には、特定の教科に優れた指導力を持った教諭がいる。 ・学年別のフロアーなので、学年内の連携が取りやすい。	・自分の思いを表現したり、論理的に考えたりすることが苦手な児童が多い。 ・人との関わりの希薄さから、他者への思いやりの心や共感する力が育ちにくい。 ・学年の進むにつれ、運動場で遊ぶ児童が減り、基礎体力が落ちてきている。 ・3学級減で、教職員数が4名減になったことにより、休み時間に外で遊ぶ教師が減り、運動場でのトラブル、怪我への対応が遅れる。 ・学年にフロアーが区切られているため、他の学年の様子が把握しにくく、問題行動等に対して異学年での対応がしにくい。 ・校内研修や各委員会の会議が多く、時間も長いので、学級事務に取りかかる時間が遅くなり、帰宅時刻が遅くなったり、家庭に仕事を持ち帰ったりする教職員が多い。
支援的（Opportunity）	阻害的（Threat）
・学校周辺には、牛杜や昔ながらの宿場町としての宿並みが残り、社会科や道徳の地域教材や校区図の題材として活用できる。 ・中学校や幼稚園に隣接しており、幼小・小中の連携が取りやすい環境である。 ・旧市街地や農村地区の地域の住民は、市内で一番大きいマンション住まいに誇りを感じ、学校の教育活動に対して協力的である。 ・新興住宅地やマンション住まいで、核家族の家庭が増えてきて、多面にわたり学校に声を届けてくださるので、保護者の思いや学校の不足する部分を把握するのに役立つ。 ・「町づくり協議会」という組織があり、会長さんが本校に対してとても協力的で、学校的や地域の協力を得たいときに、場所や人材を探してくれる。 ・「いきいき改革事業」という事業で、体験学習や特色ある取り組みに対してゆとりと自由に使える予算がついている。	・学校周りに車が多いため、着書などのいたずらの心配から通学路が制限される。 ・伝統校であるという思いから、地域住民からの期待や要望も強い。 ・新興住宅やマンション住まいで、核家族の家庭の保護者の中には、周りの保護者と上手くコミュニケーションが図れず、当面の問題を学校に連絡して来る。 ・片親の家庭や経済的に苦しい家庭が多く、生活していくのに精一杯で、学習習慣や生活習慣を付けられない家庭がある。 ・子供たちが自由にボールを使って遊べるような公園や施設が少なく、道路で遊んでいる子が多いため苦情が多い。 ・大型ショッピングセンターの進出で、生活道路を往来する車や通過量が増えたので交通事故が心配される。また、児童の金銭トラブルや問題行動の増加に対応に配慮される。

表 4-1-1　加西市立 H 小学校の SWOT 分析表

を構成しなければならない。実践の中核となる日々の授業場面 domain では，子どもは，教材のもつ知的内容によって，問題発見をしたり，イメージしたりする。子ども自身が，普段の生活や日常経験では予期しなかったより有効な知見や，自分の解釈よりも有効と思われる学問体系に基づいた解釈が必要になってくるような教材の意図的設定が必要である。教材とは，教育内容を何らかの形で体現し，具体化されたものであり，授業をアシストするサプリメントのようなものである。教師は，子どもが最もわかりやすい提示の仕方を考え，子どもにエンカウンター（出会い・遭遇）encounter させ，コミュニケーションを媒介とした対話的な学びの状況を授業場面に組み込んで進めていく。以上，R-PDCA サイクルによる社会科におけるカリキュラム・マネジメントの全体像を示したのが図 4-1-1 である。

3 情報ネットワーク時代に適用できる授業に

グローバル化や情報化が進展する現代社会においては，解き方が予め定まった問題を効率的に解ける力を育むだけでなく，社会の変化の中で，蓄積された知識をベースに，膨大な情報の中から何が重要なのかを主体的に判断して，自ら問いを立て，その解決を目指し，他者と協働しながら新たな価値を生み出していかなければならない。

社会科で重要なのは，「何を知っているか」だけでなく，身に付けた個別の知識や技能をツールとして使いこなせることである。社会科で調べ学習をするのは，問題解決につなげる基盤となる知識を集め，全員で共有化するためである。この知識共有化 knowledge sharing のプロセスこそ，アクティブ・ラーニングそのものである。また，社会科の醍醐味は，個人では解決できない社会の問題を，社会の構造やしくみを客観的に分析し，問題点を明確にしながら，既有のフレームワークを批判的に省察して，知識共有をしながら，付加・調整を繰り返すプロセスの中で，現代社会に適用可能な知識やノウハウを獲得できることが必要である。そのために，まず必要なことは，子どもが何を学ぶのかと

第1節 社会科の本質に迫るカリキュラム・マネジメント　223

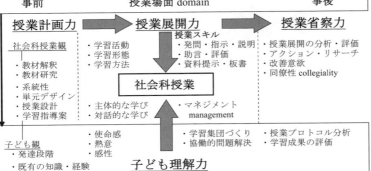

図 4-1-1　社会科におけるカリキュラム・マネジメントの全体像

224　第Ⅳ章　教科教育におけるカリキュラム・マネジメント

いう単元の本質的な内容をルートマップのように俯瞰できる単元デザインを構築することである。

　図4-1-2は，第4学年「ごみのしまつ」の単元デザインである。対象とする単元内容に関して，網の目を張り巡らせるウェッビング法を活用して情報収集したデータを階層性を意識しながら整理する[3]。子どもの思考のウェッブを拡げるためには，素朴な問いとキーワードの創出が必要である。社会は，すべてのものが関係性で成り立っている。子どもには物事を複数の要素が相互に関連し合っている関係の束であるという見方を鍛えなくてはならない。特に，キーワードに概念を凝縮する力をつけなければならない。

　そのために必要になるのが，アクティブ・ラーニングの「主体的な学び」や「対話的な学び」，「深い学び」である[4]。高度経済成長時代の知識詰め込み型の受動的な授業ではなく，情報ネットワーク社会の時代に適用できるアクティブに学ぶ社会科授業デザインの構築が求められている。

4　アクティブに学ぶ社会科授業デザイン

　第4学年単元「ごみのしまつ」を例にアクティブに学ぶ社会科授業デザインのあり方を述べる。この単元の本質的な問い Unit Question は，現代社会において，「なぜ，ごみが増え続けるのか」であり，ごみが発生してしまつされていく流れを社会システムの中で考えることである。このごみ学習は，大量生産・大量消費・大量廃棄型の現代社会の特質に迫る学習にしなければならない。しかし，ごみがしまつされる流れを学んで，「自分たちにできることは何か」と行動化を促し，「ごみの分別を徹底しよう」，「マイバッグ運動をしよう」，「無駄遣いは止めよう」的な安易な精神論や道徳的な授業に陥ってしまう。

　ごみのフローを理解するだけでなく，その根源的な問題である日々の人間の行為にあることを改めて問い直し，今後ますます深刻化するであろう「ごみ問題」として考えなければならない。わが国では，2000年6月循環型社会形成推進基本法が整備されたことにより，循環型社会の形成を推進する基本的な枠

第1節　社会科の本質に迫るカリキュラム・マネジメント　225

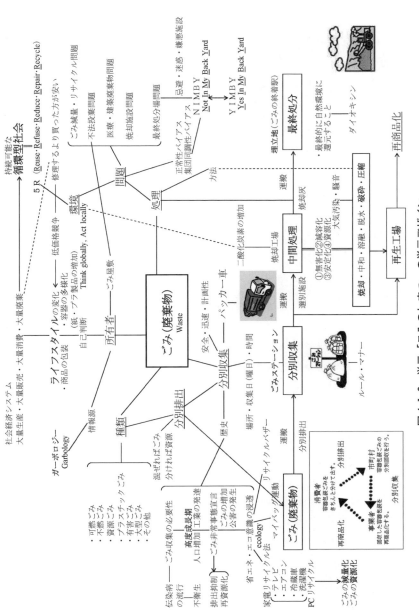

図4-1-2　単元「ごみのしまつ」の単元デザイン

組みができている。環境を考慮すると，廃棄物は，消費者・市町村・事業者の三者それぞれの役割分担がある。消費者は，確実な分別排出を心がけることはもちろん，ごみになる商品を購入しない，受け取らないリフューズ Refuse の姿勢が必要である。市町村は，分別収集を徹底するしかない。事業者は，できる限り商品の再商品化を図るだけでなく，容器包装の再商品化の前に，不燃ごみにしない容器及び容器包装の取り組みが必要である。ごみをしまつして，目の前からごみがなくなってもごみの本質的な解決にはなっていない。嫌悪施設になっている廃棄物処理場の新設問題や過去の事例，他地域の事例などに視野を広げることで，子どもが，すでにもっている社会の見方やルールと異なる見方やルールに触れ，社会認識をより開かれた確かなものにしていく必要がある。そのためには，単元「ごみのしまつ」の流れは，次のようになるだろう。

第一次　「ごみ」っ何？＝現象的な「問い」の設定

第二次　ごみのゆくえ＝ごみが処理されていくフロー把握。
　　　　＝公共レベルの理解。＝**現象的因果関係の把握**

第三次　ごみ問題を考える＝このままでだいじょうぶなのか。
　　　　現状の廃棄物処理事業に関する問題点や課題を考える。
　　　　→事例研究 case study 的手法で取り組む。
　　　　＝廃棄物処理場（嫌悪施設）の新設問題
　　　　　諸外国を含めた最先端の取り組みや成功事例など
　　　　＝本質的な「問い」の設定→**本質的因果関係の追究**

　ごみのしまつのフローを理解して終わるのではなく，実生活や実社会の中で適用できる汎用性のある知識や技能を身に付け，新しいものを生み出していくデザインにしなければならない。社会科では，子どもが獲得する知識は，子どもの主体的関与から独立して客観的に獲得されるのではなく，クラス内での交流によって知識を再構成して，肯定的な自己受容感の形成とともに知識共有化 knowledge sharing を図るのが授業の醍醐味である。その流れを示したのが図

第1節 社会科の本質に迫るカリキュラム・マネジメント　227

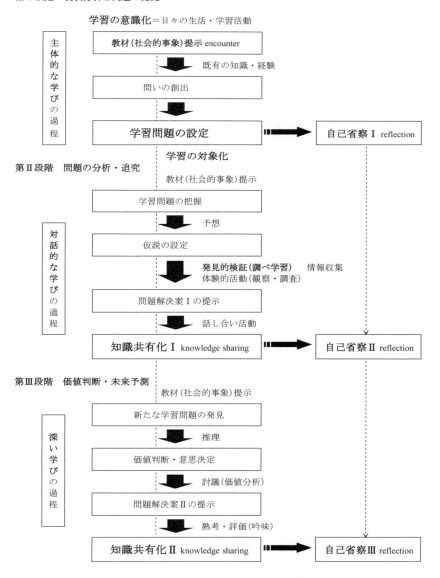

図4-1-3　アクティブに学ぶ社会科授業の基本的なフロー

228 第Ⅳ章 教科教育におけるカリキュラム・マネジメント

4-1-3のアクティブに学ぶ社会科授業の基本的なフローである。新しいことを学ぶことや既に知っている内容の理解を深めることは，直線的なプロセスではない。我々が，物事を理解しようとすると，これまでの経験と新たな探究から得たばかりの知識の両方を利用する。そもそも，科学的問題に抱く興味は，何か不思議な事象に刺激されてかき立てられる。この事象について，その謎が解けるまで，あれこれ考え，調べ，問い合わせ，探索を続ける。新しい観念の検討を始めると，調査中の事象の理解に適すると思われる以前の探索結果の断片をつなぎあわせていくことで，少しずつ知識が形成されてくる。時に知識の断片に食い違いが生じた場合は，古い考え方を打破して再構築する必要がある。この創造的な営みを通して，概念的理解を拡大していき，問題を解決しながら理論を検証するのが社会科授業である。

　社会科は単元で創るとともに，教師の日々の地道な教材研究が欠かせない。教師は，日々の授業において，発問や関連する資料や流れに沿って，可視化と構造化を意識した板書によって，クラス全員で知識共有ができることがカリキュラム・マネジメントが目指すポイントである。

(關　浩和)

註

（1）マネジメントとは，様々な資源・資産・リスクを管理して効果を最大化する手法のことである。主に次の文献に詳しい。
筧正治『人と組織のマネジメント』創成社，2008年。

（2）SWOT分析の手法に関しては，次の文献を参照されたい。
西村克己『できる人の「超」図解術』(株)中経出版，2009年。

（3）ウェッビング法の詳細については，次の文献に詳しい。關浩和『情報読解力形成に関わる社会科授業構成論─構成主義的アプローチの理論と展開─』風間書房，2009年。關浩和『ウェッビング法─子どもと創出する教材研究法─』明治図書，2002年。

（4）2016（平成28）年改訂の新学習指導要領の目玉がアクティブ・ラーニングである。2015（平成27）年8月に教育課程企画特別部会において論点整理が行われ，2030年の社会とその先の社会に生きる子どもに，どのような資質・能力の育成が必要なのかの視点で出てきたのがアクティブ・ラーニングである。

第2節　社会科カリキュラムマネジメントを支える研究方法論の諸相

　周知のように，今次の学習指導要領改訂の指針を述べた中央教育審議会教育課程企画特別部会「論点整理」（平成27年8月）において，資質能力の育成を確かなものとするための両輪に，アクティブラーニングとカリキュラムマネジメントが挙げられた[1]。カリキュラムマネジメントは，学校の直接的な教育活動に関わる側面とそれを支える経営活動の側面の双方に関わる包括的な概念であり，その総体を論じるのは容易でない。しかしながら，それが含意するものは，学校レベルの教育改革を求める社会的要請に留まらず，教科教育学研究の在り方をも問い直すものである。本稿では，カリキュラムマネジメントに関わる実践や研究動向について社会科を例に取りながら考察することで，教科教育学研究の方法論への示唆を素描することとしたい。

1　社会科におけるカリキュラムマネジメント

　田村他（2016）によれば，カリキュラムマネジメントとは，「教育目標の具現化」に向けて，「カリキュラムのPDCA」「学校の組織構造」「学校文化」「リーダーシップ」「家庭・地域社会等」「教育課程行政」などの要素を，学校を主体に協働的に連関させていく営みである。教科教育で言えば，個々の教員が，学習指導要領の教科目標や学校の教育目標，児童・生徒の実態，地域の現状などに関する調査やデータに基づき教育課程を編成し，実施するとともに，教育活動を不断に評価して，改善を図ることができるよう，教科・科目・分野内で資質・能力の育成を保障するためのPDCAサイクルを定着させる。またその工程を個々の教師が独立に行うのではなく，教職員が協働する。社会科におけるカリキュラムマネジメントとは，教科の目標・内容・方法を一貫させる教育

活動のデザインと，それを営む組織の活動を連動させる「教科の目標達成の実質化を図る営みの総体」を指すと言えよう。

しかし「目標達成の実質化」を図るにしても，マネジメントすべき要素のどの局面を重視するかで，その方法や効果は変わりうる。学校の教育目標へと統合される，いわば通教科的な目標達成を重視するのか，個々の教科の学びを充実させる教科目間の連携を重視するのか，あるいは教科の目標達成を図る教師の成長を支援する具体的方途を探るのか。すでに取り組みがなされている方法も含めて，整理してみよう。

2　方法主導的カリキュラムマネジメント

学校の教育目標を十分に達成するには，教育目標を各教科へ浸透させ，個々の教科で目標達成を図らねばならない。その際，学校全体の目標は，個々の教科の教育活動に応用可能な，通教科的・汎用的な目標が設定されよう。例えば，学校全体で思考力・判断力・表現力の育成を掲げ，思考スキルなどの汎用的スキルを設定し，各教科等の授業でスキル育成のための思考ツールを繰り返し用いることで，目標の達成を図るケースがそれに当たる。

思考スキルは，児童・生徒が物事を調べる際の道筋を考えたり，調べた内容を整理し，考えを表現したりする上での有効なツールとなり得る。しかし，教科内容との関連性を十分に図ることなく活用すれば，各教科で育む認識や思考を狭めてしまいかねない。例えば，歴史事象を深く理解するには，その時代の他の多くの事象・出来事との関連を見出し，事象が生起した背景や要因を多角的に検討することが必要である。しかし，思考スキルの育成を図る Y 図やベン図などのツールを用いるため，事象の意味連関を切断し，無理やり図式に押し込めるならば，却って事象理解の妨げとなろう。

また，石井（2016）が指摘するように，こうした資質・能力の目標が教科目標に並んで組み込まれれば，授業や単元で達成すべき目標が拡大し，個々の目標に対応した学習活動を割り振るなど，授業が形骸化することにもなりかねな

第2節　社会科カリキュラムマネジメントを支える研究方法論の諸相　231

い。各科共通の資質・能力の目標は，各教科固有の認識形成の論理や資質育成の論理に内包させて実現を図る方が望ましいのではないか[2]。

3　内容主導的カリキュラムマネジメント

　社会科の目標を達成する上で，他教科の教育活動との連携は欠かせない。そこで，各教科（科目・分野）における単元の教育内容を精査し，教育内容の相互乗り入れを試みたり，指導計画上の学習の順序を見直したりすることで，他教科での学びも活かした学習を展開し，教育効果を高める方法が試みられている。

　例えば社会科の調べ学習で，入手した情報をまとめる際，国語の教科書に載っているレポート作成の手順を確認しつつ，まとめることを促す。社会科教科書に頻出する統計・グラフの読解力をつけるため，算数で割合の内容を先習できる指導計画とする。世界史と日本史の教科書を活用して事象の捉えを複眼化する方法もあろう。

　個々の教師が既存の教科書単元の内容を詳細に把握し，柔軟に組み替えながら，学習の連続性・継続性を生み出し教育目標の達成を図ることは必要である。また，その実現には教員組織としての協力体制も欠かせない。しかし，こうした内容主導のカリキュラム調整に頼るだけでは，教科目標の実現という実践上の課題を教育内容の結び方や順序性の問題に矮小化してしまい，目標の明確化や内容それ自体の見直しへと向かう契機を失わせてしまう可能性がある。たとえ学問上の最新の研究成果を組み込んだとしても，教育目標の検討に導かれたものでなければ，内容の追加や置き換えに過ぎず，「カリキュラムのパッチワーク」にとどまるものとなろう。

　育成を図るべき教科の目標を教師一人ひとりが具体化し，それに沿った教育内容や教育方法を持続的・継続的に編み出していくための，そしてその営みを支えるための具体的な方法論が求められるわけである。

4 目標主導的カリキュラムマネジメント

　当該の教科でこそ育成しうる資質・能力を目標として明確化し，カリキュラムにおいて具現化するには，実践を担う一人ひとりの教師にカリキュラムを開発・実施し，評価・改善していく力量が求められるし，研究にはそれを支える方法の解明が求められよう。近年の社会科カリキュラム開発に関わる研究は，こうした課題をも引き受けつつ展開されており，幾つかの傾向や方向性を見出すことができる。図 4-2-1 にそれらを整理する概念図を示した。

　まず図の縦軸は，カリキュラムの開発や改善を進める上で，何を基点にするかを表している。一つは，社会科教育学研究において明らかにされてきた社会科の学力モデルやその育成の論理を基に，カリキュラムの開発を図る研究である。「理論を基点とするカリキュラム開発支援研究」と呼ぼう。二つは，一人ひとりの教師が子どもや教室を取り巻く現実の様々な制約条件の中で行っている日々の実践を基点に，カリキュラムの改善さらには開発を図る研究である。「実践を基点とするカリキュラム開発支援研究」と呼ぼう。

　草原（2015）は，この二つの研究観の違いを，日米における社会科教育研究観の比較考察から導き出している。前者は，我が国に見られる研究の特徴で，類型的に整理された社会科の目標のうち，より優れていると判定された目標を実現する教育内容の構成や学習指導の方法，さらにはその指導事例を分析・開発していく。「目的合理性」を追究した研究である。後者は，近年の米国に見られる研究の特徴で，現実に教師たちが行っている多様な実践の特徴を把握し，それらの優劣ではなく，社会科の目標としてより望ましい実践へと編み変えていくための方法や条件を明らかにする。「選択

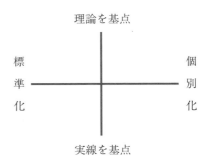

図 4-2-1　カリキュラム開発支援研究の方法相関図

第2節　社会科カリキュラムマネジメントを支える研究方法論の諸相　　233

可能性」を追究した研究である。

　図の横軸は，カリキュラム研究の目的として何を指向するかを表している。一つは，教師によるカリキュラム開発を支援する標準的な方法や指標の作成を目的とする。例えば，優れた社会科教育の理論や実践を類型化して捉え，類型に即した開発の手続きや授業改善の方法を提供する場合や，多様な学問分野の成果に基づいて構成される教科目の内容を社会科の目標に合致した学習へと転換する際に役立つ手続きや指標を提供する場合がこれに当たる。「標準化指向」の研究と呼ぼう。二つは，個々の教師が自己の実践を省察し，それぞれの置かれた環境や条件の中で改善を図ることを主要な目的とする。例えば，優れた社会科教育の理論を実践に移そうとする個々の教師の試みを支援する方法を探る場合や，一人ひとりの教師の実態に合わせたカリキュラム開発を促す方法や条件を探る場合がこれに当たる。「個別化指向」の研究と呼ぼう。

　二つの軸を掛け合わせれば，「理論・標準化」「理論・個別化」「実践・標準化」「実践・個別化」という四つの研究の在り方を想定できる。以下，それぞれの型の研究について具体例とともに考察しよう。

(1) 理論を基点とするカリキュラム開発支援研究

　社会科教育を通して育成すべき資質・能力を明確にし，その育成を図るための育成の論理や認識形成の論理を明確にし，その論理に沿った教育内容を開発し提案してきたのが，いわゆる「開発研究」と呼ばれる一連の研究である。開発研究の多くは，開発者が依拠する社会科観や授業理論に基づいて教育内容を構成し，教授書と呼ばれる主に単元レベルでの指導計画書の作成を通して，他者にも批判可能な形で形成の論理と教育の具体を示すものであり，教科教育におけるカリキュラム開発研究の一つの作法を提起するものであった。

　しかし，単元を軸とした教育内容開発は，教科（分野，科目）の課程全体を通した指導計画という中長期のスパンで，授業とカリキュラムの連続性・一体性を意識した系統的・持続的な資質・能力の育成方法の究明や教育内容開発を先送りさせることとなった。近年は，こうした開発研究の方法上の課題を踏まえた，教師のカリキュラム開発を支援する研究が模索されてきている。

①理論に基づく開発・改善プロセスの標準化

優れた社会科教育の理論を，個々の教師が自己のものとし，主体的にカリキュラムを開発・実施していくことを支えるには，カリキュラムを開発し改善する具体的な手立てを明らかにしていくことが必要となる。

石川（2015）は，従来の単元開発の方法ではなく，カリキュラムを再構成する方法に有効性を見出す。具体的には，地域の状況や学校の教育目標，生徒の実情に即して，「人口減少社会」に関する不連続ではあるが意図的に繰り返す主題学習を組織することで，既存の「現代社会」のカリキュラムを再構成する具体的な手続きと原理を示している。一回的な単元の授業ではなく，カリキュラムレベルで自己の授業理論をスパイラルに具現化する方途を明らかにした研究として注目されよう。

一方梅津・原田（2015）は，PDCAサイクルに着目した社会科授業研究の方法論を提案する。実践者と研究者の協働研究体制によって授業開発，授業評価，授業改善それぞれのプロセス解明を図る研究を進め，このうち授業開発と授業改善の方法や手順と要件について社会科授業研究のスタンダードとして定式化を試みている。本研究は，開発研究と授業研究の往還を図るPDCAサイクルを保障する手続きを標準化し定式化することで，個々の教師によるカリキュラム開発を支援しようとする点で注目される。

②理論に基づく開発・改善プロセスの個別化

教授書開発に代表されるカリキュラム研究は，それを学んだ教師が自らの社会科観を相対化し，実践を理論に基づいて再構築する機会をもたらす。しかし，自己の理論を確立しつつ実践の開発・改善を試みることは容易ではない。理論や教授書をモデルとして実践に落とし込む経験を経ねばならないだけでなく，実践を通して自身の理論の捉えを省察し，精緻化を図ることも求められるからである。理論は実践を通し，実践者の中で鍛え上げられてこそ意味を持つ。

峯（2015，梅津・原田（2015）に所収）は，アクションリサーチの手法をとりながら，教師による理論の省察過程を含めた，実践の開発・改善を行う方法を提起する。「開かれた価値観形成を図る社会科授業」の具現化をめざす実践者

に対し，公開授業への観察者による指導の改善要素の指摘，実践者による授業の省察と外部参観者の批判や吟味を通した理論の省察，授業の再開発と成果報告，授業観の異なる参観者からの意見と批判といった段階的な過程を経ることで，実践者自身の実践・研究仮説の省察と評価を導き出す。

個々の教師による理論の具体化をその教師の状況に応じて支援する研究は，カリキュラムを開発し改善する方法を定式化することで支援する研究とは異なり，個々の教師のもつ力量を個別に引きあげる方法を模索するものとなる[3]。

(2) 実践を基点とするカリキュラム開発支援研究

日々の授業を積み重ね，カリキュラムを実施していく主体は教師である。研究者がどんなに優れた教育プログラムを開発しようとも，教師は実践にあたって，学校や子どもを取り巻く現実の様々な制約や自らの教育理念や社会科観との調整を図りながらプログラムの見直しを図り，実践可能なものへと変換していく。

従って，多様な教育観・社会科観を持つ教師たちの営みを支援していく上では，理論的に望ましいとされる特定の授業理論と具体的内容を伴うカリキュラムを示すことで事足りとすることはできない。むしろ多様な教育観・社会科観を持つ教師たちが主体的にカリキュラム開発していけるよう，日々の実践を基点としながらも，実践を規定する状況を捉え直し，授業やカリキュラムの改善・開発に結び付く方法や手続きを解明する研究が必要となる。研究は，ここでも標準化と個別化の方向が見られる。

③実践に基づく開発・改善プロセスの標準化

教科の授業づくりを行う上で，教師は指導要領や教科書に組み込まれた内容を検討して授業設計を行う。その際，教科目標を意識しつつ，要領の項目や教科書の目次構成に現れる内容と学問内容とを接合し，調整することが課題となる。近年，米国ではこうした実践上の課題に応える研究が試みられている。

堀田（2015）によれば，近年のNCSSスタンダードの改訂は，教師によるカリキュラム開発の支援方法について原理的転換を図るものであるという。初版NCSSスタンダードは，市民性育成の目標に向けて，学問枠にとらわれずカリ

236 第Ⅳ章 教科教育におけるカリキュラム・マネジメント

キュラムを組織する探究の統合枠組みとして設計されたものの，内容の質保証を州が定める内容スタンダードに求めた結果，知識理解重視のカリキュラムから脱却できなかった。一方改訂版 NCSS スタンダードは，内容スタンダードの理解目標をふまえつつも，改訂版にある「探究のための問い」「知識」を参考に本質的な問いを設定し，証拠と評価方法の決定から学習計画や指導方法を確定する「逆向き設計」を可能にするものへ変化したという。

　米国の学会によるこうした提案は，教科書等の内容の枠組みに規定されざるをえない教師の実践を基点としながらも，より長期にわたって育成すべき社会科の大目標に沿って，単元や授業の具体的な目標設定と内容組織を可能にする手続きや指標をスタンダードという枠組みで示すものとなっているわけである。

④実践に基づく開発・改善プロセスの個別化

　授業設計を，年間指導計画等を意識して中長期的視野に立って進める上では，教師が直面する生徒の実態や地域の多様な実情をふまえつつ，自己の社会科観とも合致したカリキュラムを開発し，実践していくための方法論が欠かせない。つまり，個々の教師の抱える状況を踏まえ，日々の授業づくりを長期的なカリキュラムの設計と接合しつつ，実践の開発・改善を支援する方法の構築が求められるのである。

　川口（2014）は，従来のカリキュラム研究が理論作りに特化し，ミクロな小単元や授業のレベルで具現化されてきた点を批判し，授業実践とカリキュラム設計を切り結ぶ研究の必要性を説き，公立高校での日本史カリキュラムの共同開発研究を通して，教師の経験知を自覚化し，再構成を進めるカリキュラム設計の方法論を提案している。それは教師が実施してきたカリキュラムについて，実践を規定する要因を可視化させ，要因から見て適切な授業理論の選択と，教科目の包括目標と具体的教育目標を意識した年間カリキュラムの再設計を促すものであり，教師に実践の状況を省察させた上でカリキュラム改善の理論的選択肢を提供するものとなっている。

　バートンら（2015）は，米国の歴史授業に多く見られる授業設計のスタンスを４類型に整理し，各について，多元的民主主義社会に求められる授業に組み

替えるための目標設定の方向性を指し示すとともに，その達成を左右する条件を論じている。例えば，歴史授業を通して個人や家族，国家の過去を提示し，そこで取り上げる人々とのつながりの感覚を持たせることで生徒のアイデンティティ形成を図る実践（「自己認識」のスタンス）に対しては，つながりを意識させる「私たち」という語法の効果や弊害の検討もふまえて，外の社会集団との共同体意識を醸成する，多元主義と参加を要素とする自己認識の形成を目標とすべきと説く。

スタンスは，授業で一回的に試みられるものではなく，その教師の教育観に基づき，日々の実践で繰り返し現れるアプローチに応じた目標改善の方向性を描くという手法は，個々の教師が多様な社会科教育観の中に自己の教育観を位置づけながら，カリキュラム改善を図る上で有意義なものとなろう。

5　結語

カリキュラムマネジメントは，一人ひとりの教師によるカリキュラムの開発・実施，評価・改善を支援する具体的方法を伴ってこそ意義あるものとなる。近年の社会科教育学におけるカリキュラム研究は，従来の分析や開発を通して普遍的な社会科教育の理論やモデルを構築する研究だけでなく，個別具体の文脈や状況で格闘する個々の教師の取り組みを積極的に支援する方法を開発し，その効果を実証的に解明する研究へと向かいつつある。こうした研究関心のシフトは，社会科教育学研究における理論の実践化と実践の理論化を相互補完的に進めるものであり，いっそうの研究の進展が求められよう。

（溝口　和宏）

註
（1）中央教育審議会教育課程企画特別部会「論点整理」，平成 27 年 8 月，23-25 頁。
（2）藤瀬ら（2015）は，通教科的に設定される「論理的思考力」といった目標を，社会科の学習において達成する方法を，具体的な単元開発を通して示している。
（3）峯（2015）のアクションリサーチによる評価プロセスの研究は，同書で梅津ら

が示した PDCA サイクルに基づく，授業の開発・実施，評価・改善プロセスをスタンダードとして定式化する研究とは，アプローチを異にすると考えられる。

参考文献

藤瀬泰司・西澤剛・佐伯綱義「各教科等の論理的思考力・表現力の育成：社会科教育」熊本大学教育学部・四附属学校園編『論理的思考力・表現力育成のためのカリキュラム開発』渓水社，2015 年

堀田諭「教師のゲートキーピングを支援する社会科スタンダードの構成原理—米国における新旧 NCSS カリキュラムスタンダードの機能の原理的転換—」全国社会科教育学会『社会科研究』第 82 号，2015 年，pp.25-36.

石井英真「資質・能力ベースのカリキュラムの危険性と可能性」日本カリキュラム学会『カリキュラム研究』第 25 号，2016 年，pp.83-89.

石川照子「社会変動をとらえるための「現代社会」カリキュラムの再構成—人口減少社会を視点として—」日本社会科教育学会『社会科教育研究』No.125，2015 年，pp.33-41.

川口広美「教師による社会系教科カリキュラム設計方法論の構築—高校日本史カリキュラム開発共同研究を事例として—」『社会科研究』第 80 号，2014 年，pp.9-20.

草原和博「日米の研究方法論の比較を通してみたバートン・レブスティクの歴史教育研究の特質」キース・C・バートン，リンダ・S・レヴスティク著，渡部竜也他訳『コモン・グッドのための歴史教育：社会文化的アプローチ』春風社，2015 年，pp.419-428.

田村知子・村川雅弘・吉冨芳正・西岡加名恵編著『カリキュラムマネジメント・ハンドブック』ぎょうせい，2016 年

梅津正美・原田智仁編著『教育実践学としての社会科授業研究の探求』風間書房，2015 年

第3節　世界史教育における内容編成の展望
―学習指導要領「世界史」の現状と課題から―

　本節では，現行の学習指導要領に基づく「世界史」[1] の目的と内容より明らかとなる世界史教育の特質と意義から，その現状と課題を分析することで，世界史教育における内容編成のあり方を考察する。

1　世界史教育の特質と意義

(1) 世界史教育の特質

　2009 年告示の「世界史 A」と「世界史 B」の目標の記述で共通するのは「諸資料に基づき地理的条件や日本の歴史と関連付けながら理解させ」ることと，「歴史的思考力を培い，国際社会に主体的に生きる日本国民としての自覚と資質を養うこと」である[2]。地理や日本史との関連性を強めることについては，この改訂でより明確に記されることになったが，歴史的思考力を培うことについては，1956 年の改訂以来，学習指導要領に記載され続けている重要な目標である。しかし，学習指導要領やその解説では，歴史的思考力についての具体的な説明は示されていない。

　桐谷正信の整理[3] によれば，日本における歴史的思考力の研究は，斎藤博や平田嘉三・内海巌・上野実義・永井滋郎・藤井千之助らの研究を基盤とした歴史意識研究の一環として展開されたとする。そして，その流れの中で森分孝治は，歴史的思考力を「社会事象や問題を歴史的に把握する能力」と規定し，さらに「今昔の相違を把握する能力」，「変遷・発達を把握する能力」，「歴史的因果関係を把握する能力」，「時代関連を把握する能力」，の4つの能力に分けて説明している。また，横山十四男も歴史的思考力として，「今昔の相違，変遷」，「因果関係」，「時代構造」，「歴史の発展を理解する能力」の4つを挙げて

いるとする。つまり森分と横山は，多義的な要素から歴史的思考力を定義していることと，現代と過去の相違，歴史の変遷や発展の過程，歴史の因果関係，時代関連や時代構造の把握を認識することで共通しており，これらの力を世界史を通してつけることが目指されてきたと言える。

　一方，「世界史」が1989年の必履修化に際して目的としたことは，当時の国際化に対応することであり，それは学習指導要領の目標の「国際社会に主体的に生きる」ことに示されている。その後20年余りを経て，国際化の進展はより顕著となり，地球全体で世界の一体化が進むグローバル化の波が押し寄せている。その結果，世界との関連性が強まり，日本への外国人旅行者が増加している[4]ことに加え，日本国内で生活する外国にルーツをもつ人々が増加する傾向が高まっている[5]。もはや国外に出ずとも，国際社会は我々の身近にある。そのため，「国際社会に主体的に生きる」ことは，日々の生活と直接関わることになっているのである。

　以上のことから，現行の地理歴史科「世界史」は，地理や日本史と関連付けた幅広い社会認識形成を図るとともに，歴史的思考力を培い，進展する国際化へ対応した市民的資質を育成することを目指していると言える。

　では，そのような学習指導要領の目標に基づく「世界史」の内容はどのように構成されているのだろうか。次の表4-3-1は，現行の「世界史B」の学習指導要領の大項目と中項目を抽出したものである。その際に，大項目にはそれぞれに当てはまる年代を加え，さらに，主題を設定して学習する項目には（主題学習）と追記した。

　これによると，（2）諸地域世界の形成（原始～500年頃），（3）諸地域世界の交流と再編（500年～1500年頃），（4）諸地域世界の結合と変容（1500年～1900年頃），（5）地球世界の到来（1900年頃～現在）と，大項目（2）～（5）では，それぞれの年代が示すように，古代から現代に向かって諸地域世界を年代史的に扱う構成となっている。

　次に，大項目「（3）諸地域世界の交流と再編」を例にして，「世界史B」で扱われている地域を挙げると次のようになる。イスラーム世界（西アジア・南

第3節　世界史教育における内容編成の展望　　241

表 4-3-1 2009 年版「世界史 B」学習指導要領の項目

（1）世界史への扉
　ア 自然環境と人類のかかわり （主題学習）
　イ 日本の歴史と世界の歴史のつながり （主題学習）
　ウ 日常生活にみる世界の歴史（主題学習）
（2）諸地域世界の形成 （原始〜 500 年頃）
　ア 西アジア世界・地中海世界
　イ 南アジア世界・東南アジア世界
　ウ 東アジア世界・内陸アジア世界
　エ 時間軸からみる諸地域世界（主題学習）
（3）諸地域世界の交流と再編 （500 年〜 1500 年頃）
　ア イスラーム世界の形成と拡大
　イ ヨーロッパ世界の形成と展開
　ウ 内陸アジアの動向と諸地域世界
　エ 空間軸からみる諸地域世界（主題学習）
（4）諸地域世界の結合と変容 （1500 年〜 1900 年頃）
　ア アジア諸地域の繁栄と日本
　イ ヨーロッパの拡大と大西洋世界
　ウ 産業社会と国民国家の形成
　エ 世界市場の形成と日本
　オ 資料から読みとく歴史の世界（主題学習）
（5）地球世界の到来 （1900 年頃〜現在）
　ア 帝国主義と社会の変容
　イ 二つの世界大戦と大衆社会の出現
　ウ 米ソ冷戦と第三世界
　エ グローバル化した世界と日本
　オ 資料を活用して探究する地球世界の課題（主題学習）

学習指導要領の大項目と中項目に，（　）内は筆者が加筆して作成した。

アジア・東南アジア・アフリカ），ヨーロッパ世界（後にアメリカを含む），アジア世界（中央アジア・東アジア・日本），諸地域世界（太平洋地域などその他の地域）[6]。これらの地域構成からは，その時代に関わる全ての地域を広く扱う通史的な手法であることが分かる。

　さらに，大項目「（4）諸地域世界の結合と変容」を例にして，「世界史 B」で扱われている事象を挙げると次のようになる。イスラーム諸帝国の動向，明・清帝国と日本・朝鮮との関係，ルネサンス，宗教改革，主権国家体制の成立，産業革命，フランス革命，アメリカ諸国の独立，世界市場の形成，ヨーロ

242   第Ⅳ章　教科教育におけるカリキュラム・マネジメント

ッパ諸国のアジア進出，アジア諸国の動揺と改革[7]。これらの事象からは，改革や革命，国家の成立や動揺など，政体の変遷やそれに関わる動乱と戦争といった，政治や軍事に関する内容を中心に扱っていることが分かる。

　以上のことから，現行の世界史教育の特質としては，次の表4-3-2の3点を挙げることができる。

表4-3-2　現行の世界史教育の特質

①諸地域世界を古代から現代へと，年代史的に扱う構成であること。
②世界の歴史事象を全時代，全地域にわたって通史的に学習すること。
③政体の変遷や戦争などの政治史や軍事史が中心の内容であること。

(2) 世界史教育の意義

　現行の学習指導要領の項目からは，「世界史」の大きな枠組みとして，世界の諸地域が形成され，やがて交流と再編を経て，16世紀以降の地域世界の結合と変容によりグローバル化された地球世界の時代が到来するという，世界の一体化をふまえた大きな流れが読み取れる。特に，学習の構成については，古代から現代に向かって，諸地域世界を時代順に学習する年代史的な構成となっている。これにより，学習者が現代の国際化された世界が形成された過程を歴史の流れに従って認識することが目指されている。

　学習内容については，革命による政体の変遷や戦争による社会の変化など歴史の転換点にふれながら全時代，全地域にわたる項目を通史的に学習する。これにより，世界の諸地域が相互に関連する歴史について，網羅的に知識理解を図りながら，主に政治的・軍事的な変遷を学ぶことで，人類が民主的かつ平和な社会を希求し歴史を積み上げてきたことを，学習者に認識させる構成となっている。

　また，表4-3-1が示すように，現行の「世界史」では，全ての大項目で主題学習が設定されている。大項目（1）では，ア 自然環境と人類のかかわり，イ 日本の歴史と世界の歴史のつながり，ウ 日常生活にみる世界の歴史。大項目（2）では，エ 時間軸からみる諸地域世界。大項目（3）では，エ 空間軸からみ

第3節　世界史教育における内容編成の展望　　243

る諸地域世界。大項目（4）では，オ 資料から読みとく歴史の世界。大項目
（5）では，オ 資料を活用して探究する地球世界の課題，の7項目である。特に，
大項目「(1) 世界史への扉」では，3つの項目全てが主題学習であり，高校
「世界史」の導入で中学校の学習内容との連続性に配慮するとともに，地理や
日本史などと関連付けることで，生徒に「世界史」への関心を高めさせ，世界
史学習の意義に気付かせることが意図されていることと，全部で21ある中項
目の3分の1にあたる7項目が主題学習で構成されていることが注目される。
このように，主題学習が手厚く設定されていることで，学習者が主体的に歴史
を探究し，世界史をより幅広い観点から多面的・多角的に学習することが目指
されている。

　以上のことから，現行の世界史教育の意義は，古代から現代に向かう時代の
流れを学習し，現代の国際化した社会の理解を促す配列で構成され，その内容
は，全時代・全地域を幅広く網羅するとともに，民主的で平和な社会の実現の
ために，政治史や軍事史を中心に歴史を学習する構成となっていることである。
特に，大項目ごとに設定された主題学習を通して学習者が主体的に歴史と向き
合うことを目指していることは，歴史的思考力の涵養を意図したものと言える。

2　世界史教育の現状

　前項では，世界史教育の目的と内容に沿って，世界史教育の特質と意義につ
いて述べたが，実際に「世界史」の学習はどのように進められているのだろう
か。ここでは，世界史教育の現状について考察する。

(1) 過去志向の学習構成

　次の表4-3-3は，現行の学習指導要領に基づく「世界史B」の教科書[8]の
目次の大項目を抽出したものである。この表が示すように，現在の「世界史」
は，諸地域世界を時間の流れに沿って，年代史的に学習する。そこでは，各時
代ごとに過去の歴史事象の理解を促すため，知識理解を重視した授業が展開さ
れ，大学入試も含め，試験ではその知識を再現することが評価される。そのた

244 第Ⅳ章 教科教育におけるカリキュラム・マネジメント

表 4-3-3 2009 年版「世界史Ｂ」教科書の目次

	世界史への扉　①気候変動と私たち人類の生活
	②漂流民からみた世界　　③砂糖からみた世界の歴史
	序章　先史の世界
第Ⅰ部	第1章　オリエントと地中海世界
	第2章　アジア・アメリカの古代文明
	第3章　内陸アジア世界・東アジア世界の形成
	第Ⅰ部まとめ
	主題学習Ⅰ　時間軸からみる諸地域世界
第Ⅱ部	第4章　イスラーム世界の形成と発展
	第5章　ヨーロッパ世界の形成と発展
	第6章　内陸アジア世界・東アジア世界の展開
	第Ⅱ部まとめ
	主題学習Ⅱ　空間軸からみる諸地域世界
第Ⅲ部	第7章　アジア諸地域の繁栄
	第8章　近世ヨーロッパ世界の形成
	第9章　近世ヨーロッパ世界の展開
	第10章　近代ヨーロッパ・アメリカ世界の成立
	第11章　欧米における近代国民国家の発展
	第12章　アジア諸地域の動揺
	第Ⅲ部まとめ
	主題学習Ⅲ　資料から読みとく歴史の世界
第Ⅳ部	第13章　帝国主義とアジアの民族運動
	第14章　二つの世界大戦
	第15章　冷戦と第三世界の独立
	第16章　現在の世界
	第Ⅳ部まとめ
	主題学習Ⅳ　資料を活用して探究する地球世界の課題

め，人類の歴史は，過去の事実の一つとして認識されるにとどまる。

　結果として，現在の「世界史」は，歴史事象の知識理解を重視した過去志向的な世界史学習が中心となり，広く歴史的な思考や判断を促すような授業が実施されているとは言い難い。特に，現代の出来事と関連させることを意図した歴史学習は，積極的に行われていないと考えられる。

(2) 通史的な学習内容

　通史的な教授法では，世界の歴史事象を全時代，全地域にわたって幅広く学習するため，多くの知識の獲得が目指されることになる。実際，表 4-3-3 で示

した教科書は，索引まで含めると 448 ページある。同じ出版社の旧課程版は 412 ページであったから，36 ページ（旧課程版に対しては 8.7%）の増加である。旧課程版でも主題学習は設定されているため，この増加ページの大部分が現代の新たな動向の追加と，歴史事象の内容の詳述にあてられていることになる。このような学習内容の増加により，何に重点化して「世界史」を学習するべきか，学習者はもちろん，授業者でさえも把握できなくなっているのではないだろうか。そのため，通史的に構成された学習内容の知識獲得が授業の中心となり，歴史的思考を目指した探究的な学習までは及んでいないと考えられる。

(3) 付加的な主題学習

　大項目の 7 分の 1（約 14%）を占める主題学習は，この教科書では 1 項目当たり 2 ページ，7 項目で 14 ページが割り当てられている。単純な数字の比較では，総ページ 448 の 4% にも満たないことになる。つまり，教科書のページ配分では，主題学習は目立たなくなっているのである。さらに，これらの主題学習は，各大項目の最後にまとめとして付加的に位置付けられている。このため，主題学習を行わなくても世界史の学習が成り立つ構成であり，世界史を変革する目的で設定されたものではないことが指摘できる。

3　世界史教育の課題

(1) 学習構成の課題

　これまで検討したように，現行の「世界史」は，古代から現代に向かって諸地域世界を年代史的に扱う構成であるため，以下の課題が見えてくる。

　過去志向のこれまでの「世界史」では，近代の国民国家によって形成された歴史が，その後の世界のあり方に一定の方向性を示すため，学習者は過去から方向付けられた社会の枠組みを所与のものとして受け入れることになる。例えば，18 世紀以降の西欧社会で形成され，世界に広がった大量生産，大量消費，大量廃棄に基づく産業構造や生活スタイルと，それを規定する価値観や行動様式が，現代以降も継続するものとして生徒は学習するのである。

246 第Ⅳ章 教科教育におけるカリキュラム・マネジメント

　しかし，未来を志向して歴史を見た場合，近代の歴史が作り出した価値観や行動様式が現代にもたらす課題を考察することで未来を予測し，より良い社会実現のための解決策を学習者が選択する学習となる。そのためには，現代社会の課題に着目し，現代から遡及的に歴史を学習する手法が必要となる。

(2) 学習内容の課題

　現行の「世界史」では，全ての時代と地域を網羅的に学習する通史的な内容であることから，次のような課題が指摘できる。

　例えば，表4-3-3の第Ⅲ部は，アジア諸地域の繁栄を学習した後，近世ヨーロッパ世界の形成と展開を学習し，さらに近代ヨーロッパとアメリカ世界の成立を学習する。そして，欧米における近代国民国家の発展から，アジア諸地域の動揺を学習するというように，アジアや欧米の地域の歴史を網羅的に扱う内容となっている。このため，内容の構成に沿ってアジア－ヨーロッパ－アメリカ－アジアと地域の出来事を個別に学習することになり，相互の関連性に着目した学習とはなりにくい。

　そこで，この通史的な構成を見直す場合，学習内容の選択が必要となる。例えば「経済」を主題として学習内容を設定することで，アジアと欧米相互の関係を国際的な経済活動の変化を通して学習する構成に再編成するのである。つまり，通史に対しては主題史で内容を構成し，その主題に関わる内容を取捨選択することで学習内容を絞り込むとともに，相互の関連性に着目した内容構成を目指すのである。

(3) 主題学習の課題

　現行の「世界史」では，大項目ごとに主題学習が設定されているが，学習指導要領の内容の取扱い⁽⁹⁾では，「主題の設定や資料の選択に際しては，生徒の興味・関心や学校，地域の実態等に十分配慮して行うこと」（以下，下線部は筆者が追加）とある。また，「(5) のオについては，内容の (5) のア～エまでに示された事項を参考にして主題を設定させること」とある。つまり，大項目の(1) ～ (4) について「主題の設定を行う」のは教師であるが，大項目 (5) のみ，生徒に「主題を設定させる」のである。主題学習ではあるが，大項目 (1)

～（4）については，生徒は与えられた主題内での探究を行うことになり，主題の設定で生徒の主体性は反映されてはいない。

さらに，大項目（5）は，世界史の全ての学習を終えた後に付加的に位置付けられている。付加的アプローチは既存のカリキュラムの構造を変えることなく新たな視点を加えることには資するが，カリキュラムの構造を変化させるためには変革アプローチを用いることが望ましい[10]。このため，世界史の主題学習の探究的な内容を生かすには，大項目のまとめとして付加するのではなく，大項目そのものを主題に沿って構成することが必要となる。

4　世界史教育内容編成の展望

現行の世界史教育の特質で示された，年代史的構成，通史的学習，政治・軍事中心の内容は，世界の歴史に関わる膨大な知識を効率的に学習し，人類の発展の歴史を流れに沿って学習する目的で編成されてきたものとして一定の評価ができる。しかし，その一方で，多くの知識を理解することに注力するあまり，「世界史」が本来目指すべき，歴史的思考力を培うための探究的な学習が不十分になっていることが指摘できる。

そこで，これら世界史教育内容編成上の課題を克服するためには，年代史的な構成に対しては遡及的な学習法を用い，通史的学習に対しては主題史による内容の選択と集中を行い，主体的な探究活動を実現するための主題設定を目指す，新たな世界史教育内容編成が望まれるのである。そして，その方策の一つとして考えられることは，現代の課題を起点とした未来志向の理念として注目されるESDの観点[11]を導入することである。

（祐岡　武志）

註

（1）本稿では，学習指導要領に関わる科目としての世界史は「世界史」や「世界史A」「世界史B」と表記し，「世界史」は扱う時代を限定しない「世界史B」を念頭

に置く。

（2）文部科学省『高等学校学習指導要領』東山書房，2009，p.33, 35

（3）桐谷正信「歴史的思考力」日本社会科教育学会編『新版社会科教育事典』，ぎょうせい，2012，p.159

（4）日本政府観光局（JNTO）「年別 訪日外客数，出国日本人数の推移（1964 〜 2015）」では，訪日外客数は 2013 年から 1 千万人を超え，2015 年は 1900 万人を超える。

（5）法務省「在留外国人統計」によれば，在留外国人の数は 2011 年の東日本大震災後に減少したが，2013 年から増加し，2015 年末には過去最多の 223 万人となっている。

（6）前掲書（2），p.36

（7）前掲書（2），p.36

（8）木村靖二・佐藤次高・岸本美緒編著『詳説世界史 B』，山川出版社，2012

（9）学習指導要領の主題学習に関わる内容の取扱いについては，前掲書（2），p.38

（10）祐岡武志「ESD の観点を導入した世界史教育内容編成論—グローバル・ラーニングのカリキュラムフレームワークの分析より—」グローバル教育，16 号，2014，p.56

（11）ESD の観点を導入した世界史教育内容編成は，前掲論文（10）を参照されたい。

第4節　若者の政治参加と主権者教育としての
社会科の役割

　本稿では，18歳選挙権時代の到来に伴って，社会科系の教科教育に期待される役割がどのように変化していくかを主権者教育の導入をふまえて論じたうえで，その期待に応えるためには社会科がいかに変わるべきかを実践事例を通して明らかにしていきたい。

1　投票率と主権者教育

　主権者教育への注目の背景には，若者の低い投票率があるのは明白であるが，本稿では目標を投票率の改善におくという主権者教育に対する狭い捉え方はしない。投票だけではなく，あらゆる手段を使って若者が将来に渡って長く政治関わろうとする意欲を持ち続けられることが，本稿で論じる主権者教育の目標である。

　2015年6月に公職選挙法が改正され，18歳以上に選挙権年齢が引き下げられた。それにともなって，主権者教育が注目されるようになり，総務省と文部科学省によって高校生用の主権者教育副教材『私たちが拓く日本の未来』が開発され全ての高校生に配布されるなど，主権者教育の推進が高等学校に強く求められるようになっている。その背景には，若い世代の投票率の低さがある。先に紹介した副教材の中でも取り上げられているが，衆議院議員総選挙における20歳代の投票率は，全体の投票率に比べると20ポイントほど低く，30％余りに過ぎない。少子高齢化によって，そもそも若い世代の人口が少ないことをふまえると，若者の声が政治に反映されにくくなっていることは否定できない。選挙の際の候補者の公約も，若者に対してうったえるものが少なくなっているという見方もある。しかし，このような状況に対して，投票することの意義を

強調し，若者の主権者としての義務感にうったえる教育にどれだけ力を入れたとしても問題の解決につながらないというのが，筆者の考えである。なぜなら，投票に行かない若者は義務であることを知らないわけでも，忘れているわけでもないと考えられるからである。若者は，義務であることを知りながらも，その効果や意義に疑問を持ち，極めて合理的な判断のもとで，自己実現と社会参加の方法として投票という行為を選択していないというのが筆者の見方である。高度経済成長期どころか，バブル経済さえも遠い過去のものとなった時代を生きている若者にとって，世の中を変え社会をよりよいものとするための手段として，政治は選択されなくなっている。政治に対するイメージは，「汚職」や「権力闘争」といったダーティーなものであり，できるだけ関わりたくないもの，避けるべきものになっている。他人や権力に頼るのではなく，自らの力を信じ，汗を流して目の前の問題を地道に解決していく，例えばボランティアのような活動の方が，世の中を変えるためのまっとうな仕事に見えるというのが，若者の本音ではないか[1]。しかし，問題を解決するために社会の仕組みやシステムを変えることは，個人の力では不可能である。貧困や差別など様々な社会の問題を解決していくためには，個人の努力だけではなく社会の仕組みやシステムの改善という大きな変化が必要である。その変化を生み出すのは，政治の力である。そして，政治は一人ひとりの市民の力を結集することで変えることができる。このことを，ただ言葉のうえだけで理解させるのではなく，実感をともなって捉えさせること，そのうえで将来も長く政治に関わっていこうという意欲を育てること，これが主権者教育の目指すことであり，その役割を担うのは，市民的資質教育を学校の中で中核的に担っている社会科系の教科である。

　以上のような意義や役割を担う主権者教育においては，直近の選挙における投票率は問題とならない。その真の効果は，10年後，20年後の社会によって証明されることになろう。ただ，そのように長期的な視野に立つ教育であるとはいえ，全く効果が見えないものであってよいわけではない。投票率ではない別の目標のもとで主権者教育を構想し，その効果を示していく必要があろう。

主権者教育の推進は，現在の教育課程に何か新しい内容を追加することを求めるものではない。それは，主権者育成を視点として，学校でなされるあらゆる教育活動を見直していくことを意味する。本稿のテーマは，社会系教科を原点から見直し，その可能性を追求するということになろう。

2　主権者教育の課題と今後の展開

　2015年の公職選挙法改正以後，主権者教育が推進される中で様々な問題が生じた。それらは一見全く異なる問題であるかのように見えるが，根底においては，現在の学校教育が抱える一つの究極的な問題に根差しているものではないか。その究極的な問題とは，学校教育が理念的には人間性の育成という幅広い目標を掲げながらも，現実的には，試験や進学といった学校という世界の中での序列を決めるための尺度に基づいて展開されているということである。このような学校という世界の中の価値に基づく教育ではなく，学校の外の社会の価値に基づいて教育を再構築していくことが，主権者教育を推進することにつながるのではないか。

　主権者教育の推進が話題になり始めて以降，それをめぐって生じた問題は，大きくは下記の三点にまとめることができる[2]。

① 　政治的中立性の確保の問題
② 　高校生の政治的活動の問題
③ 　学校と学校外の様々な組織・団体との連携の問題

　第一の政治的中立性の問題に関して言えば，従来の社会科系教科の授業においても，問題になっていなかったわけではない。教育基本法の第14条第2項に基づいて，学校の教育活動が政治的に偏ったものであってはならないことは，従来から求められてきたことである。社会科系教科を担当する教師は，この点をふまえて，子どもの思想を偏ったものとすることのないように留意しつつ，様々な政治的な問題を授業で扱ってきた。主権者教育に関してこの問題が特に話題になっているのは，注目度の違いに他ならない。高校生が有権者となるこ

とで，政党など選挙の結果に影響を受ける団体や個人は，これまで以上に，高等学校の教育に関心を持ち始めた。各種のマス・メディアも，高等学校の主権者教育に関心を持ち始め，2015年からテレビや新聞において，連日のように模擬投票など高等学校の取り組みの様子が報道されるようになった。そのため，政治的課題を取り上げた授業を行う際に，教師は自身の授業が政治的中立性の確保という点で問題がないかどうか，学校外の様々な勢力から厳しい追及を受けることを心配しなくてはならなくなった。委縮したのは教師だけではない。学校や教育行政にも主権者教育の重要性を認識し表向きは推進する姿勢を取りつつも，本心では積極的に関与することを躊躇するという様子が見られるようになった。本来であれば，学校の教育活動に対する過度な干渉として，そのような批判を撥ねつける姿勢も見られてよいはずなのだが，表だってそのような動きが見られないのは，そもそも主権者教育の推進を学校の教育活動の中心として捉えてないからではないか。自分たちが学校の中心として考えている別の目的（試験や進学）に対して望ましくない影響が及ぶのであれば，主権者育成という目的の達成からある程度後退することもやむを得ないという雰囲気があるように思われるのである。

　第二の高校生の政治的活動の問題とは，2015年12月に文部科学省が高校生の政治的活動を一部解禁する通知を出し，高校生の政治的活動を規制した1969年の文部省からの通知が廃止されたことによって生じた。新しい通知では，一定の条件のもとでは高校生の政治的活動が認められることになった。この変化に対して，学校外の政治的活動に対して届け出を求める学校が現れる一方で，このような対応を自由の制約として批判する意見も出てきた。主権者教育は，身に付けた知識やスキルを使って社会や政治に参画していくことを目指すものであるとするならば，学校外における高校生の政治的活動はむしろ望ましいものとも考えられるが，届け出を求めることによってそれらの活動を学校の監督下におこうとする措置は，それを規制した1969年の通知の考え方が学校教育に根強く残っていることを象徴しているとも考えられるだろう。その後，届け出制をとる措置が全国的な広がりを見せたわけではないが，高校生の学校外の

政治的活動を，主権者教育に効果的に結びつけた事例をあまり耳にしたことは
なく，学校側がそれを積極的に歓迎しているわけではないということは言える
だろう。

第三の学校と学校外の組織・団体との連携の問題については，学校がそれに
積極的に取り組む面と，そうでない面の両方が見られ，いずれも課題となって
いる。積極的に取り組む面を見れば，主権者教育における学校の連携先は行政，
特に選挙管理委員会となる。18歳以上に選挙権年齢が引き下げられる前から，
選挙管理委員会などは，有権者の教育に積極的に取り組み，模擬投票を取り入
れた学習などを各地で展開していた。それらの実施を学校側に提案することも
あったが，時間の確保の問題などから必ずしも学校側の反応はよいものではな
く，協力をしてくれる学校は限られていた。ところが，主権者教育が求められ
るようになって以降，選挙管理委員会へ主権者教育の依頼が殺到するようにな
り，もはや対応ができない状態であると言われている。これは，学校外の諸機
関・団体と連携をした時，万一相手が政治的に中立の立場でなかった場合には
政治的中立性の確保が難しくなると判断した学校が，安心して連携できる相手
として，選挙管理委員会を選択した結果と言えるだろう。選挙管理委員会に一
任すれば，取り敢えず学校が政治的中立性の確保の問題に関して批判されるこ
とはない。そのような思いが，学校と選挙管理委員会との連携を促進したので
ある。しかし，その関係は必ずしも望ましいと考えられるものばかりではない。
時間と場所を学校が選挙管理委員会に提供して主権者教育を外部へ委託すると
いう，いわゆる「丸投げ」の状況があることも否定できない。その一方で，選
挙管理委員会以外の組織や団体との連携は進んでいない。これが，この問題の
もう一つの側面である。NPO等の中には，若者と政治をつなぐ様々な活動を
行っているものが多数存在するが，それらと連携をして主権者教育を展開して
いる学校は少数にとどまっている。これは，選挙管理委員会との連携の場合と
は異なり，民間の組織や団体は何からの思想に基づいて行動をしており，それ
らと連携することによって生徒をそのような思想に晒すことになり，政治的中
立性が確保できないという判断がなされたということである。このような状況

254 第Ⅳ章 教科教育におけるカリキュラム・マネジメント

を総合的に見ると，積極的あろうとなかろうと，現時点では学校外の諸組織や団体と学校との連携は，望ましい形で展開しているとは言い難い。学校が主体的に主権者教育に取組み，そのねらいを実現するために学校外の組織や団体との関係を構築するように揃って踏み出すようになるためには，まだ相当の歳月が必要であろう。

　このように三点の問題点を検討してみると，いずれも学校が主権者教育の導入によって求められる変化に抵抗しようとするために問題が生じているということがよく分かる。その変化とは，主権者育成のために授業の目的を社会の中で通用する知識やスキル，さらには社会で活躍しようとする意欲の育成に転換するということである。そのためには，今まさに話題となっている政治的な問題を取り上げるという内容の改善に取り組む必要があり，高校生の学校外の政治的活動をどのように取り上げ，学校外の組織や団体といかに連携するかという方法の改善にも挑戦する必要が出てくる。これらは，試験や進学といった学校という世界の中の価値から見れば，必ずしも必要なことではない。しかし，政治や社会に参画し，主体的に活動するためには必要なことである。学校外の価値に基づく改革に対して抵抗したいという衝動によって，主権者教育の普及・発展が妨げられているとも言えよう[3]。

　主権者育成は，決して新しく求められていることではない。そもそも学校教育，特に社会科系の教科教育が担っていたことである。学校は，そこで学ぶ子どもたちが社会でよりよく生きるために学ぶ場であると考えれば，ごく当たり前のこの捉え方も，学校という存在自体が大きくなり，それ自体が社会とは異なる独自の価値観のもとで展開している中では，異質に見えてしまっているのである。主権者教育を視点として学校教育，特に社会科系の教科の在り方を見直すことは，学校外の価値に基づいて教育を再構築していくことを意味する。主権者教育を展開していくうえでは，学校の外の社会の価値を学校に取り入れることが必要であり，地域社会に教育課程を，そして，授業を開いていくことが求められると言えるのである。

3　地域社会と連携をしたワークショップ型主権者教育

　主権者教育を視点として学校教育改革を進めていくためには，地域社会と連携し，学校外の人々とのつながりを生徒が意識できる機会を作ること，それらの人々とともに自分が地域社会の一員であることを実感できる学習に取り組めるようにすることが必要である。筆者らの研究グループは，主権者教育プログラムの開発と実践に関する共同研究に取り組み，実際に高等学校で数年にわたって学校改革に支援を行ってきた[4]。この研究で明らかになったことは，地域社会に開かれた教育プログラムとして主権者教育を展開することで，生徒は学校の学習と社会をつなぐことができるようになり，学習の成果を自分自身の成長として実感できるということである。

　ワークショップ型の主権者教育は，2時間程度を単位とし，課題を提示するプレゼンテーションと，グループワーク，その成果の発表という活動によって構成される。プログラムの構成にあたっては，特に下記の三点を構成原理として重視した[5]。

○地域課題に関心を持って活動しているNPO等の団体や地域の人々を巻き込んでいくこと

○生徒自身も問題意識をもって取り組め，なおかつ地域の人々とも一緒に語り合うことができる地域課題をテーマとすること

○立場が違えば課題解決にむけた取り組みが違い，そのような相違を乗り越えて意見を取りまとめていくことが求められるような現実的な問題解決過程として学習を組むこと

　このような教育プログラムを協力してくださった高等学校において，数カ月に一度，年に数回実施した。2015年から実施したプログラムのテーマは，下記の通りである。

・2015年7月「2016年伊勢志摩サミット教育大臣会合にあわせて，倉敷の良さを世界に伝えるイベントを考えよう」

256　第Ⅳ章　教科教育におけるカリキュラム・マネジメント

・2015 年 8 月「2016 年伊勢志摩サミット教育大臣会合にあわせて，世界の高
　校生を招き，日本や倉敷の魅力を伝え，交流を深めるイベントを企画しよ
　う」
・2015 年 12 月「スマートフォン利用に関する高校生版「おかやまスマホルー
　ル・マナー」を考えて，岡山県に提案しよう」
・2016 年 7 月「若者（高校生）の声を政治に届け，自分たちが希望を持てる社
　会を作ろう」
・2016 年 8 月「高校生が発信。〇〇鉄道沿線魅力アッププロジェクト！」

　このように，テーマは必ずしも政治に直結するものではない。政治参加への
意欲を高めるために直接働きかけるよりも，生徒が地域社会とのつながりを感
じられることや関心を持って主体的に取り組むことができることを優先した結
果である。テーマの設定にあたっては，学習者である高校生の関心を事前に調
査し，どのようなテーマを取り上げ，それを考える視点をいかに設定すればよ
いかを学習者の意思をふまえて構想するようにした。学習活動は，10 名程度
のグループを中心に進めた。グループにはファシリテーターとして大学生を配
置し，高校生が自分の意見を進んで表明できる雰囲気づくりに努めた。ファシ
リテーターの役割は，そのようなグループ全体への働きかけとともに，参加者
一人ひとりから考えを引出すように個々人に働きかけることも含む。発言を引
出すように働きかけながらも，発言を強制はしないという態度を，ファシリテ
ーターは経験を積み重ねることによって習得していった。このファシリテータ
ーに加えてワークショップ全体の進行を，当初は大学生が行っていたが，回数
を積み重ねる中で，参加していた高校生の中でファシリテーターをやってみた
いと思うものが現れ始め，やがて，高校生が全体の進行とファシリテーターを
務め，大学生がその支援に回るようになった。学習はこのように高校生だけで
はなく，大学生も交えて行われた。高校生にとって，大学生は学習を支援して
くれるだけではなく，問題について異なる視点から捉えた考え方を示してくれ
る存在でもあった。しかし，大学生だけではなくさらに異なる立場から問題を
捉え，全く違った意見を提示してもらうため，プログラムの実施にあたっては，

社会で実際に働いている大人に学習に加わってもらうようにした。それは，当初は高校生の保護者が中心であったが，やがて近隣の住民に広がり，先に挙げた 2016 年 8 月に実施した回では，学校の近くを走る鉄道の沿線に住む様々な立場の人々（鉄道会社の社員，地域の歴史研究に取り組むサークルの方，商工会議所の方，沿線の商店街連合の方，近隣の大学生など）にまで広がり，高校生と，それ以外の参加者の人数の比率が同程度になることもあった。

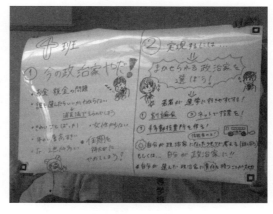

　上の写真は，2016 年 7 月に政治参加をテーマとして実施した回の，グループ活動の成果をまとめて発表したものである。このようにグループの成果は，ホワイトボードシートにまとめる。この回のテーマは，今の政治に解決してもらいたい課題には何があるか（写真中①）ということと，若者の声を政治に届けるためには何を変えればよいか（写真中②）ということであった。写真のグループは，政治の課題として政治資金や税金の問題の他に政治家の資質を挙げ，若者の声を政治に届けるためには信頼できる政治家が出てくることが必要であるとして，そのためにはもっと若者が政治に触れる機会を増やす必要があるとして具体的な方策をいくつか提案している。先に述べたように，ファシリテーターをやることを申し出る生徒が出てきたように，生徒のプログラムに取り組む意欲には極めて高いものがあった。その理由を尋ねると，学習を通して他者の異なる意見や考えが知ることができることや，自分の考えをまとめて他者に伝えることができるようになったことを実感できることを挙げていた。このような達成感が，学習者のこのプログラムに取り組む姿勢を変えるだけではなく，学校の他の学習へ取り組む姿勢も改善していることが調査結果から読み取ることができた。このことは，主権者教育を手がかりに学校の教育活動全体を改善

し得る可能性を示唆していると言えるだろう。

　このような方法を，学校の中の価値に基づいて展開されている社会科系の教科に取り入れることは容易ではない。しかし，これらの学習を通して，生徒は社会科系教科の学習の成果を学校外の社会の価値に基づいて意義づけることができるようになっている。このような生徒の成長・変化を教師は感じ取り，自らの授業の改善，そして学校の改革に活かしていくべきではなかろうか。

（桑原　敏典）

註

（１）この点については，次の文献で詳しく論じている。拙稿「まちづくりを通して学ぶ主権者教育プログラムの開発―ワークショップを取り入れた参加型学習の実践を通して―」『岡山大学大学院教育学研究科研究集録』第 163 号，2016 年，pp.49-58.

（２）これらの三点については，次の文献も参照していただきたい。拙稿「18 歳選挙権時代の主権者教育実践の課題」，慶應義塾大学出版会『教育と医学』64 巻 8 号，2016 年，pp.20-27.

（３）この学校外の価値に基づく教育については，Fred M. Newmann & Associates (1996).*Authentic Achievement Restructuring Schools for Intellectual Quality*, San Francisco, Jossey-Bass Publishers から示唆を得た。本書については，渡部竜也らによって翻訳が出版される予定である（F.M. ニューマン著 / 渡部竜也・堀田諭訳『真正の学び / 学力』春風社，2017 年発刊予定）。

（４）研究グループは，筆者の他，工藤文三（大阪体育大学），棚橋健治（広島大学），谷田部玲生（桐蔭横浜大学），小山茂喜（信州大学），吉村功太郎（宮崎大学），鴛原進（愛媛大学），永田忠道（広島大学），橋本康弘（広島大学），渡部竜也（東京学芸大学）の 10 名であり，科学研究費の支援を受けて取り組んだ（基盤研究（B）「社会系教科における発達段階をふまえた小中高一貫有権者教育プログラムの開発研究」（平成 23 ～ 25 年度））。その研究は，メンバーに中原朋生（川崎医療短期大学），釜本健司（新潟大学）を加え，科学研究費基盤研究（B）「地域づくりの担い手育成を目指した社会科主権者教育プログラムの開発・実践」（平成 26 ～ 29 年度）に引き継がれた。

（５）この点については，次の文献で詳しく論じている。拙稿「主権者として求められる資質・能力を育むための学校教育改革に向けて」『中等教育資料』平成 28 年 12 月号，pp.14-19.

第Ⅴ章
教科教育学研究のための教師教育

第1節　小学校教師を自立と創造へと導く　社会科現職研修の進め方
―社会科の根源的要件を見据えて―

1　小学校社会科現職研修（現職教育）の現状と課題

　昨今，小学校教師は大きく様変わりしてきている。岩田一彦が『社会科授業研究の理論』（明治図書，1994）を著した20年ほど前であれば，ベテラン教師に追いつこうとする若手教師も少なくなかったが，今日は「優れた授業よりも普通の授業ができればよい」という通念に支配された時代である。しかも，社会科は小学校教師にとって最も苦手意識の強い教科になってしまっている。

　では，社会科の苦手な小学校教師が，優れた社会科授業を実践できるように成長するための第一歩として，社会科として必要最低限の授業ができるようになるためには，どのように現職研修（現職教育）を進めていけばよいのだろうか。これが，本稿の基本的な問いかけである。必要最低限の社会科授業ができるようになれば，より優れた社会科授業を展開したいという意欲が芽生えてくる。そのような自立と創造へと教師を導く現職研修はどうあればよいのだろうか。とは言え，筆者のような大学教員が一つの小学校の現職研修を指導できるのは，多くても年に5回程度という制約がある。さて，どうすればよいのだろうか。

2　社会科授業の根源的要件は何か―社会科の本質を見据えて―

　まず考えなければならないことは，社会科の必要最低限（根源的要件）は何かである。できれば一つに絞り込みたいが，後述するように社会科授業理論（方法論）は多様である。そこで，授業内容構成論に着目することにした。

262　第Ⅴ章　教科教育学研究のための教師教育

　森分孝治『社会科授業構成の理論と方法』によれば，社会科の内容は社会事象に関わる「事実的記述的知識」と「概念的説明的知識」（客観的法則的知識）に分けることができる。そこで森分は「事実的記述的知識」で構成される社会事象についての科学的説明ができるように「概念的説明的知識」を習得させることを目的とした「探求としての社会科授業構成」を提唱した[1]。

　本書は，今日も社会科教育研究者の必読文献となっている画期的名著である。けれども，戦後の社会科教育論の展開をマクロに振り返ってみると，森分の所論が必ずしも独創的とは言えないようにも見えてくる。

　我が国で社会科が教科として成立し，最初の小学校社会科学習指導要領が発行されたのは，昭和22（1947）年5月のことである。編集委員長であった重松鷹泰は，GHQ/CIE教育課の社会科担当係官であったハークネス（K.M.Harkness）から日本の社会科学習指導要領の見本として与えられた資料（ヴァージニア州の学習指導要領）を目の前にして，そこに示されているGeneralizationsあるいはUnderstandingsの意味と効用は何かと悩んだと回顧している。その上で，「私たちはいっしょうけんめい考えたが，まもなく，固定した教材を否定する社会科では，どうしてもこのような『理解』を設定することが不可欠であるということに気づいた。さらにそれが教育における目標の表現形式の一つとしてきわめて重大であることを覚った。」[2]と述べている。そこで，昭和22年版小学校社会科学習指導要領には，ヴァージニア・プランでGeneralizationsあるいはUnderstandingsとして学年ごとに示されていた10個ほどの知識群が翻訳され，「理解せしめ」るべき目標として列記された。一例だが，第6学年の「目標」は14個の知識群から成り，その一つが「大量生産は，適正に統制されないと少数者の懐を肥やすこと」である。

　昭和26（1951）年に改訂された小学校社会科学習指導要領でも，同様に「目標」が示された。一例だが，第5学年の「目標」は23個の知識群から成り，その一つが「大量生産は公共の福利を目的とすべきである」である。

　このように，日本の社会科学習指導要領は，ヴァージニア・プランにおいてGeneralizationsあるいはUnderstandingsとして列記されていた知識群を翻訳し

第1節　小学校教師を自立と創造へと導く社会科現職研修の進め方　　263

て取り入れたにもかかわらず，Generalizations や Understandings という用語そ
のものを翻訳して「概括的認識」や「理解」という項目名を付与することはな
かった[3]。なぜなのか。後年，その理由について思索を重ねた広岡亮蔵は，
次のような帰結を彼なりに導いている。

　understandings または generalizations（概括的認識）にぴったりはまる日本語が，日常使
用語のなかにないからだと推定される。…（中略）…概括的認識にあてはまる日常国語
をもたなかったことは，旧時の社会組織および学力が歪曲していたことを，物語ると思
われる。こうした大切な言語を欠く文化様式は，決してよき幸福なものとはいえない。
いいかえたらこの国民は，下層な個別的な知識および技能に閉じこめられて，法則的な
連関の真実の認識をなしえなかったことが，多かったのである[4]。

　Generalizations は，今日では概括的認識よりも一般命題や中心概念などと翻
訳されることが多い。一つの社会事象や特定の地域に関わるだけの個別的事実
的な知識ではなく，広く一般的に社会事象を把握できる知識が概括的認識であ
る。それはまた，今日の中央教育審議会が求めている「社会的な見方・考え
方」として機能する知識にも通じている。しかも概括的認識は，先に例示した
二つの知識に見られるように，法則的知識だけではなく価値的な知識などをも
含み込んでいる。筆者は，こうした概括的認識のもつ包容性が今日の小学校社
会科の現職研修には欠かせないと考えている。というのも，学習指導要領に示
された社会科の内容は，客観的科学的に社会を認識させることのみを目的とし
たものではないからである。科学的法則的な社会認識形成のみを求めることは，
小学校社会科授業の大半を否定することになりかねない。このような筆者の考
え方は，学習指導要領への迎合と批判されるかも知れないが，その一歩を踏み
出さない限り，社会科の苦手な教師を社会科の得意な教師（社会科を楽しむ教
師）へと導くことは難しいと考えている。

　以下，本稿では，社会科授業の根源的要件を概括的認識（一般命題）の習得
と措定して，小学校の現職研修の進め方に関する考察を進めていきたい。

3 よりよい社会科授業を創る小学校現職研修の具体的展開

　ここからは，筆者が現職研修の指導に当たっている広島県三次市立布野小学校の実践を主たる事例としながら具体的に叙述していきたい。布野小は，島根県境に近い広島県北部の中山間地域に位置し，全校児童は 52 名，校長・教頭を含めて教員は 10 名，1 学年 1 学級という小規模校である（平成 28 年現在）。社会科を得意とする教諭が一人もいない布野小が，平成 26 年（2014）秋の広島県小学校社会科教育研究大会（以下，県大会と略記する）の会場校に指定されたことで，平成 25（2013）年 2 月から現職研修がスタートした。

(1) 社会科に苦手意識をもつ教師の一般的傾向と現職研修の助走段階

　学校における現職研修の最も大切なポイントは，教師が主体的・協働的に授業改善に取り組んでいくことである。「講師の指導に従っておけば大丈夫」という雰囲気ができてしまっては，教師の自立どころか力量形成もおぼつかない。まずは校内研修で互いに授業を公開し合い，より優れた社会科授業とは何かと考え合っていくところから始めるのが常道（王道）である。

　自分なりに教材研究をした上で校内研修の授業を展開することは，社会科の苦手な教師にも浸透している。けれども，社会科の苦手な教師は，社会事象の様子を表面的に把握することはできるが，その営みの意味を掘り下げない傾向がある。例えば，身近な地域の農家の工夫や努力の様子を写真やビデオに撮ってくるが，工夫や努力をする理由や意味までは問わないことが多い。

　もっとも，「なぜ工夫や努力をしているのか」と発問して問題解決的に授業を展開することは，ほとんどの小学校教師に定着している。けれども，学習対象とした人々が工夫や努力をしている理由を事前の教材研究で把握できていないので，児童に考えさせるだけで授業が終わってしまう。どれだけ素朴な考えに止まっても，児童なりに考えさせれば「主体的に思考させることができた」と自己評価してしまうのも，小学校教師の一般的な傾向である。

(2) 社会科授業改善の第一歩は「本時の目標」の肯定文による明示から

　この段階で現職研修の指導者がなすべきことは，授業で取り扱う社会事象について児童に考えさせ習得させたい知識（概括的認識）を学習指導案の「本時の目標」に肯定文で明示するように求めることである。けれども，「工夫や努力をするのは何故かを考える」と「本時の目標」に疑問文で記してごまかす習慣がついている教師にとっては，到達目標としての知識を自己決定すること自体が難題であり，躊躇の対象となる。その結果，「工夫や努力をして働くことが大切なことを理解させる」といった訓育的性格を帯びた無難な「本時の目標」が選ばれることが多い。学習指導要領の目標である公民的資質の育成に合致しているとも解釈されるので厄介だが，社会認識（概括的認識）を踏まえない態度育成は社会科の要件を欠いていると言わざるを得ない。

　ここまでは，社会科の苦手な教師に共通して見られる傾向性を踏まえて叙述した。布野小の教師も，当初は上記のような目標を記述していたが，社会科への苦手意識から脱却しようと，他校の授業研究会に参加したりしながら校内研修を重ねていった。次に示したのは，布野小が研修を始めて8ヶ月後の平成25年秋に授業公開したときの第3学年の「学習問題」と「本時の目標」である。

学習問題：布野町の農園で収穫されたアスパラガスはどこに送られるのだろう。

　→三次市内のお店，広島県内のお店，遠く大阪や京都，神戸，奈良に送られている。

　授業公開で厳しい指摘を受け，県大会で参会者に学びを提供し印象に残る社会科授業を公開するにはどうすればよいかという意識が高まってきた。

(3) 社会科授業改善に欠かせない教材研究の深化と概括的認識の設定

　平成26年度に入り，教員の目の色が変わってきた。最大の検討事項は，県大会で公開する各学年の授業の教材として何を取り上げるのかである。

　第3学年については，アスパラ農家の大前さんを教材として取り上げ続けることにした。担任の土井佳恵教諭は何度も農園を訪ね，大前さんの栽培したアスパラが広島市内のホテルのレストランに食材として提供され，顔写真付きで紹介されていることを聞き出してきた[5]。それを踏まえて，「本時の目標」（概括的認識）を「農家では季節の変化に応じた工夫や努力によって食生活に合わ

266　第Ⅴ章　教科教育学研究のための教師教育

せた収穫を行い，責任と誇りを持って仕事をしておられることを考える」とした。この「目標」は，アメリカの心理学者マズローの「生活に必要不可欠なニーズという低次欲求が充足されると，協力という社会的欲求や自発的創意という自己実現の欲求という高次欲求が芽生えてくる。そうした高次欲求の充足なしには，生産性の向上が望めなくなってしまうのである。」(6) という欲求段階説を踏まえたものである。大前さんの誇りと責任をもった工夫や努力を自己実現のための労働と捉えたのである。

　紙幅の都合で第3学年分のみを示すに止めたが，教師の教育観と教材研究を踏まえて「本時の目標」を示唆したのは筆者である。筆者は，教師の教材研究の成果に見合う「本時の目標」を探り続け，適切な概括的認識を見出せない時は教材研究を更に深めるように促して支援し続けた。そこまでしなくても，例えば第5学年の産業学習の場合，農家や工場の人々が工夫や努力をする理由は「利益の追求」で説明できる。けれども，それでは児童が農業でも工業でも同じ概括的認識を習得することになる。それ故に筆者は，教師が社会科を苦手と感じている段階では，現職研修の指導者が適切な「本時の目標」を教師に示唆して支援するのが有効と考えている。これは，筆者が多くの小学校で現職研修に関わる中で辿り着いた現時点で最善と考えている方策である。

　「本時の目標」として概括的認識を設定することで，社会科の授業は社会事象の一般的認識に向けて児童が推理していく学習に生まれ変わる。教師が「社会がわかるようになるとはこういうことなのか」という認識と実感をもてれば，授業づくりへの取り組みが変わっていく。写真や資料が概括的認識につながらないと判断すれば，教材研究をやり直すようになる。児童の思考の流れを踏まえつつ，どのようにゆさぶれば思考を深められるのかと教材を提示する順序や方法にもこだわるようになる。こうして布野小では，研究主任の掛田直美教諭を中心として授業の細部にまで気を配って検討を重ねた。県大会で公開された社会科授業は，参会者から高い評価を得ることができた。

(4) 社会科の授業改善は児童の学力を飛躍的に向上させる

　社会科を中心とする授業改善に取り組んだ布野小の成果は，県大会と前後し

て，児童の学力向上となって現れた。三次市学力到達度検査において，平成25年度までは学力不足を指摘されていたが，平成26年度には中位校になり，27年度には，市内有数の学力校に躍り出たのである。もっとも，布野小のように社会科授業改善に取り組めば，思考力・判断力・表現力が飛躍的に向上するのは当然の結果である。

今日，小学校教師が社会科授業改善に取り組むだけでは適正に評価されることは少ないが，児童の学力が全体的に向上すれば高く評価されることになる。布野小は，その取り組みを教育委員会からも高く評価され，教員の総意により，県大会終了後も引き続いて社会科授業研究に取り組むことになった。

(5) 社会科の教材研究と学習指導を楽しむまでに成長した教師たち

次に紹介するのは，県大会から1年半後，平成28年6月の校内研修会で実践された森永清司教諭の第5学年の単元「雪国のくらし」の骨子（問いと答の展開過程）である。ちなみに，筆者は事前の指導助言を全くしていない。

Q　この家の屋根（写真提示）には片側に雪止めが付いていますが，片側には付いていません。なぜなのかな。

A　雪止めが付いている屋根の下は道路で，付いていない屋根の下は水田や畑です。雪止めは必要に応じて付けられている訳です。

Q　では，日本全体を見てみると（雪止め付きの家屋の割合を都道府県別に色分けした日本地図を提示），どの地域の家の屋根に雪止めが付いているのでしょうか。

P　（予想）雪がよく降る地域。

A　ところが，新潟県・山形県・秋田県などの豪雪地域の屋根には雪止めが付いていません。雪止めが付いていると，雪の重みで家が倒壊するからです（写真提示）。

Q　では他に，どの地域の家の屋根に雪止めが付いていないのでしょうか。

P　（地図を読み取りながら）雪が降らない地域。

A　沖縄県のような雪が降らない地域，鹿児島県，高知県，静岡県，神奈川県，東京都，千葉県等，ほとんど雪が降らない地域の屋根には雪止めは付いていません。

Q　では反対に，どのような地域の屋根に雪止めが付いているのでしょうか。

A　ほどほどの量の雪がほどほどの頻度で降る地域。広島県（特に県北）も含まれる。

268　第Ⅴ章　教科教育学研究のための教師教育

Q　ところで，先生は先ほど嘘を教えました。この都道府県別の日本地図には嘘があり
　　ます。どこなのか，わかりますか。

A　実は，滅多に雪が降らない東京都，神奈川県，千葉県の屋根には雪止めが付いてい
　　る地域があります。なぜなのでしょうか。（住宅密集地の写真を提示）このようなとこ
　　ろでは，歩行者や駐車した車に害を及ぼさないように雪止めを付けています。

Q　あなたの家の屋根に雪止めを付けますか。理由とともにノートに書きましょう。

　この授業で注目されるのは，次の4点である。第1は，他の小学校では実践
されていない独創的な社会科授業を展開しようと意欲的に取り組んでいること
である。第2は，「雪国のくらし」について考える要点を雪止めに絞り込み，
設置の有無と理由を日本全体を視野として概括的に考えさせていることである。
第3は，授業で提示された雪止め設置の都道府県別分布がどのようにして作成
されたのかである。実は，森永教諭が全国の都道府県の工務店に電話アンケー
トした結果である。森永教諭は「個人的に試みたアンケート結果を社会科授業
に用いてよいものか」迷ったと話していたが，その表情は社会科の教材研究を
心ゆくまで楽しんだ満足感で溢れていた。社会科を楽しもうとする姿勢は授業
にも現れている。森永教諭は，東京都・神奈川県・千葉県の雪止めの設置状況
について，あえて児童に嘘を教えた後で住宅密集地の写真を見せて思考を深め
させている。この場面で児童が学ぶのは，教師に納得させられるのではなく，
自ら主体的に疑問をもって思考していかなければならないということである。
これが本授業の第4の注目点である。

　社会科の現職研修を始めてから4年目となり，森永教諭と同じく県大会を経
験した教師は，社会科の教材研究や授業を楽しむ教師へと成長を遂げていた。
研究主任の掛田教諭は，平成27年度の広島県立教育センターの社会科授業づ
くり講座の参観授業を担当している。若手の西口史織教諭は低学年から中学年
の担任になって社会科授業を実践するようになり，両教諭に学びながら成長を
続けている。県大会後に赴任してきた教師は，先輩教師が構築した社会科を中
心とする授業改善の輪の中で苦手意識を克服しつつある。

第1節　小学校教師を自立と創造へと導く社会科現職研修の進め方　269

　そして，布野小が社会科授業改善の現職研修を続けることで教師の専門的力量と児童の学力の向上を達成できたのは，秋政保伸校長のリーダーシップによるものである。教師を信頼し，時には厳しく指導し，学校を一貫して支え続ける校長の存在こそ，"学び続ける教師"を自立へと導く原動力である。

4　社会科教育学の新たな可能性を拓く現職研修の進め方の研究

　小学校教師が社会科への苦手意識から脱却することができ，社会科の授業づくりや理論について深く学びたいという意欲が芽生えてきたとき，それに応える理論と実践は社会科教育の学会や研究会で既に蓄積されてきている。

　概括的認識を習得する社会科授業の方法論を深めたいときは，先述した森分孝治の社会科授業論に学べばよい。他方で，概括的認識の習得ではなく構築（社会形成）を原理とした社会科授業論の研究も盛んになってきている。

　児童の価値判断力，意思決定力，社会参加（参画）力を育成する社会科授業について学びたいという意欲が生まれた教師は，それぞれの社会科授業論を学んで実践すればよい。いずれの授業を展開しても，単元の前半で習得した概括的認識を踏まえた上で，価値判断，意思決定，社会参加（参画）するという基本的な学習展開になっていることに気付くはずである。

　要するに，今日の社会科教育学界で提唱され議論されている社会科授業論は，概括的認識の習得（構築）をゴールとするか，折り返し点とするかの相違こそあれ，概括的認識の習得による一般的社会認識（社会の見方や考え方）の育成を要としている点は共通している[7]。これが，本稿において，社会科の根源的要件（本質）を概括的認識の習得と措定した最も大きな理由である。

　もっとも，概括的認識の習得を目的としない社会科学習も存在する。その代表格が，社会科の初志をつらぬく会の（上田薫の動的相対主義の教育論にもとづく）問題解決学習であるが，この点については拙稿を参照されたい[8]。

　社会科教育研究者は，優れた社会科授業理論の創造と実践の科学化に貢献しようと邁進してきた。その中で生み出されてきたのが，先に挙げたいくつもの

270 第Ⅴ章 教科教育学研究のための教師教育

社会科授業論である。けれども，そうした方向での研究の進展が学校現場との乖離をもたらしたとすれば，その克服こそ喫緊の研究課題としなければならないはずである。社会科の根源的要件を見失うことなく，小学校教師の社会科への苦手意識を克服するにはどうすればよいのか。教師を自立と創造へと導く社会科現職研修はどうあればよいのか。本稿が，これらの問題意識に立脚した社会科教育研究の可能性を拓く叩き台になれば幸いである。

（木村　博一）

註及び参考文献

（1）森分孝治『社会科授業構成の理論と方法』明治図書，1978，pp.121-142。

（2）重松鷹泰・中野光「対談最初の指導要領づくり」『総合教育技術』第29巻第14号，小学館，1975, p.120。

（3）木村博一『日本社会科の成立理念とカリキュラム構造』風間書房，2006。

（4）広岡亮蔵『基礎学力』金子書房，1953，pp.195-196。

（5）詳しくは，木村博一「『社会の見方や考え方』を育む『魅力ある教材』は教師を成長させ，児童の学習意欲を誘発する」広島大学附属小学校学校教育研究会『学校教育』第1140号，2015，pp.14-21を参照されたい。

（6）神野直彦『人間回復の経済学』岩波新書，2002，p.78。木村博一「小学校社会科の学力像と産業学習の変革」全国社会科教育学会『社会科研究』第57号，2002も参照されたい。

（7）木村博一「社会の見方や考え方を育てる社会科」日本教科教育学会編『今なぜ，教科教育なのか―教科の学びを通した人間形成―』文渓堂，2015を参照されたい。

（8）木村博一「社会科問題解決学習の成立と変質―昭和26年版『小学校学習指導要領社会科編（試案）』の再評価―」『社会科研究』第50号，1999，pp.11-20。

第2節　教員養成教育における社会科授業力形成
―協働による授業力形成の省察を原理とする学修―

1　「協働による授業力形成の省察」を原理とする学修の方法

　本節では，「協働による授業力形成の省察」を原理とした，筆者による学部2年次生から4年次生の経年の教育実践を説明することを通して，社会科教師教育の実践的研究のひとつのあり方を示していく。原理に基づく実践の手順は，次の通りである。

①教員養成教育における教科の授業力の「評価規準（スタンダード）」と「評価の判定基準（ルーブリック）」を構成する。

②授業力を発揮するパフォーマンス（模擬授業や場面指導等）と事後作成した「授業力ポートフォリオ」に基づいて授業力形成の達成度と課題及び課題の改善に関する共同討議を行う。

③仲間（同僚）との協働的な対話を通して，スタンダードを学生自らが吟味し，自分なりの言葉と意味づけにより再構成するとともに，次なる研修課題を見出す。

2　教科の授業力評価スタンダードの構成

　鳴門教育大学では，育成をめざす授業力の質と内容を評価の観点から定めた12の教科・領域教育の「授業力評価スタンダード」（以下，SPTS）を作成している[1]。SPTS は，授業力の到達段階指標であり，1：基礎的段階，2：標準的段階，3：発展的段階，の3段階で構成している。概ね，第1段階（基礎的段階）は教育実習生の到達段階，第2段階（標準的段階）は学部卒業時に到達して

272　第Ⅴ章　教科教育学研究のための教師教育

いることを求める段階，第3段階（発展的段階）は学部卒業以降，教員10年経
験者研修時までにその形成を期待する段階を想定している。

　授業力は，授業実践の過程で発揮される能力であるとの視座から，授業構想
力・授業展開力・授業評価力の3つの下位能力から構成されるものととらえた。
授業構想力は，実践前の，子ども理解をふまえた目標設定と授業構成，指導計
画の作成に関わる能力であることから，「学習者の把握」，「目標の分類と設定」，
「授業構成」，「単元（授業）計画」の4つを評価項目とした。授業展開力は，教
授・学習過程を教育目標の実現のための教材・教具と言葉を媒介としたコミュ
ニケーション（教師と子どもの相互作用）過程ととらえ，そうした過程で教師が
発揮すべき実践的能力として「基礎的・基本的な授業態度」，「教授活動の構成
と展開」，「学習活動の喚起と促進」，「学習活動に対する評価」の4つを評価項
目とした。授業評価力は，授業実践後，実践の事実をふまえて自己の教育・社
会観，教育目標，授業構成論，指導法を反省し評価し，改善できる能力であり，
その内容を評価項目とした。

3　教育実践コア科目「初等中等教科教育実践Ⅱ（社会）」（2014年度学部2年次）の実践

　「初等中等教科教育実践」は，本学の学士課程カリキュラムのコア科目であ
り[2]，教科授業を展開するための基礎的・基本的な理論と実践の技術・方法を，
学習指導要領を基盤とする教科内容の柱立ての理解と教育現場での具体的な指
導場面の分析，模擬授業の実践とをふまえて習得していく。授業科目としては，
「初等中等教科教育実践Ⅰ」（1年次後期），「同Ⅱ」（2年次後期），「同Ⅲ」（3年次
前期）各2単位が用意されている。筆者は「初等中等教科教育実践Ⅱ（社会）」
を担当し，歴史授業を対象として6つのパートにより構成し展開した。

　パートⅠでは，筆者（社会科教育）の担当により，「社会科教育としての歴史
学習」は，「歴史を通して過去及び現代の社会を認識し，民主主義社会の市民
に求められる資質・能力を育成する学習」として成立していなければならない

ことを講じた。

　パートⅡでは，学習主題「近世社会の特徴を考える〜近世の都市・社会・身分〜」を設定し，教科専門（日本史）の教員の担当により，中学校歴史的分野の教科書から事例を引きながら，日本近世の社会に関する解釈を講じた。江戸時代の文化・文政期の絵巻物『熙代勝覧』を読み解くことを通して，近世社会の特徴を説明した3つの解釈，すなわち，①都市社会，②身分制社会，③社会集団の複合によって成り立つ社会システム，としての近世の特質をつかませた。そして，歴史授業の構成という観点と結んで，具体的な史料（素材）から時代の社会の特徴を探求していく歴史学の方法，特に帰納法的発想は，歴史授業づくりの手立てと重なっていくことを説いた。

　パートⅢでは，筆者が，社会科授業力を把握する参照点となるSPTSの内容構成の論理について講じた。筆者が附属小学校で実践した第6学年歴史授業「戦時下の国民生活〜管理された国民の健康〜」のビデオ映像を見ながら，具体的な授業の文脈に即して，SPTSの第2段階を中心に意味内容の理解を図るようにした。

　パートⅣでは，ベテランの小・中学校社会科教師が実践的な教材研究の方法と子どもの発達特性の理解について講じた。具体的には，①社会科では教材の発掘・加工が生徒の興味・関心を喚起し，授業をおもしろくすること，②問題意識と視点を明確にすることで，自分のまわりにある「素材」が「教材」になること，③子どもの思考の流れにそった教材の加工に努めることが大切であること，④特に小学校においては，「教材構成」を広く「学習環境のマネジメント」という観点からとらえ，子どもの学びの履歴を教室空間にできるだけ残してやることが大切であることを説いた。

　パートⅤでは，筆者の担当により，学生が実際に歴史授業を構想・実践・評価・改善していく作業課題に取り組んだ。課題は，授業展開力と関わらせ，a.授業における説明（話法），b.資料・教材の加工と活用，c.問いの構成，d.板書の内容と技法，の4つを設定した。次に，受講者3〜4名で1グループとし計4班を構成し，課題a〜dごとにグループで授業を構想して，模擬授業（50

274　第Ⅴ章　教科教育学研究のための教師教育

分）を行った。実践の後，授業を分析・評価し，改善点を記述した。そして，それをもとに共同の討議を行った。その後，自己の学習指導案，他の学生の授業実践，合評会での発言等をふまえて授業構想力と授業評価力を省察し，以下に示すルーブリックにもとづいて自己評価を行い，課題を明確にした。

　ルーブリック

S. 目標論・授業構成論・授業実践の事実の関わりから複数の授業（構想）の類型が存在していることを理解して，構想・実践された授業を類型に位置づけるとともに子どもの学びの実際に照らして，その特質と課題，改善点を具体的に指摘できる

A. 構想・実践された授業を，目標論・授業構成論・子どもの学びの一貫性・整合性という観点からとらえ論評し，改善点を具体的に指摘できる。

B. 目標と子どもの学びの実際に照らして，構想・実践された授業を論評し，改善点を具体的に指摘できる。

C. 構想・実践された授業に対する論評や改善点の指摘が羅列的で，断片的である。

　パートⅥでは，自分の解釈として「良い社会科授業」の条件や評価規準を記述し残す（授業力ポートフォリオの実践）とともに，その内容をもとにクラスで討議した（2015 年 2 月実践）。2014 年度 2 年次学生 A の授業力ポートフォリオの実践例を，図 5-2-1 に示した。学生 A は，1・2 年次に履修した社会科教育関連科目について，自分なりに授業力形成にとって重要だと思われた内容を引き出し総合して，子どもの思考力・判断力を培うためには教育内容（知識）と問いを構造化すること。能力目標を達成するために，探究・意思決定・体験等の最適な学習方法を用いること。そして，発問や教材を子どもの発達段階や興味・関心に即して適切に加工することを，良い社会科授業の条件としてまとめている。

第 2 節　教員養成教育における社会科授業力形成　275

```
┌─────────────────────────────────────────────────────────┐
│ 1年で学んだこと                                          │
│ ・社会科の目標をしっかり理解し，それを意識して授業づくりを行う │
│ ・小学校社会科の授業の型（直接経験・追体験を通して地域住民としての自覚 │
│  を持たせる授業，価値判断・意思決定を用いた社会的判断力を身に着けさせる │
│  授業）                                                  │
│ ・公民的資質の内容，それを身に付けていくための手段        │
│ ・思考力・判断力を，授業を通して育成していくための方法→問いの質とそこ │
│  から得られる知識とリンクさせて授業作りを行う             │
│ ・社会科の学習の方法→講義法，討論，フィールドワーク，ロールプレイなど │
│ ・教科書の内容構成を分析していくことの重要さ              │
│ ・時代解釈や一般理論を知識として取り入れ，それらの内容を他の時代や事象 │
│  の理解にも活用していく授業を作る                        │
└─────────────────────────────────────────────────────────┘
```

┌──────────────────────────────┐　┌──────────────────────────────┐
│ 初等中等教科教育実践Ⅱで学んだこと │　│ 2年で学んだこと   │
│ ・資料から学べることは一つだけではない→│ ・子供の発達段階に合わせた学習を行う│
│ 　『熙代勝覧』だけでも身分制度，商業など│ 　ことの重要性→低学年の児童は抽象的│
│ 　様々であり，どの授業にどういった目的で│ 　概念が分かりづらいため，統計資料は│
│ 　どういう方法で資料を活用していくのかを│ 　避けるなど   │
│ 　考えて資料を選択することの大切さ　│ ・資料から読み取れる知識を構造図を用│
│ ・資料の加工の大切さ   │ 　いて分類し，授業づくりに活かす→教│
│ ・言語活動を取り入れることの大切さ │ 　科書だけでなく資料も研究していくこ│
│ ・授業展開力・評価スタンダードを用いた授│ 　との重要性   │
│ 　業作り   │ ・授業作りの理論を学ぶだけでなく，ビ│
│ ・発問や指示の仕方を工夫することの大切さ│ 　デオ等で実際の社会科の授業を見て学│
│ ・教材研究の大切さ   │ 　ぶことの大切さ→その学級ごと生徒の│
│   │ 　実態に合った授業作りがなされている│
└──────────────────────────────┘　└──────────────────────────────┘

・発問に対する答え，考え（＝知識）を生徒が資料や討論などを通し見つけ出していき，
　そこで得られた知識を別の事象の解釈や理解に活用していくことのできる授業
・子供の実態や発達段階に応じた資料の加工，選択や活動の方法がとられている授業
・児童生徒の思考力，判断力を高めていける授業

図 5-2-1　学生Aの授業力ポートフォリオ「良い社会科授業の条件」

276   第Ⅴ章　教科教育学研究のための教師教育

表5-2-1　学生Aの主免教育実習後作成のスタンダード

1. 教材・教具の活用
   生徒の思考の流れを読み取ることができるようなワークシートの活用を考えることができる。

2. 板書
   段落を作ったり，チョークの色や線を工夫することによって，めりはりのある板書計画をたてることができるとともに，生徒の様子をうかがいながら板書を書くことができる。

3. 発問
   主発問をもとに生徒の思考を考えて，それにつながる補助発問を考えることができる。また，その発問を挙手で答えさせるレベルか，皆で話し合ってワークシートにまとめて答えさせるレベルなのか，発問の質を考えて授業で扱うことができる。

4. 子供の発言・行為への対応
   生徒の授業中の発言，行為の意味を考え，予想外の反応であっても生徒の考えを受け入れたうえで，授業の内容へと修正することができる。

5. 教材（題材）の選択・構成
   教育内容を反映し，教科書だけにとどまらず新聞記事などで現在の社会と結びつけた教材を選択し，活用することができる。

6. 授業過程の組織
   導入・展開・終結の流れがはっきりしている授業過程にするとともに，事実から生徒に概念を導かせるような授業過程を組織することができる。

7. 説明
   生徒に分かりやすい言葉で端的に説明することができ，生徒の反応を見ながら必要に応じて例をだしたりするなどより伝わりやすい方法を考えることができる。

8. 助言・指示
   全体に助言・指示をするときは先に注目するように声をかけて生徒に前を向かせてから行うことにより，全体に指示が通ったかを確認することができる。また，生徒個人からの質問などを，全体への助言や指示へとつなげることができる。

9. 机間巡視
   机間巡視を行う場面をあらかじめ想定して目的をもって行うとともに，学習につまずいている生徒には声をかけて指導を行うことができる。

10. 自己の教育・社会観，教育目標，授業構成論，指導法に対する省察・評価と授業改善
    生徒の予想外の反応が生じた原因を授業での問いや説明を想起して分析するとともに，そこで出た反省をもとに他の授業へと活かすことができる。

4 「主免教育実習」（2015年度学部3年次）の事後指導における授業力ポートフォリオの実践

　本学の「教育実習科目」は，コア科目「初等中等教科教育実践」と関わらせ，「ふれあい実習」（1年次9月），「附属校園観察実習」（3年次6月），「主免教育実習事前指導」（3年次4月～7月）「主免教育実習」（3年次9月），「主免教育実習事後指導」（3年次10月），「副免実習」（4年次11月）を必修とし，「教員インターンシップ」（4年次6月～3月）を選択履修として展開する。表5-2-1は，学生Aが，主免教育実習での授業実践の経験をふまえて，社会科授業力について，自らが特に重要と考える内容を，自らの言葉で「マイ・スタンダード」として報告したものである。

　学生Aのスタンダードを見ると，表中に記載した1番・2番・3番・4番・7番・8番・9番が授業展開力に関する内容である。授業構想力に関するものは2項目（5番・6番）であり，10番が授業評価力に関する記述になっていた。このスタンダードの記述からは，学生Aが，教育実習という社会科授業実践の具体的な場においては，子どもの前で授業を成立させるための即時的な対応とその基盤となる技能や方法の活用が不可欠であるとの理解と授業理論を実践に落とし込んでいくことの難しさを実感していることをよく読み取ることができる。

5 「教職実践演習」（2016年度学部4年次）における授業力ポートフォリオの実践

　2016年度4年次生対象の「教職実践演習」において，学部4カ年の学修のひとつの総括として，「社会科教師の専門性と実践力とは？」をテーマとするワールド・カフェ方式[3]のワークショップを実施した（2016年5月実践）。

　本ワークショップでは，テーマに関して，①理念・理論・こだわり，②葛

藤・困難点・疑問，③乗り越える具体的な手立て，の3つの観点から，4グループ（受講生17名で1グループ4〜5人の構成）による協働的で，かつ開放的な話合いの場を作るようにした。第1ラウンドは，各グループでテーマについて3つの観点から探求し，そこでの意見を模造紙に自由に記載していった。第2ラウンドは，グループの席替えをし，先のグループの意見に疑問点や自分の意見を書き込むようにした。第3ラウンドは，元のグループに戻り，他者の意見や疑問に答えるように自らの意見をブラッシュアップしていくようにした。最後に全体セッションを設け，グループごとに，テーマに対するまとめと，「学び続ける教員」として育っていくという観点から，今後の研修課題について発表し，全体で意見交換をした。

図5-2-2は，学生たちが討議し作り上げていったグループの模造紙の記述内容の一例である。教科の理念・目的レベルで「社会科教育は公民的資質を育成

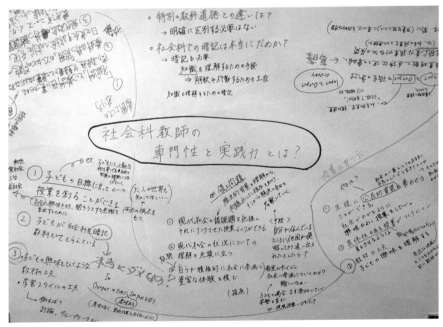

図5-2-2　授業力ポートフォリオ「社会科教師の専門性と実践力」

する教育であること」，内容レベルでは「現代社会の諸課題を取り上げ，「社会」について探求していく授業を組み立てること」を記述している。また，方法レベルでは「討論やグループワークを取り入れ，子どもの主体性や興味・関心を引き出すことが大切である」「子どもが社会に参画する場と体験を設ける必要がある」とも記述している。これらに対してラウンド討議や全体セッションにおいて，疑問や意見が投げ返された。「公民的資質は，振る舞いや態度形成とどう違うのか。社会のしくみが分かることと公民的資質のつながりはどのようか。」「教師自身が社会科についての明確な思想を持つことは大切だが，学習指導要領や学校の教科についての基本的な考え方との違いが生じた場合にどう考えていけばよいのか。」「社会科で暗記は本当にダメなのか。暗記と理解は結びつかないのか。」「子どもが身近に感じる事例を教材にすることは大事だが，社会の視点，大人（市民）の視点を体現した教材も積極的に扱う必要がある。身近さや主体性というキーワードで示される子どもの視点と社会や市民の視点をどう結びつけるのか。」「教室という限定した環境において，社会参画を実現できるのか。できるとすれば，それはどのような授業によってできるのか。」これらの疑問は，学部4年間の学びを通じて培ってきた学生の理論的・規範的な社会科教育論を，社会科教師をめざす自己及び仲間（同僚）の状況的葛藤から揺さぶるものである。この疑問点や状況的葛藤の乗り越え方を，学生自身が今後の理論と実践の往還を通じて，試行錯誤しながら乗り越えていくことにより，「社会科教師の専門性と実践力」がゆっくりと，しかし確かに培われていくのであろう。

6　教員養成教育と関わる社会科教師教育研究の課題

　本節では，教科の授業力の形成は，学生が，省察を原理とする協働的な授業研究を通じて，スタンダードの内容を吟味して，自ら改善・創造していく「絶えざる学修の過程」であることを論じた。

　最後に，筆者が提示した方法論をふまえ，社会科教育学研究としての社会科

280　第Ⅴ章　教科教育学研究のための教師教育

教師教育研究の課題を3点ほど述べて本節のまとめとしたい。第1に，教員養成カリキュラムの構造や各専門の大学教員の教育実践との関わりで，社会科固有の教員養成教育を理論的・実践的に語る方法論をどう構築するのかという課題。第2に，社会科授業力形成を教員養成教育の目標とする場合，定量的な評価と定性的な評価をどのように関連づけていくのかという課題。第3に，定性的な評価の材料になる「授業力ポートフォリオ」を読み解き，社会科の授業力形成につなげていく方法を明確にしていく課題である。

（梅津　正美）

註

（1）本学で開発した12の教科・領域教育のSTPSの実際とそれを活用したコア科目の実践例については，次の文献で詳述している。
　　・鳴門教育大学特色GPプロジェクト編『教育実践の省察力をもつ教員の養成』協同出版，2010年
（2）本学の教員養成コア・カリキュラムの理念と全体構造については，次の文献を参照されたい。
　　・鳴門教育大学企画戦略室編『鳴門教育大学教員養成改革の軌跡』協同出版，2013年，pp.10-24
（3）ワールド・カフェは，メンバーの組み合わせを変えながら，4～5人の小グループで話し合いを続けることにより，あたかも参加者全員が話し合っているような効果が得られる会話の手法である。
　　・香取一昭・大川恒『ワールド・カフェをやろう！』日本経済新聞出版社，2009年，p.20

※本稿は，2016年度韓国社会教科教育学会研究大会（大邱大学校・2016年8月6日）において筆者が発表し，学会プロシーディングに掲載された内容を改稿し，それに即して発表題目を改題したものである。

第3節　社会科教師を育てる教師教育者の専門性開発
―欧州委員会の報告書を手がかりにして―

1　なぜ教師教育者なのか

　授業の質は，授業を行う「教師」の質に依存し，教師の質は教師を育てる
「教師教育者」の指導の質に依存する。ゆえに，教師教育者の果たす役割や責
任は限りなく大きい。しかし実態はどうだろうか。校長の指示で教育実習生を
受け入れることになり，授業の進度が遅れると嘆く声を聴く。一枚の辞令で指
導主事に就任し，環境の変化と膨大なペーパーワーク，そして現職教員との関
わり方や指導に悩む声を聴く。大学教員の公募に急遽応募し，採用されたはい
いが，大学文化と理論‐実践の統合に戸惑う声も聴く。

　このように責任の大きさとは裏腹に，教師教育者の存在理由や専門性開発
（professional development）のあり方に関する我が国の関心は，一部の先駆的な議
論を除くと（中田，2012，小柳，2016，武田，2016），決して高いとは言えない。

　一方，日本以上に教員養成が教育現場の側に委ねられ，実習期間が1年以上
にわたる欧米では本問題に対する関心は高い。とくに欧州では，各学校で実習
生の指導に当たるメンター教員（institution/university based の教師教育者に対して，
school based の教師教育者と呼ばれている）が教員養成を中核的に担っていること
もあり，メンター教員の質保証や資格化，ならびに大学との連携の仕組みづく
りが，組織的に検討されてきた経緯がある。

　そこで本稿では，欧州委員会（European Commission）「教師の専門職性開発ワー
キンググループ」が各国の教師教育者の育成課題と研究動向をレビューし，
必要な政策を提言した2013年ワーキングペーパー『教師教育者を支援する；
よりよい学習成果のために（*Supporting Teacher Educators; for better learning outcome*）』

282 第Ⅴ章 教科教育学研究のための教師教育

（以後，頭文字をとってSTEと略記）に注目したい。

　STEには前史がある。2010年の関連会議で，教育の質向上のキープレイヤーとして「教師教育者」の存在が強調された。それを受けて2012年，加盟26か国から150人の専門家がブリュッセルに召集され，報告書『教育再考』をまとめるとともに，報告書の附属文書として本ワーキングペーパーが発表された。主な執筆者は，以下の5名である。

　Dr. Sigurjon Myrdal（アイスランド・教育省）

　Prof. Michael Schratz（オーストリア・インスブルグ大学）

　Prof. Marco Snoek（オランダ・アムステルダム応用科学大学）

　Dr. Csilla Steger（ハンガリー・教育省）

　Dr. Francesca Caena（欧州委員会・コンサルタント）

　STEは，以下の8章で構成されている。

　1. 誰が教師教育者なのか，なぜ彼らは重要なのか

　2. 主要な課題：政策の一貫性

　3. 専門職としての資質と資格

　4. 専門職としての学習と専門性開発

　5. 教師教育と教師教育者についての理解の改善

　6. 専門職としてのコミュニティと組織

　7. ステークホルダーの責任と役割

　8. まとめ

　本稿では，欧州各国の専門家の見解が集約されていると推察されるSTEを手がかりに，以下の問いに答えることを目的としたい

○教師教育者とは誰のことか，教師教育者とはどういう存在か。

○なぜ，どのような教師教育者の専門性開発が必要なのか。

○本文書が示唆する，社会科教師を育てる教師教育者の専門性とは何か，専門性をいかにして開発するか。

　なお，STEには全ての段落に通し番号が振られている。引用に際しては，この数字を示すことで注記に代えたい。

2 報告書の論点整理

(1) 教師教育者とは誰のことか，教師教育者とはどういう存在か
① 定義と対象

　教師教育者とは，端的には「先生の先生」のことである。定義を述べると，「教職の全ての段階で教師をガイドし，良き実践をモデル化し，教授・学習に関する理解を高める重要な研究を引き受ける（STE, 14）」存在である。入職前の養成段階（学生・実習生）から入職後の研修段階（若手・ベテラン教員）まで，フォーマル・インフォーマルを問わず教師の成長を支えている存在である。したがってその担い手も，大学教員に限らず多岐にわたる。例示すると（STE, 21, 22），

- 教員養成機関の連携校で実践を指導するスーパーバイザ
- 通常の学校で実践をスーパーバイズする，研修を受けた経験豊かな教師
- 特定の職能段階にある教師を校内で指導するチューター（カウンセラー，コーディネータ，メンター，ガイドなど）
- 特定の職能段階にある教師を校内で支援するネットワーク組織
- 教育について教える高等教育機関の学術スタッフ
- 教科内容を教える高等教育機関の学術スタッフ
- 各科教授学や教職一般を教える高等教育機関の学術スタッフ
- 教育の研究者
- 現職研修や教師の専門性開発を提供する民間および労働組合の専門家

　教師教育者は，実習生の健康面のケアに始まり，現職教員の省察と学習を促すとともに，学校改革の支援も行う。これらを通して最終的には子どもの学習成果を引き出す存在として位置づけられている（STE, 18）。

　「教師教育者」を上のように広義に捉えることで，養成から研修に至る教師教育の目的の連続性と主体の複数性を強調できる。しかし同時に，後述するように，高度な専門職にしては特異な性格・現象とそれに由来する育成上の課題

が浮かび上がってくる。

② コンテキストが多様な専門職

欧州各国では，教師教育者の置かれている制度的なコンテキストが国家間で異なるだけでなく，国内でも多様だという。学位が不問だったり，修士や博士の学位を求めたり，就労の場が学校だったり，企業，大学，政府機関だったり，契約や給与の形態もバラバラだったりするという（STE, 24）。

このような事態は，教師教育者の対象を広義に捉えたことにともなう論理的な帰結とも言えるだろう。

③ 流れとはずみで就く専門職

多様性は，現在の就労のコンテキストに限らない。入職前のバックグランドも多様である。実際のところ，欧州各国でも教師教育者を意図的に養成するコースが提供されているわけではない。「一般的に school based の教師教育者には，（過去に）経験豊かな教師であったことを理由に任命されるし，大学採用の教師教育者には，経験豊かな教師や教科の専門家または教育や教科領域の研究者が就く傾向にある（STE, 81）。」

すなわち，初めから教師教育者になりたくてなっている人は稀であり，また初めから参入できる独立した職務でもないところに専門職としての特異性がある。ほとんどの場合，教師や研究職の前職を経て，就職や転職，転任という流れとはずみで教師教育者に「移行」する。教師教育学の世界では，これをtransition 問題と称している。初等・中等学校から大学教員に「移行」した場合，「初期には充足感を感じることができず，とくに研究面ではその感覚が大きい。入職の過程も組織化されていないため，代わりにインフォーマルな教育と研究を通して"洗礼"を受けている」のが実態だという（STE, 84）。

④ 専門性が評価されない専門職

移行の問題は，採用にも特異な事態をもたらす。それは，「教師教育者の大半が，最初の時点では，教師教育者としての能力を基準に選抜されていない（STE, 79）」ことである。「入職基準は…略…（初等・中等教育の）教師または高等教育機関の教師／研究者としての第一次的なアイデンティティに関連するも

のであり，「教師教育者」という第二次的なアイデンティティが包摂されることは少ない（STE, 79)」。

　例えば，教科専門を担う大学教員は，教科に関する知識や研究者としての能力で選抜されるし（STE, 79)，教科教育を担う大学教員は，過去の教師としての能力や実績で選抜される。前職の専門性が問われ，教師を育てるための資質・能力は問われない。結果的に「教師教育者の役割について明確な理解のないまま」に，また「教師教育者になるための研修の類を受けることなく」教師教育を担うことが一般化している（STE, 82)。

⑤ アイデンティティが拡散している，または無自覚な専門職

　主体のコンテキストとバックグランドが多様で，かつ専門性が問われない状況は，当事者にアイデンティティの拡散という事態をもたらす。一般に専門職者は，職務は分化すれども，アイデンティティは共有される。患者のケアには看護師から理学療法士，医師まで多様な関係者が従事しているが，「生命を守る」という責任と倫理は共通するし，医療従事者としてのアイデンティティも広く共有されているだろう。

　しかし，研究によると，「他の専門職とは異なり，教師教育者は多様なアイデンティティを保持している。彼らは，自己を学校の教師として，高等教育機関の教師や研究者として，または教師の教師として捉えており，またこれらの役割を同時に複数認識」しているが，「教師を教えている教師の大半は，自分自身を教師教育者としては全く認識していない」（STE, 26）という。すなわち，教師教育者の帰属意識は，前職の影響を大きく引きずるところに特質がある。本来「集合的感覚は，集団に共通の目的と価値観，哲学を形成するのに役立つ（STE, 25)」が，教師教育者にはそれが欠落している。ゆえに（オランダやアイルランドの例などは別にして）専門職を束ねる組織が存在せず，専門職としてのスタンダードの策定も後手に回ってしまう。

　STE の見立てと提案の骨子をまとめると，教師教育者の質保証が機能していないのは，教師教育者という存在に内在する構造的・制度的要因に起因する，ゆえに各国は教師教育者の専門性開発のために，関係者の組織化と研修を推進

286　第Ⅴ章　教科教育学研究のための教師教育

するべきである。このように整理できるだろう。

(2) なぜ，どのような教師教育者の専門性開発が必要なのか

① ロールモデルとしての教師教育者

　専門性の開発が問われる理由は，上述の構造的・制度的な理由以外にも教育学的な理由がある。

　STE は，Loughran & Berry（2005）を引用して次のように述べる。「教師教育者として自己認識していない大学教員は，学生に対して迂闊にも望ましくない指導をモデル化している恐れがある。実習生の学びは，内容よりも形態（form）に，すなわち，何を教えられたか以上に，どのように教えられたに影響を受けている。事実，教室内での望ましい行為をモデル化している教師教育者は，将来の教師に真正の学習経験を与えているし…略…他の方法に取って代わられるべき教授・学習についての洞察も与えている（STE，28）」。「ロールモデルとしての教師教育者は，学生に同様の態度を形成するために，生涯学習者であることを示す必要がある（STE，76）。

　換言すると，教師教育者の行為は，学生や現職教師の立場から見ると，望ましい教師のビジョンと指導を体現（modeling）したもの＝ロールモデルに他ならない。学習者は，教師教育者との関わりを通して，教える内容だけでなく教える方法や環境を，姿勢や態度を通して，良い教師・悪い教師のあり方を学んでいる。だからこそ，教師教育者は専門性開発を必要とするし，また学び続ける姿勢を示さなくてはならないことになる。

② 専門性の階層性

　STE は，欧州の教師教育学では広く定着した第一次教授（first order teaching）と第二次教授（second order teaching）の分類に基づいて，教師教育者に求められる資質・能力を以下のように紹介する（STE，59）。

・第一次能力とは，教科や学問との関連において，実習生に教えるべき学校教育や教育に関する知識基盤を指す。

・第二次能力とは，教師はいかに学び，いかにして能力の高い教師になるかについての知識基盤を指す。また，成人学習者としての教師とそれに関連する

教授法，学生や教師の職場に関する組織学的知識を含む。

教師教育者に第一義的に求められるのは，子どもに対して何を・何のために・どのように教えるかという（学校や教科の）教育論を形づくる知識と能力。しかし，それだけでは不十分というのが，STE の一貫した強力なメッセージである。なぜなら，それは教師や研究者という前職経験でも培われる専門性だからであろう。

むしろ要求されるのは，成人に対する教育論である。大学生や現職教員として被教育体験や実務経験を積み重ね，教職に関する信念やスキルを確立している大人に対する専門教育は，子どもに対する一般教育とは明らかに質を異にする。ゆえにその教育は，大人ならではの学習特性を踏まえる必要があるし，学習が立ち上がるコンテキストであり，学習を活かしていくフィールドでもある学校という組織・環境についての知見も踏まえなくてはならない。

実際のところ STE は，「専門職としての自信を開発するために，入職期のとくに初等・中等教育から参入してきた人々の学習は，高等教育の教師やメンターになることよりも，第二次教師となることに焦点化されるべきである。そこには，成人学習や教師の専門性開発に関する知識と理解が含まれるべき（STE，85）」ことを推奨している。

③ 専門性の体系とその開発

教師教育者に求められる知識や能力の具体として，STE は以下の 5 領域を示している（STE，60）。

・知識の開発，研究と批判的思考の能力
・組織的能力（教師教育の複雑な活動や役割，関係を管理する）
・汎用的能力（意思決定，イニシアチブ，起業的精神，チームワーク）
・リーダーシップ（教師や動機を覚醒させる，曖昧さや不確実さに対処する）
・協働やコミュニケーション，他領域との関係づくりの能力

上の序列が示唆するように，教師教育者に第一に求められるのは，知識と研究能力である。とくに第二次教授に携わる教師教育者の専門性開発については，以下の 6 つの段階と方法を例示する（STE，49）

288 第Ⅴ章 教科教育学研究のための教師教育

・読書と自己省察を通じた探究
・個人の実践や研究上の知見に関する体系的な探究
・学術的テーマに基づく個人の実践的研究やアクションリサーチ
・学術雑誌に掲載されるような小スケールの研究への参画
・学校の実践家を対象とした書籍・教材の執筆
・国家規模の研究プロジェクトへの関与，学術雑誌を通じた成果の国際発信

　ここには，日常的で個人的，自己に還元される反省的な学習から，学術的で組織的，社会に貢献する能動的な研究まで，専門性開発のプロセスが段階的に示されている。もちろんこれらの行為は一人では達成できない。そこでアイデンティティと知識の源泉となる組織に登録し，「教師教育コミュニティの一員」になって，「メンタリングやエキスパート，同僚支援や自己省察のシステム」（STE, 86）の支援を受けるべきことが強調されている。

　研究の方法論としては，「自己調整」の原則に基づく self-study が推奨されている（STE, 73）。self-study は，自らの授業や指導助言等の活動を，他者との対話や記録に基づいて対象化し，「実習生との関わり方だけでなく，深い省察や役割のモデル化など，教師教育の専門職に求められる指導原理の実行の姿を映し出す（STE, 99）」方法として優れているという。

　なお，教師教育者の資格に関して，以下の質問がよく寄せられるという（STE, 69）。
・教師教育者に，教員資格や教職経験は必須ですか。
・教師教育者は，少なくとも修士の学位をもつべきですか。
・教師教育者は，博士の学位をもつべきですか。

　加盟国の間では，教師教育者に「教職資格と一般的な教授スキルを要求しているが…略…協働的なチームの一員として認識されるならば，教職経験は必須ではない（STE, 70）」。また，大半の加盟国では「高等教育の水準で働く程度の一般的な学術的条件を求めているが…略…明確な国家的要件は存在しない，または検討中である（STE, 71）」。

　そこで STE としては，当面のところ，個々の教師教育者が上述の学習と研

究に取り組み，「第二次教授」に携わる専門職としてアイデンティティと能力を高めること奨励する。これに並行して，教師教育者の自立を支える各国の政策・制度づくりを求める戦略を採っていると解される。

3　報告書の示唆—社会科教師を育てる教師教育者の専門性開発—

　以上の考察を踏まえて，STE の提案を「社会科教師を育てる教師教育者」の専門性に転用してみよう。

　ここでは，社会科教育の目標を，民主的な国家・社会の形成者に求められる「科学的で批判的，参画的な社会探究の資質・能力」と仮定したい。もし子どもにそのような目標を達成させようとすれば，教師にもそのような資質・能力をそなえた国民・市民のロールモデルとして振る舞い，科学的な探究空間と民主的な学習空間を教室に組織していくことが期待される。STE の教育理念に立脚すると，そういう社会科教師を育てる教師教育者にもまた，同質の教育目標を志向し，大学や学校に同様の空間を組織していくことが要請されることになる。

　STE の 28 や先行研究が指摘するように，教師教育者が大学生やベテラン教師に「社会科という教科の本質・目的は何か」「社会科では何を・どのように教えるべきか」をどんなに熱く語って聞かせても，それは確実に洗い流されるか（washed out），無視される（大坂・渡邉，金・草原，2015）。社会科に関する「第一次教授」の理論は，適切な「第二次教授」の方法論をもって教えられる必要がある。私たち教師教育者が為すべきは，

○理想とする社会科の理念を体現した学びを，大学での講義や演習・ゼミ，連携協力校での教育実習指導，学校の校内研修や教育センターの講座，あるいは私的な研究サークルの活動を通じて体現すること。そうすることで，学習者に社会科教育の意味を再構築していく機会を与えること。

○上の効果を self-study の方法論を援用して吟味すること。自らの教師教育の実践を，同僚との対話を通じて反省的に批評したり，データに基づいて批判

的に分析したりしながら,「第二次教授」の方法論に関する仮説の生成に努めること。

○これらの成果を論文化して発表すること。得られた仮説＝知識を拠り所（knowledge based）にして実践し,知識の活用と拡大を進めること。過去の（教師としての,研究者としての,行政官としての）経験に過度に依存することなく,教師教育実践の質を向上させること。

○得られた知識は,コンテキストやバックグランドを異にする教師教育者の間で交換し,「第二次教授」の理論の体系化をはかること。長期的には,対話とエビデンスに基づいて教師教育者に求められる資質・能力のスタンダードを構築すること,

このような研究・学習活動ではないか。社会科教師を育てる教師教育者の専門性は,このような活動に従事する過程でこそ開発されると考える。

(草原　和博)

参考文献

John Loughran, and Amanda Berry, Modelling by teacher educators, *Teaching and Teacher Education*, 21(2), 2005, pp.193-203.

中田正弘「オランダ VELON（教師教育者協会）の取り組みと教師教育者支援の現状（教育実習の質保証をめぐる今日的課題）」『帝京大学教職大学院年報』第 3 号,2012 年, pp.13-17。

大坂遊・渡邉巧・金鍾成・草原和博「社会科教師志望学生の授業プランニング能力はいかにして学習されるのか―大学入学後の能力向上の要因と支援策―」『学習システム研究』創刊号, 2015 年, pp.30-47。

小柳和喜雄「教員養成における教師教育者のアイデンティティに関する基礎研究」『次世代教員養成センター研究紀要』Vol.2, 2016 年, pp.27-35。

武田信子「教師教育者の専門性開発に関する国際的観点からの検討」『武蔵大学教職課程研究年報』第 25 号, 2016 年, pp.69-73。

第4節　美術と人間形成
—教員並びに教員養成系大学に向けた教科内容学的考察—

はじめに

　美術とは何か，図工／美術科とは一体どんな教科なのか…学力低下の懸念と共にこうしたことが言われて久しい。筆者は現在，兵庫教育大学にて彫塑分野の教科専門の立場で教鞭をとる他，教職大学院にて特別支援教育系授業や美術科教育法等の授業を担当，前職は筑波大学附属桐が丘養護学校高等部美術科教諭，2009年からは約2年に渡り大学美術教育学会で教科内容学検討委員会彫塑部門代表を務めた経緯がある。本稿ではこうした複数の立場と自らの専門の見地から長年に渡り深めてきた考えを，学会誌とは異なった体で示す。

1　創造の原点　—人類の知性・文明・文化・生活・経済—

　あらゆる動物は自らが「快」を感ずる方向に行動する。我々人類もその動物から進化した存在だ。思えば先史時代より人類は無数のものを生み出してきたが，これは動物の「快」を求める行動の延長だ。古くは土器や石器に始まり，現代では我々の生活空間や都市はデザインされたもので埋め尽くされんばかりか，それらは宇宙にまで広がりつつある。言わば人類は何らかの良さや価値，「快」を求め知恵を絞り，その過程で驚異的に知性,生活水準を大幅に向上させ,高度な文明・文化を築き，経済を潤してきた。

292　第Ⅴ章　教科教育学研究のための教師教育

2　創造と人類の感性

　しかし一方，人間は何処までも傲慢で矛盾に満ちた存在…，我々は戦争を起こ
し，自然を蝕み，無残な爪痕を残してきた側面もある。だが近年では翻って，障
害や病気を克服・軽減するための機器開発，環境への配慮や自然保護をテーマと
したデザイン等も発展を遂げつつある。自然と調和した日本古来の建築設計の世
界的再評価，エコカーや，対歩行者エアバッグ，地雷除去ロボット…，近年の優
しいデザインの例を挙げるときりがない。これらはデザインの感性…ひいては人
間の感性が知性だけでなく，やがて，倫理とも結合調和することの表れだ。そし
て良いデザインは，何れも常に素朴なスケッチから始まるということだ。
　デザイン・工芸は応用美術，絵画・彫刻は純粋美術という大別区分が存在す
るが，造形芸術は全領域の根幹にラフスケッチを含む素描が存在する構造とな
っており，筆者の専門の彫塑は素描に近く応用美術の基礎学とも取れる。

3　美術　―その世界の領域的構造―

　芸術という概念は単に造形芸術を指すだけではないのは周知の事だろう。当然
そこには音楽や文学，書や建築等が含まれる。更にこの概念はドイツ語の Kunst
という，現代でいう技術やテクノロジーといった意味の言葉にも起因する。そし
て芸術の第一義は，「人間が創造したもの」であるということだ。巨視的に見る
と芸術の概念は，人が生み出した叡智の総体たる学術全般をも指し得，音楽が聴
覚，文学が言葉を介する時間芸術であるのに対し，造形芸術は主に視覚を介する
空間芸術である。クンストの中でも取り分け造形に関するものを美術と呼ぶ訳だ
が，その領域はデッサンを根幹に，純粋美術・応用美術といった領域に広がりを
見せるばかりか，現代ではこれら全領域に跨り，しかも旧来の枠組みをも越えん
とするボーダレスの現代美術という概念までが存在するに至る。また傾向で見て
も古典的なものと，これとは全く逆の前衛的なものと，それらの中間体が多数存

第4節　美術と人間形成　　293

在する構造だ。この世界は極めて広く，しかも諸領域は常に他と関わりながら生物の多様な進化の如く蠢き，増大するかのような様相を示す。

4　美術　—その内容と学際性—

　造形芸術では色や形を扱うが故，構造や事象をみる眼が不可欠だ。そして例えば具象制作ならば，制作者は古今東西の名作を研究し，建築の如く思考で構成を考えたり，解剖学を学ぶこともある。また時に美学の助けを借りることや，文学，音楽，書，建築等，他と比較するのも日常的なことだ。更に応用美術の場合はこれに加え，機能性についての思考や人間工学，材料学，時に自然や生理学的な事柄，倫理の見識が問われる他，新規性を盛り込む発想力も求められる。そしてまたデザイン領域は視覚伝達，産業，工業，服飾等の区分けが一般的に知られるが，近年では都市，環境，情報，更にはバイオミミクリーという生物の機能模倣によるデザイン等も注目される。これをみても造形芸術は極めて学際的で，今後様々に展開されるファクターが極めて多い学術領域だと言えよう。正にそんな中で紡ぎ出される名品は，時代の象徴であると同時に人間の叡智の結晶とも取れよう。そしてまたこれを鑑賞，紐解くことも重要で，言わば極限まで推敲された名作にはその素晴らしい構造美と様々な科学的エッセンスが見えよう。図工 / 美術科は諸科学の源泉でもあるのだ。ルネサンスの巨匠にして，解剖学，幾何学，建築，動物学，植物学，生理学，気象学，物理学，光学，力学，土木工学，音楽，地理学，地質学等に精通し，万能の天才と言われるダ・ヴィンチの研究の中心には常にデッサンやスケッチ等の素描が存在したことを思えば，この領域の無限の可能性もすぐに理解できよう。

5　美とは何か

　筆者は「快」を皮切りにしたが，そもそも美とは，何らかの事象に触れた際の主体の心的快反応をいう。従って教育でよく耳にする「美に触れさせる」と

294 第Ⅴ章 教科教育学研究のための教師教育

いう表現は余り適切ではない。唐突だが下等動物に名作を示しても，彼らは人間のように感動するだろうか。如何に美しいものを示したとしても，主体の心に快反応が生起しない限り，その価値は美として享受されないのだ。よって美術教育でいう心を豊かにするとは，事象の価値に気づき認識を深める素地を形成させることを意味するのだろう。人間の叡智の結晶たる芸術，それを遥かに凌ぐ神の創造物，即ち自然…。加えて事物の摂理の理解や，形象的・造形的理解が深まると，この世の中は価値で溢れていることがよく見える。

6　感じ方の違いと共通性について

　さてここで「感じ方は人それぞれ」という事をよく耳にするがどうか。例えば光沢素材を除き，黒を見て眩しいと感じるだろうか。また燃える薪に触れるとどう感じるか。もしも釘を踏むとどうか。個々の感度には個体差があろうが，生物全般に於いて脳神経は一定の刺激に対し一定の反応が起きるように出来ている。この事柄こそが本来まず理解を深めるべき事柄だろう。そして刺激が複数の事項が絡んだものになるに従い，感じ方に違いが出るのではないか。教育ではカエルの子はカエルという言葉がよく取り沙汰される。子は親と同じように育つという意味の言葉で一見遺伝を思わせるが，これは実は環境因子を多分に含んだ言葉だ。教育では悪しき親子の循環を繰り返さぬよう考えることが重視されるのだが，ここでの環境因子は，どんな環境でどのように育て，どんな経験をさせ何を身に付けさせるのかという意味になる。即ちこれは，後天的環境如何で事象の感じ方に大きな差が出ることを意味し，我々はここに教育や教養，学習や経験，努力の意義を感じるのだ。

7　感性とは何か　—その発生と発達に関する仮説—

　では感性とは何か。それは感じることであり，実験心理学では刺激と反応でこの有無をみる。例えばミミズに火を近づけると当然それは危険回避行動を取

る。だとするとミミズにも感性が存在すると言わざるを得ない。危険刺激に対する知覚反応は人間でも同様だ。一方，犬に餌を与えるとどうか。多くの犬は尾を振り，飼い主に好意を示す。これもいわば感性だ。では人間の感じ方はどうか。例えば音楽鑑賞もそうであるよう，人間は動物的感性を携えながらも，より複雑で高次元のものにも反応を示す。数学が好きだ，理科が面白い，造形芸術が楽しい…これらは全て人が猿の枠組みを超えたことによる。従って人間の感性は動物的・原始的感性を保有しつつも，それに悟性（事象の本質理解）・理性（理解に基づく推論思考）が加わる構造だといえよう。よって人間の感性は理解・思考と不可分と見るのが自然で，これらが森羅万象，学問や科学と結びつき，より複雑で巨大な体系をなし，特に教育では倫理とも調和してこそ豊かな情操と呼べるのだろう。

　筆者は前職で，軽度身体障害から最重度重複障害の生徒までを教育の対象とした。痛みの感覚，光知覚，事象理解…，現場では様々なキーワードが飛び交った。そこで筆者は人間の感性に深い興味を抱いた。そして十余年の歳月をかけ感性がどのような過程で豊かな情操に至るのかを俯瞰する試みを行った。

　そもそもヒトの発生は一つの卵細胞から始まる。後にその生命体は二胚様動物，魚類の如く様相と，様々な形態変化を経て哺乳類の形となり，徐々にヒトの姿となり出生を迎える。感性の発生・成長序列を考えるに，筆者はまず「胎児の単細胞からの形状変化」と「単細胞動物から二胚様動物，魚類…哺乳類，霊長類，ヒトまでの動物進化」を並列させてみた。そしてそこにそれぞれの動物の行動を当てはめ，感性に関わる語を整理すると，雑駁ながら次の並びが見えてきた。「…，生体反応，感応，知覚，認知，感情，情緒，情操，豊かな情操，…」この結論の詳細な説明は割愛するが，刺激反応は，生存に関わる物理的なものから，より高度な知性的なものへと繋がり行くのが見て取れた。この研究論文の発表は別機会を得たいと考えているが，学校教育が全人的教育の下に存在することを思えば，図工/美術科でいう豊かな情操について，これを再考しても良さそうだ。

8 人間形成とは何か

　高次の人間形成，即ち全人的教育…これは壮大なテーマで，古くは人間陶冶と呼ばれ，神の如く美しい像を量産的に焼くことを意味した。また人間性という概念は即ち，下等動物と人間の違いという問題になる。モノを作り自然に抗うことで人類は野生から独立した訳だが，西洋史では人類誕生に際し「人間ごときが火を使うことを覚えて以来…」と神の怒りに触れたという言説がある。この言説は，自然の摂理を受け入れるだけの動物から脱した人類が，あたかも神を目指すのかの如く様相を示すものだ。上記を背景とすると，西洋教育思想に則る形で広がった我が国の公教育は，全知全能たる神がその頂に存在するかのような構造を持つことがわかる。それ故各教科には，人間形成に於いて果たすべき責務役割が存在し，いわば人間形成を主たる任務とする我が国の教員はどの教科も疎かに出来ないという考えに至るのだ。均整のとれた高次の人間形成…そして学問，学術の何と崇高な事，何と愚かな事。この両義を知り，教育において各内容をどう広げ，どう高め，どう調和させていくか…。そうした問題は極めて重要な教育の本質的課題であり，公教育ではこの基礎の上に全ての教科領域が不可欠の基本柱として存在する格好となっているのだ。

9 基礎・基本と授業構想について

　さて基礎基本という言葉が出た。この言葉の解釈も実に様々で，辞書によっては基本という語を引くと基礎，基礎を引くと基本と記述されている。一般的にはこの区別が曖昧というのが現状で，酷い場合には初歩という言葉と取り違えている例もある。基礎は字の如く礎となるものだ。だが基本の本という字が，大本という事象の全体性を表す言葉が宛てられたものであることは余り知られていない。この点から厳密な解釈は，基本とは事象の全体を形作る複数の不可欠の柱のようなイメージとなろう。地盤（本質論）と幾つかの柱（不可欠事項）

の関係……。この考えに則ると，美術という領域の基礎はそれが造形だということであり，基本は平面・立体…，或いは絵画・彫刻・工芸・デザイン等となろう。音楽ならば時間を軸とした音の構成という事が礎として存在し，基本ではリズム・旋律・和音，或いは，声楽・器楽・作曲等という見方も可能だろう。また人体を言うならば，その基本は頭部・胴・四肢，という見方も出来れば，骨格・筋肉・皮脂・臓器…という見方もできる。つまり基本という概念は，当該事項で何を重要な柱と考えて全体を見るかという問題になり，基礎というのは何を本質とし，これについてどう考えるかという問題になる訳だ。教員養成系大学では，学生にこうしたことを的確に表せる能力を形成させたい。基礎基本については色々と言われているが，原義に立ち，基礎を礎，基本を幾つかの柱と見ると，事象の理解や認識が自ずと立体的に組み上がる。

　昨今ではインクルーシブ教育，ユニバーサルデザイン…等，様々な事が言われる。限られた時間，人員での職務全うは最初から不可能にせよ，全人的教育に加え，教師には更に困難な時代が到来した。インクルーシブ教育とは健常者と障碍者を分け隔てしない教育をいうものだが，実際，障害の内容・程度は千差万別，健常者も含め児童生徒は学力も得手不得手も十人十色だ。時代も変われば教育も変わる。学校も変われば状況も変わる。そんな中，授業実践に際し，益々教員には体系的な思考力や，的確で柔軟性のある授業のデザイン力が求められるようになってきた。そもそも教員は自らが知る学問を背に，児童生徒の実態や発達とこれを照らし，よく練った授業構想をもって実践に臨むものだ。昨今の実情を考えるとマニュアルを叩き込むよりも各授業内容の基礎・基本を今一度よく見極め，体系的で柔軟性のある授業作りが出来るよう学生の能力形成を行う必要があると筆者は考える。インクルーシブ教育，ユニバーサルデザイン…，昨今の様々な要求を表面的なものにしないためにも各授業の教材研究段階で，基礎・基本という根本から内容を構造化させたい。

298　第Ⅴ章　教科教育学研究のための教師教育

10　教育先進国と図工／美術科

　この教科は，個性進展を一目標に掲げる教科であるだけに個別指導の傾向が強い。それ故，特に障害の有無で児童生徒を区分けすることは通常なく，長きに渡りインクルーシブな性格を呈してきた。この意味で当教科は他教科への手本となり得る。またこの教科は学際的であるばかりか実技を多分に含み，座学では網羅できない実に様々な能力が求められる。もとよりインクルーシブ教育は，人間の多様な能力それぞれに個人差があることが前提となるものだ。そして人間の持つ全ての能力を扱うことにより，健常者も障害のある児童生徒も誰しもが持つ得手不得手が全て露になり，それぞれの得手不得手に沿った教育を考えるところにこの教育の特色がある。人間の多様な能力…これは全人的教育の最重要テーマのみならず，今や公教育の大前提となる事柄なのだ。障害を有するあらゆる児童生徒の得意分野や突出した知性，能力を見つけ伸長させることは容易くはないが，そうなればこそ公教育では各教科の充実した広い間口の保証が必要となる。

　北欧教育先進国では，芸術系教科も，そればかりかこれら諸国はリベラルアーツ志向が強く，座学系教科でも芸術系の事象が緻密に編み込まれた鮮やかな授業が展開されていると聞く。恐らくそこでは，例えば文学が題材の授業を挙げてみても，論説との相違は勿論，他の芸術との相違点や共通性までもが扱われたり，児童生徒を作家の立場に立たせたり，テーマや表現，創作上の工夫・独自性，作品の価値等について客観的論評が飛び交うような…，全教科を総括的に見ても極めて合理的で柔軟性のある豊かな授業が実践されていようと筆者は想像する。結果，教育先進国は国家低犯罪率で，学術的発展も目覚ましく，物質的にも経済的にも高水準に至るのだ。地下資源に乏しく農業大国でもない我が国は，知的産物を海外に輸出し，食を得てきた。日本製品のデザイン低下が招く我の国の危機についても真剣に考えたい。

まとめにかえて　―筆者の研究と大学教育について―

　筆者はこれまで当領域の造形的本質とされる「塊の組み立て」をテーマとし塑造による具象彫刻の制作を主軸に，造形原理並びに教育論に及ぶ相関的研究を行ってきた。またその中で純粋美術から応用美術に接続可能なファクターを併せて模索してきた。研究を通し，塊の組み立てという考えに沿うと，塊の寸法・位置・方向・幾何形体の種類で形態の如何が決まることが分かった。これが造形原理である。そしてその原理に基づくと造形には「ああすればこうなる，こうすればああなる」といった造形思考と造形手順の妥当性が保証される法則があり「誰が見てもそうなる事柄による組み立て」で造形が決まることが立証された。即ち非言語の造形に，数学やチェス…将棋の如くロジカルなもの，つまりは論理に相当するものの存在が明るみ出たのだ[1]。この考えで行けば筆者は，塊の組み立てによる 3D 造形のデジタル化も可能との見通しを持っている。尚，大学教育でも筆者はこの考えを礎に，造形的なものの見方や造形的思考力に重点を置き，構造と構成について多面的・多角的に考えさせている。

　これまで大学教育はタコツボ型と揶揄されてきた様，教科教育と教科専門が交わる機会が少なすぎた。加えて図工 / 美術科教育は，美術を通したあくまで人間形成という点で，デッサンや造形自体が重視されない傾向も存在し，教科専門の声が届きにくい状況であった。美術とは何か，図工 / 美術科とはどういう教科か…。造形や図工 / 美術科は，論理がない世界の如く扱われることがしばしばだが，既存の教育に自らの考えを添えて貰えれば幸甚である。

（前芝　武史）

註

（1）拙稿，「肢体不自由養護学校における彫塑領域の教育実践と考察」，『美術教育学
　　―美術科教育学会誌―第 26 号』。本稿により，塊の組み立てによる彫塑の造形原理
　　を究明した他，手に障害がある生徒が本格的デッサンや彫刻制作を学べるよう構想
　　した授業の全容を発表。

筆者の研究作品
左側 〈砂の塔Ⅱ〉 日展 準会員出品（東京・六本木　国立新美術館）
中央 〈時Ⅱ〉　　 日展 無鑑査出品（東京・六本木　国立新美術館）
右側 〈種Ⅲ〉　　白日会展 会員出品（東京・上野 東京都美術館）

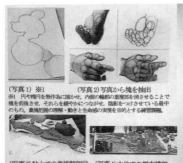

筆者の研究
塊の組み立てによる抽象形態
塊の組み立てによる手の構造分析
人体解剖学実習への応用
環境/都市デザイン実習への応用

筆者の研究
楽器デザインへの応用
（中央）
筆者の体格・姿勢に基づくデザイン

筆者の研究
足のおおまかな外観構造
作品は全てこの原理に基づく

終　章

教科教育学研究の課題と展望
―社会科教育実践学を事例にして―

第1節　現状をどう受け止めるか

日本の社会科教育学研究の歴史は，大きく以下の3期に区分できる[1]。

〈草創・確立期 1951 ～ 1971〉

1950年代前半における西日本社会科教育研究会（1964：日本社会科教育研究会，1985：全国社会科教育学会と改称），日本社会科教育学会の成立を踏まえ，1960年代には第一世代の研究者を中心に，学としての性格や構造を模索する社会科教育学構想論研究が展開された。その成果は，日本社会科教育学会編『社会科教育学の構想』（明治図書，1970）に代表される。その後，1970年代には社会科教育研究の科学化の方法を探る研究方法論研究が，第一世代を批判する第二世代の研究者により展開された。その嚆矢ともいうべき書が，内海巌編著『社会認識教育の理論と実践―社会科教育学原理―』（葵書房，1971）である。筆者が大学に入学したのが1970年，大学院に進学したのが1974年であり，教官たちの言動の端々に社会科教育学研究確立期の熱気のようなものを感じたことが思い出される。

〈拡大・発展期 1971 ～ 2001〉

当初，東京教育大学と広島大学にしか大学院博士課程の社会科教育講座は設置されていなかったが，1966年に東京学芸大学と大阪教育大学，1978～81年に兵庫教育大学，上越教育大学，鳴門教育大学のいわゆる新構想大学に修士課程が相次いで設置された。その後，1989年の横浜国立大学と愛知教育大学への修士課程設置を皮切りに，全国の教員養成系大学・学部に修士課程が設置されるに及び，社会科教育学研究が量的に拡大することになった。また，1996年には東京学芸大学と兵庫教育大学を基幹校とする連合大学院博士課程が新設され，その傾向はさらに強まった。

〈停滞・混沌期 2001 ～〉

　2001 年，全国社会科教育学会は創立 50 年を記念して『社会科教育学研究ハンドブック』を刊行した。時の会長，森分孝治は冒頭で次のように述べている。「これらの研究活動の成果として，学会は発展し，大学院も開設された。しかし，社会科教育学が科学として確立したかはなお疑わしい」[2]と。この状況は今もなお変わっていない。確かに社会科教育学の研究者は量的に拡大し，毎年開催される学会の研究発表大会も盛況であるが，いまだ量は質に転化し得ていないのではないか。むしろ筆者の見るところ，研究は混沌状況にあるとさえ言える。それは一体なぜか。

第 2 節　混沌を生む背景・要因は何か

　社会科教育学に携わる研究者の量的拡大が必ずしも質に転化せず，停滞と混沌を招いているかに見える原因として，大きく以下の 4 点が指摘できる。

　第 1 は，研究方法論が未だに確立していない，あるいは研究方法の科学化が不十分なことである。筆者自身を含め，大学院で確かな研究方法論を修得しないままに修了し，研究者として世に出ている者が少なくない。例えば，一般教育学の分野であれば，研究方法論として量的研究，質的研究等の方法を修得せずに修了することなど考えられまい。社会科教育学研究の世界でも，米国などではこうした研究方法のあり方をめぐってたびたび学会で特集が組まれ，あるいはハンドブック等でレビューされる。だが，日本では歴史（成立史）研究の分野を除き，社会科教育の研究方法が確立しているとは言い難い。その結果，老いも若きも理念レベルでの社会科教育論やカリキュラム改革案を提案し合っているのが現状であり，第三者の納得のいくエビデンスが示されることは滅多にない。

　第 2 は，自省的な意味を込めてのことであるが，いわゆる新構想大学の修士課程や 1990 年代に普及した教員養成系大学・学部の修士課程では，現職教員の再研修としての役割が期待されたために，厳密な学問研究の方法論の検討よ

り，むしろ学校現場の抱える課題や学習指導要領の改訂に伴う課題等に研究関心が向けられがちであり，結果的に題材（主題）こそ異なるものの，似通った教材開発・授業研究が量産されたことである。そこでは往々にして先行研究の吟味は等閑視されがちであり，研究成果を一般化しようとする試みも不十分なために，量の質への転化を生みにくい状況となっている。

第3は，近年大学においても業績主義が普及し，短期間に論文等の成果を示すことが求められるようになったことである。国立大学の運営（研究・教育費や教職員の給与等）は国庫から大学に交付されるいわゆる運営費交付金によりなされているが，国立大学の法人化後，研究費等の配分に関しては教員の研究・教育・社会貢献等の業績によって重点化する仕組みが導入された。同時に，教員の多忙化が進行したことにより，じっくり時間をかけて調査したり，検証したりする研究よりも，公務の合間を縫ってでも原稿化できるような論文が生み出されがちになった。

第4は，鎖国的な研究環境である。言語（特に英語力）の問題が一番大きいと思うけれども，社会・経済のグローバル化に反して，"日本人の，日本人による，日本人のための研究" が行われていることである。依然として，米・英・独等のカリキュラム，教科書等を分析したり，外国の教育・研究の動向（一断面）を紹介したりする受信的研究は盛んだが，自らの研究を世界に向けて発信する研究は極端に少ない。また，外国の研究者をシンポジウム等に招待することはあっても，共同（協働）して研究したり議論したりすることは滅多にない。その背景には，長期の海外留学・在外研究の経験をもつ研究者が少なく，人的ネットワークや英語でのコミュニケーション能力を欠くことが挙げられる。しかしながら，こうした点を反省し，近年全国社会科教育学会が取り組み始めた研究方法論の国際化プロジェクトや，中堅・若手研究者による NCSS（全米社会科協議会）年次大会の CUFA（大学研究者分科会）での発表等は注目される。10年後の社会科教育学研究が，現在の停滞・混沌状況から脱却していることを期待したい。

第3節　有効なパラダイムとは

　問題は，船頭は増えたものの，信頼しうる海図と羅針盤を欠いていることである。その結果，社会科教育学研究は山に乗り上げているというのが現状であろう。それゆえ，今求められるパラダイムは巧みな操船術に関わるものでもなければ，新たな目的地をユートピア的に描くものでもない。これまでの多様な航跡を海図上に位置付けつつ，今後の針路を明確に示すものでなければならない。無論，全ての船が同じ航路をとるとは限らない。当然複数の航路がありえよう。だが，それぞれの航路をとった場合の長所と限界を指し示すことができれば，万全の航海プランが立てられるのではないか。

　その点で，社会科教育学研究に関して，筆者が現在最も信頼しうると考えるのは，草原和博が森分孝治の研究方法論研究（森分孝治『社会科教育学研究─方法論的アプローチ入門─』明治図書，1999 他）を踏まえて提起したパラダイムである [3]。草原は，教科教育実践学構築の観点から，まずは教科教育実践─教師の研究仮説─の階層性に着目する。教科教育実践とは「授業理論」「授業モデル」「授業計画」「授業実践」を結ぶ階層的な研究仮説（群）に他ならない。まず，教科教育実践を原理的レベルで捉えたのが「授業理論」と「授業モデル」であり，目的合理的な授業の認識をめざす点で教科教育論と言ってよい。次に，授業理論・授業モデルに具体的な指導場面を想定して加工したのが「授業計画」である。状況整合的な授業の設計をめざす点で教科教育法がこれに該当すると言えるだろう。さらに，眼前の子どもと学びの関係を構築しつつ計画を遂行するのが「授業実践」であり，そこでは教科教育術が求められることになる。

　草原は，続いて社会科教育実践研究の歩みをふりかえり，授業理論・授業モデル・授業計画・授業実践の階層性を区別せず，教科教育実践をトータルに分析，開発しようとする理論と実践の一元論に立つ研究を「常識的教科教育実践研究」と称する。これに対して，それぞれを明確に区別し，教科教育実践をピースミールに分析し，開発することに徹する理論と実践の二元論に立つ研究を

「科学的教科教育実践研究」と名付ける。前者はさらに「授業実践や授業計画のレベルで捉え，それらの分析を通して一般原理＝経験則を引き出す」教科教育臨床と，「権威ある授業理論や授業モデルを受容し，具体化につとめる」教科教育運動に分かれる。また，後者は「公開された教科教育実践の分析を通して教科教育の目的・内容・方法を解明しようとする」教科教育分析（①授業モデルの理論化―歴史研究，外国研究，②授業理論のメタ分析）と，「授業理論を基盤にして授業モデルを定立する」教科教育開発（①授業理論のモデル化，②授業モデルの試行・検証）に分かれる。

> A：常識的教科教育実践研究（A1：教科教育臨床，A2：教科教育運動）
> B：科学的教科教育実践研究（B1：教科教育分析，B2：教科教育開発）

　このように，草原は大きく2つ，厳密には4つの研究方法論に類型化しつつ，AからBへ，そしてB1からB2へ向かうことが，社会科教育実践研究の科学化につながると論じたのである。

第4節　社会科教育開発研究に向けて

　社会科教育学の再構築のために必要な研究が科学的教科教育実践研究であることはいうまでもない。大学等の研究機関に籍を置く者には，外国研究や歴史研究を通じて授業理論の抽出・構築をめざすとともに，それら授業理論のメタ分析を行う教科教育分析の研究が取り組みやすいかもしれない。あるいは教科教育開発の中でも，授業理論をモデル化する研究が可能だろう。だが，小・中・高の学校現場や教職大学院等に籍を置く研究者には，むしろ授業モデルの試行・検証にこそ固有の研究領域が開かれるのではないか。草原によれば，そこにこそ社会科教育実践学存立の可能性があるという。この草原の提言を踏まえ，本発表では授業モデルの試行・検証の事例として中本和彦と二井正浩の研究を紹介し，それらの分析を通して社会科教育開発研究の要件を明らかにした

308　終　章　教科教育学研究の課題と展望

い。

1　中本和彦の研究—「学習材」の開発による研究と実践の結合—[4]

　中本は，総合的理論の探求としての地誌学習論に依拠しつつ，中等地理の教授書「インド—マクドナルドと農民の自殺—」を開発した。従前であれば，これで研究者としての役割は終わり，それを活用するかどうかは，中等地理（地誌）の授業計画を立案し実践する教師に委ねられるのが通例である。現場教員の中には，中本の研究に注目する者がいるかもしれないが，「難しすぎる」，「時間がかかりすぎる」，「とても資料をあつめきれない」と言った理由で敬遠される可能性の方が高いだろう。そこで，中本は授業理論・授業モデル（教授書）と授業計画・授業実践を媒介するものとして「学習材」の機能に着目し，自らの教授書に基づく学習材を開発した。

　そして，学習材の活用を通して教授書を検証すべく異なる学校の4氏に検証を依頼する。依頼された4氏は，それぞれの学校（学級）の実情に応じて学習材を活用して授業を実践した。教授書と学習材の活用から見た授業計画・授業実践の類型は以下の通りである。

教授書と学習材活用の関係	実態に応じた授業者の自主的修正	協力者
教　授　書　優　先	学　習　方　法　修　正	S教諭
学　習　材　優　先	学　習　材　準　拠 学　習　内　容　修　正 学　習　方　法　修　正	N教諭 A教諭 O教諭

　中本は4氏の授業実践の観察・分析のみならず，それぞれへのアンケート調査を実施して分析し，教授書と学習材活用の有効性と課題を探った。そして，学習材には研究の世界と実践の世界をつなぐ二つの機能があることを明らかにした。一つは，「授業計画」と「授業実践」を媒介する教授学習活動支援機能である。全ての学習材は学習者の学習活動を支援する機能を本来持っているのは当然だが，同時に学習材に掲載された多様な資料を教授書の展開に応じて教

師が取捨選択して活用するなど，教師の教授活動を支援する機能も併せ持つことが検証された。もう一つは，「授業モデル」と「授業計画」を媒介する授業実践支援機能である。中本によれば，それは教授書を実践可能で現実的な授業計画に加工・修正しようとする際に，学習材が教師の自主的・自立的な授業計画・実践を支援する機能だと言う。

2 二井正浩の研究—実践者との共同研究による理論と実践の結合— [5]

二井は，生徒の主体的な歴史解釈を促すためには，教科書等を用いて生徒自身が歴史解釈を構築し，それを成長させる授業が必要であるとの歴史授業理論を基にして，生徒の自由な歴史解釈を可能にするモデル教科書「戦時下の日本」を開発した。それは英国の歴史教科書をヒントにして，焦点となる課題（問い），資料，学習活動で構成されている。概要を示そう。

〈見出し①〉第二次世界大戦中，高橋一家はどのように暮らしたか？

　→課題：戦争はどのように人々の生活を変えましたか？

（トシエの回想を読み，6つの事柄―徴兵（兵役），戦時中の仕事（徴用・動員），物資や食糧の不足と配給，空襲とその備え，プロパガンダと検閲，疎開―について彼女が重要だと思った順に並べさせる。）

〈見出し②〉政府によって，国民生活はどのように変えられたのか？

　→課題：国民のために，政府は十分なことをしたでしょうか？

○徴兵（兵役）○戦時中の仕事（徴用・動員）○物資や食糧の不足と配給

○空襲とその備え ○プロパガンダと検閲 ○疎開

　→課題：あなたはトシエさんに同意しますか？

二井は，開発したモデル教科書を広島大学附属中・高等学校の宮本英征教諭に依頼して実験授業を行った。興味深いのは宮本の対応である。彼もまた単なる実践者ではなく研究者としての自己の位置づけから，モデル教科書を基に3時間の小単元からなる教授書を開発し，中学校第3学年の生徒を対象に授業を

310　終　章　教科教育学研究の課題と展望

実践した。単元指導計画の概要は以下の通りである。

〈第1時〉第二次世界大戦中，高橋一家はどのように暮らしたのか？

①教科書1・2頁を音読させ，各段落の内容と政府の政策を結びつけさせる。

②政府の政策が戦局に従ったものであること，その政策に高橋家の生活も影響を受けていることに気づかせる。

③高橋家が生活の変化を受け入れた理由を考えさせる。

〈第2時〉政府によって，国民生活はどのように変えられたのか？

①前時の復習を行い，教科書を中心に政府の政策を詳しく理解させる。

②人々への影響が最も大きいと感じた政策を班ごとに考えさせる。

③各班は影響が大きいと感じた政策を正当化する発表原稿を作成する。

〈第3時〉国民国家は暴力の装置なのか？

①班ごとに発表させた後，共通点などを考えさせる。

②「昭和天皇の詔勅」や「学徒出陣壮行式：東條英機訓辞」を分析させる。

③人々が生活の変化を受け入れた理由を考えさせる。

　宮本の実践は，第1時で教科書の内容を理解させ，第2時で教科書を活用した作業学習を展開するというように，基本的にモデル教科書に依拠したものであるが，第3時では教科書の内容に基づく発展学習を位置づけており，ここに宮本の独創性を見出すことができる。その上で，モデル教科書掲載の多様な資料を手がかりにして，これらの解釈を探求させる授業計画（教授書）を立案し，実践したわけである。

　二井は生徒に対しては授業の開始前と終了後に，また宮本と当該授業を参観した広島大学の学生に対しては授業終了後にアンケートを実施して，モデル教科書の効果を検証した。その結果，生徒と教師の間で特に大きな乖離が見られたのが，「歴史的説明を構築させるプロセスについての評価」であることが判

第5節 社会科教育開発研究の要件 311

明した。生徒の自由な解釈構築の支援を意図したモデル教科書が，意図に反して生徒に低評価であったことは由々しき問題である。そこで，二井は生徒自身が「自分の考えを持てた」「自分なりの理解なり解釈ができた」と実感できるモデル教科書へと更なる改善を企てる。そのためにガーダマーの歴史解釈論に依拠して，次の3つの段階からなる教科書へと改訂した。

①自らの先入見の検討〈正〉
　自分はどう思うか。なぜそう思うのか。→自己の理解・解釈の明確化
②史資料（又は他者）の先入見の検討〈反〉
　他者はどう思っているか（いたか）。なぜそう思っているか（いたか）。
　→史資料や他者の意見の理解・解釈の明確化
③自らの先入見の再検討（更新・成長）〈合〉
　自分はどう思うようになったか。→更新した自己の理解・解釈の明確化

第5節　社会科教育開発研究の要件—教科教育学の可能性—

　最後に，両氏の研究に共通する手立てを探り，開発研究に不可欠の要件を明らかにしたい。そして，教科教育学研究の可能性を展望する。

　第1に，中本は総合的理論の批判的学習としての地誌学習論，二井は生徒の自由な解釈の構築を支援する歴史学習論というように，いずれも明確な授業理論を保持し，それを明示していることである。

　第2に，両氏の授業理論は既成の常識的な見方に挑戦し，学界や教育界に大きな研究・実践上のインパクトを与えたことである。例えば，中本は地域の個性・特色を記述するのを旨としてきた地誌学習論を批判し，二井は歴史学研究が到達した正しい歴史の見方を教えるのではなく，史資料を手がかりに生徒が自由に解釈を構築するという新しい歴史授業観を提起した。

　第3に，いずれも各自の授業理論に基づく授業モデルないし学習材としての

モデル教科書を作成していることである。中本は，教授書を開発するのみならず，それを補う学習材を開発した。二井は，学習材を開発しただけであるが，共同研究者の宮本がそれを基に教授書を開発している。このように，いずれも開発した教授書や学習材にはっきりと授業理論が組み込まれており，間主観的に観察・評価可能なものとなっている。

　第4に，授業理論，授業モデルないし学習材の有効性を検証する手立てとして，授業者に授業計画の作成と実践を依頼していることである。中本は，教授書と学習材を提供した後は，具体的な授業計画・授業実践を授業者に一任した。二井の場合も，授業者である宮本がモデル教科書を意識しながら，彼自身の授業計画とも言うべき教授書を作成し，それに基づき実践している。このように，理念的な授業モデルを，授業者の学級の実態に応じて現実的な授業計画に変換して，実践に移しているところにも共通性が見られる。

　第5に，授業理論の検証は，単なる授業観察による印象評価ではなく，客観的なデータを基にした分析的評価によって行われていることである。中本は，生徒に対するプレテスト・ポストテストの他に，教師と生徒に対するアンケート調査を実施した。二井は，生徒に対しては授業の前と後に，教師に対しては授業後にそれぞれアンケート調査を行っている。

　このように，両氏の研究は直接的に草原のパラダイムを意識したものではないものの，結果的にその有効性を検証するものとなっている。その点で，中本，二井らの展開した開発研究に教育実践学としての教科教育研究の一つの可能性を看て取ることができると言えよう。

（原田　智仁）

註及び参考文献
（1）全国社会科教育学会『社会科教育学研究ハンドブック』（明治図書，2001年）所収の森分孝治「社会科教育学論・研究方法論」，市川博「社会科教育学の歴史」を参照。
（2）同上書，14頁。
（3）草原和博「教科教育実践学の構築に向けて―社会科教育実践研究の方法論とそ

注及び参考文献　　313

の展開─」兵庫教育大学大学院連合学校教育学研究科『教育実践学の構築』東京書籍，2006 年，35-61 頁。
（4）中本和彦「「学習材」を活用した地理授業モデルの実践・検証─中等社会科教師による単元「インド」の実践比較を通して─」社会系教科教育学会『社会系教科教育学研究』22 号，2010 年，31-40 頁。
（5）二井正浩「解釈構築支援型のモデル教科書の使用法」岩田一彦研究代表『学習材としての社会科教科書の効果的な使用法に関する調査研究』教科書研究センター，2011 年，65-78 頁。

おわりに

　原田智仁先生が平成29年3月末日をもって，兵庫教育大学を定年によりご退職されるにあたり，ゼミ生の一人として心から感謝の気持ちを表したいと思います。

　兵庫教育大学在勤の27年間，先生は教育に，研究に，学会活動に，文部行政にと大車輪の働きをされました。教育や学会でのご活躍については「はじめに」で紹介されていますので，ここでは先生のご研究と文部行政におけるご活躍にふれます。

　先生は平成2年に兵庫教育大学に着任された後，平成9年に『世界史教育内容開発研究』で学位を取得されました。この中で先生は，それまで自らの授業づくりの理論として提唱されておられた「理論批判学習」を整理されると同時に，研究としてのカリキュラム論と学習論がセットになった授業づくりの在り方を「教育内容開発研究」として確立され，中範囲の理論に基づく諸地域世界の歴史，近現代の世界史，社会史的視野に立つ歴史についての教育内容開発をされました。この教育内容開発研究はその後の歴史教育研究のみならず社会科教育研究，そして学校教育現場の実践に大きな影響を与えるものでした。我々ゼミ生へのご指導の多くも，教育内容開発研究として位置づけられるものでした。

　また，文部行政においては，平成元年版の学習指導要領地理歴史科世界史では作成協力者，平成11年版では教科調査官，そして平成21年版の際も平成20年まで教科調査官をつとめられました。また同時に，学習指導要領実施状況調査などをはじめとした様々な業務にも携わられ，20年以上にわたって地理歴史科における「世界史の父」として指導的な役割を果たされました。現在は，平成29年度告示予定の学習指導要領地理歴史科の新科目「歴史総合」や「世界史探究」などについて検討する中央教育審議会初等中等教育分科会の委員を

されております。

　この間，研究においては，世界史における文化圏学習や主題学習などに着目して学習指導要領の意義づけや再評価，課題の指摘をされる一方，学習指導要領とは異なる論理の歴史教育の在り方を米英の歴史教育論や社会科教育論などに求め，米英の歴史カリキュラムや授業理論に着目して，資料解釈や資料批判を通じた歴史的思考力と市民性の育成についてご研究されました。また，近年においては社会科授業研究の方法論の確立や社会科教育研究のグローバル化への対応のために尽力されておられます。

　こうした多忙な毎日にあって，先生は闇夜を照らす燈台のように，とかく航路を見失いがちな我々ゼミ生の行く先を常に明るく指し示して下さいました。現場の教師の迷いや悩みを熟知した上での先生のご指導は，高い見識と広い視野で研究という営みの魅力を我々に伝え，また教師のなすべき研究の在り方を示唆するものでした。先生のご指導は我々ゼミ生のその後の人生を大きく支えるものとなりました。

　考えてみれば，先生が平成2年に社町で単身赴任を始められたのは，お子様がまだ小学生の頃だったはずです。愛する奥様や可愛い盛りのお子様と離れ，先生には長く貴重な年月を我々ゼミ生と過ごして頂きました。先生のお部屋には，お子様が描いた絵などの作品が色々と貼ってあったことを思い出します。先生がどのような思いでそれを眺めておられたか。その思いを抑えつつ，先生は我々を温かく指導して下さいました。今さらながら時間の重みをずっしりと感じます。

　本書が広く教科教育学に携わる方々からの論文により上梓されるのも，先生の温かいお人柄の賜物です。原田先生を慕う人はこれからも増えていくと思います。先生にはどうかいつまでも研究現役であられ，我々の燈台として光り続けて頂きたいと願っています。そしてそれは，ゼミ生皆の願いです。

平成29（2017）年2月10日

二井　正浩

執筆者一覧 （執筆者順）

原田　智仁　兵庫教育大学大学院学校教育研究科教授
關　　浩和　兵庫教育大学大学院学校教育研究科教授
吉川　芳則　兵庫教育大学大学院学校教育研究科教授
宇都宮明子　佐賀大学教育学部准教授
岩野　清美　和歌山大学教育学部准教授
虫本　隆一　同志社香里中学校・高等学校教諭
橋本　康弘　福井大学教育学部教授
山本　智一　兵庫教育大学大学院学校教育研究科准教授
筒井　茂喜　兵庫教育大学大学院学校教育研究科准教授
米田　豊　　兵庫教育大学大学院学校教育研究科教授
吉水　裕也　兵庫教育大学大学院学校教育研究科教授
二井　正浩　国立教育政策研究所教育課程研究センター基礎研究部総括研究官
田中　伸　　岐阜大学教育学部准教授
初田　隆　　兵庫教育大学大学院学校教育研究科教授
勝見　健史　兵庫教育大学大学院学校教育研究科教授
ナスティオン（Nasution）　インドネシア国立スラバヤ大学講師
中本　和彦　四天王寺大学教育学部教授
太田　満　　神戸大学附属小学校教諭
安達　一紀　兵庫県立姫路東高等学校教諭
森　　才三　大分大学大学院教育学研究科教授
加藤　久恵　兵庫教育大学大学院学校教育研究科准教授
河邊　昭子　兵庫教育大学大学院学校教育研究科准教授
和田あずさ　兵庫教育大学大学院学校教育研究科助教
溝口　和宏　鹿児島大学教育学部教授
祐岡　武志　奈良県教育委員会事務局文化財保存課主任主査
桑原　敏典　岡山大学大学院教育学研究科教授
木村　博一　広島大学大学院教育学研究科教授
梅津　正美　鳴門教育大学大学院学校教育研究科教授
草原　和博　広島大学大学院教育学研究科教授
前芝　武史　兵庫教育大学大学院学校教育研究科准教授

平成 29 年（2017）年 3 月現在

【編著者紹介】

原田　智仁（はらだ　ともひと）
1952年愛知県生まれ。愛知県立高等学校教諭，兵庫教育大学学校教育学部講師，同助教授を経て，現在，兵庫教育大学大学院学校教育研究科教授。主著『世界史教育内容開発研究―理論批判学習―』（風間書房，2000年），『世界を舞台に歴史授業をつくる―嫌われても世界史はやめない―』（明治図書，2008年）など。

關　　浩和（せき　ひろかず）
1958年愛媛県生まれ。愛媛県松山市立たちばな小学校教諭，広島大学附属小学校を経て，現在，兵庫教育大学大学院学校教育研究科教授。主著『ウェッビング法―子どもと創出する教材研究法―』（明治図書，2002年），『情報リテラシーと社会科授業の改善』（明治図書，2007年），『情報読解力形成に関わる社会科授業構成論―構成主義的アプローチの理論と展開―』（風間書房，2009年）など。

二井　正浩（にい　まさひろ）
1962年広島県生まれ。広島県立高等学校教諭，広島県立教育センター指導主事を経て，2001年より国立教育政策研究所教育課程研究センター基礎研究部主任研究官に着任。現在，同研究所総括研究官。著書は『新社会科教育学ハンドブック』（共著，明治図書，2012年），『社会科教育のルネサンス』（共著，保育出版社，2016年）など。

教科教育学研究の可能性を求めて

2017 年 2 月 28 日　初版第 1 刷発行

編著者　原　田　智　仁
　　　　關　　　浩　和
　　　　二　井　正　浩

発行者　風　間　敬　子

発行所　株式会社　風　間　書　房

〒 101-0051　東京都千代田区神田神保町 1-34
電話 03 (3291) 5729　FAX 03 (3291) 5757
振替 00110-5-1853

装丁　鈴木弘（B.S.L.）
印刷　堀江制作・平河工業社　製本　高地製本所

©2017　T.Harada　H.Seki　M.Nii　　　　　　NDC分類：375
ISBN978-4-7599-2177-9　　Printed in Japan

JCOPY〈（社）出版者著作権管理機構 委託出版物〉
本書の無断複製は、著作権法上での例外を除き禁じられています。複製される場合はそのつど事前に（社）出版者著作権管理機構（電話 03-3513-6969、FAX 03-3513-6979、e-mail: info@jcopy.or.jp）の許諾を得て下さい。